CONVERSATIONAL SPANISH FOR ADULTS
ESPAÑOL CONVERSACIONAL PARA ADULTOS
es-pa-NYOL kom-ber-sa-sio-NAL PA-ra a-DUL-tos

SEEING WHAT YOU'RE HEARING!
¡*VIENDO LO QUE ESTÁ ESCUCHANDO!*
BIEN-do LO KE e-STA es-ku-CHAN-do

Susan Ann Roemer

SUSANA ANA DE ROEMER

su-SA-na A-na de ro-E-mer

TotalRecall Publications, Inc.
1103 Middlecreek
Friendswood, Texas 77546
281-992-3131   281-482-5390 Fax
www.totalrecallpress.com

All rights reserved. Except as permitted under the United States Copyright Act of 1976, No part of this publication may be reproduced, stored in a retrieval system, or transmitted in any form or by any means electronic or mechanical or by photocopying, recording, or otherwise without prior permission of the publisher. Exclusive worldwide content publication / distribution by TotalRecall Publications, Inc.

Copyright © 2015 / 2016 by: Susan Ann Roemer
Cover Photo by Karie Miller
ISBN: 978-1-59095-639-7
UPC: 6-43977-66397-9

Library of Congress Control Number: 2014954616

Printed in the United States of America with simultaneously printings in Australia, Canada, and United Kingdom.
FIRST EDITION
1   2   3   4   5   6   7   8   9   10

Judgments as to the suitability of the information herein are the purchaser's responsibility. TotalRecall Publications, Inc. extends no warranties, makes no representations, and assumes no responsibility as to the accuracy or suitability of such information for application to the purchaser's intended purposes or for consequences of its use except as described herein.

The scanning, uploading and distribution of this book via the Internet or via any other means without the permission of the publisher is illegal and punishable by law. Please purchase only authorized electronic editions and do not participate in or encourage electronic piracy of copyrighted materials. Your support of the author's rights is appreciated.

To my sons Daniel Rolf Roemer and Alan Ernesto Roemer; to my best friend Mark Allan Nelson; to my sister Mary Elizabeth Forkenbrock; and to all my wonderful students who have aided me immeasurably in the production of the book as it progressed over the years. Geraldine Turner first asked me to give conversational Spanish classes to seniors at Trilogy at Vistancia in Peoria, Arizona. Genevieve Crofoot suggested the concept of phonetic transcription in the lessons. Leif and Siv Larsson insisted on an accurate form of phonetic transcription that would be appropriate for speakers of languages other than English.

A huge thank you goes to Christiane Chenault and Ron Pikus for her endless hours proof-reading the chapters of both Level 1 and Level 2. Intermediate students who contributed to the Level 2 book include John Nawrocki, Nelson Benton, Phyllis Lattion, Sally Wozniak, Andrea Dixon, Robert Sosa, Manley Perkel, Alison Keenan and Julie Hollman.

My colleagues at Carlsbad High School in Carlsbad, California who were instrumental in transforming an elementary school teacher into a high school Spanish teacher include Jeff Riccitelli, Mardi Musick, Kimberly Wakefield, María Blake, Michele Kuehner and Karissa Pierini. Linda Scott generously shared the clever tips on teaching Spanish she has developed over the years.

I am also appreciative of all the support given by Gregg Snyder and Paul Casartelli.

AUTHOR BIO

Susan Roemer is currently teaching conversational Spanish to adult students. In her experiences of teaching English, Spanish and ESOL (English for Speakers of Other Languages) in elementary school, high school and college she has developed a unique and profound approach to language learning. Over the years she has worked in California, Mexico and the DODDS (Department of Defense Dependents' Schools) in Germany.

She has taught Spanish to native English speakers; English to native Spanish speakers; proper Spanish to struggling native Spanish speakers; and written Spanish to illiterate native Spanish speakers as a precursor to teaching them English. She has taught students from preschool to senior citizens. While working for the Mexican federal government in Mexico City, "Licenciada Roemer," as she was known at the office, taught auditors how to write correct reports in Spanish.

Very few individuals have taught a language in so many different contexts. This gives her an unusual perspective, combining the knowledge of how people learn generally with how to learn a language specifically. Susan came to understand the importance of providing the students with a way to see the language when they were not in a language laboratory or being instructed by a teacher.

Susan Roemer received her B.S. in Elementary Education from the University of Minnesota and her M.A. in Intercultural Education from the University of the Americas (Universidad de las Americas) in Mexico City. She lived in Mexico City and Cuernavaca, Morelos, Mexico for 16 years, where she raised her family, and currently resides in Peoria, Arizona.

Table of Contents

AUTHOR BIO IV
INTRODUCTION X

Chapter 1 – Sounds of Spanish – Lesson 1   1
    COMPARING ENGLISH AND SPANISH SOUNDS.................................... 1
    COMPARING THE ENGLISH AND SPANISH ALPHABETS....................... 3
    SOME NOTES ON THE SPANISH ALPHABET SOUNDS............................ 4

Chapter 1 – Sounds of Spanish – Lesson 2   8
    COMPARING ENGLISH AND SPANISH SOUNDS.................................... 8
    FORMING SINGULAR DEFINITE ARTICLES IN SPANISH 9

Chapter 1 – Sounds of Spanish – Lesson 3   11
    FORMING PLURAL DEFINITE ARTICLES IN SPANISH 11
    FORMING PLURAL NOUNS IN SPANISH 13

Chapter 1 – Sounds of Spanish – Lesson 4   14
    USING WORDS TO SOUND OUT THE SPANISH ALPHABET................... 14
    PICTURING THE SPANISH ALPHABET 15

Chapter 1 – Sounds of Spanish – Lesson 5   16
    USING DEFINITE AND INDEFINITE ARTICLES IN SPANISH 16
    FORMING SINGULAR INDEFINITE ARTICLES IN SPANISH..................... 17
    FORMING PLURAL INDEFINITE ARTICLES IN SPANISH......................... 18

Chapter 1 – Sounds of Spanish – Lesson 6   21
    SOME SPECIAL TIPS FOR LEARNING SPANISH.. 21
    SOME INTERESTING PAIRS OF SPANISH WORDS 25
    A REVIEW OF THE SOUNDS OF SPANISH 27

Chapter 2 – Greetings and Goodbyes – Lesson 1   28
    GREETINGS IN THE CLASSROOM 28
    GREETINGS FOR CERTAIN TIMES OF THE DAY....................................... 30

Chapter 2 – Greetings and Goodbyes -- Lesson 2   32
    HOW ARE YOU FEELING?... 32
    YOU GO TO THE DRUG STORE 33

Chapter 2 – Greetings and Goodbyes -- Lesson 3   36
    YOU'RE STILL NOT FEELING WELL 36
    YOU GO BACK TO THE DRUG STORE 37
    YOU GOOFED! 40

Chapter 2 – Greetings and Goodbyes -- Lesson 4   41
    YOU'LL BE PROACTIVE! 41
    YOU'LL BUY FRUIT! 42

Chapter 2 – Greetings and Goodbyes -- Lesson 5   44
    NOW YOUR TOOTH HURTS 44
    YOU RETURN TO THE DENTIST... 46

Chapter 2 – Greetings and Goodbyes -- Lesson 6 — 48
- YOU GO IN FOR A CLEANING 48
- THE DENTAL HYGIENIST GIVES YOU A CARE PACKAGE 49
- A REVIEW OF THE VERB ESTAR 51
- APPLICATIONS OF THE VERB ESTAR 51
- A REVIEW OF THE VERB TENER 52
- APPLICATIONS OF THE VERB TENER 52
- THE NUMBERS FROM 1 TO 50 53
- THE NUMBERS FROM 51 TO 100 54
- THE NUMBERS FROM 101 TO 150 55
- THE NUMBERS FROM 151 TO 199 56
- THE NUMBERS FROM 200 TO 100,000,000 57

Chapter 2 -- Word List — 58

Chapter 3 – Holidays – Lesson 1 — 63
- JANUARY 63
- THREE KINGS DAY 64
- FEBRUARY 66
- VALENTINE'S DAY 68

Chapter 3 – Holidays – Lesson 2 — 70
- MARCH 70
- ST. PATRICK'S DAY 71
- APRIL 72
- APRIL FOOL'S DAY 73
- CHILDREN'S DAY 74

Chapter 3 – Holidays – Lesson 3 — 75
- MAY 75
- MAY DAY 76
- CINCO DE MAYO 77
- JUNE 78
- FLAG DAY 79

Chapter 3 – Holidays – Lesson 4 — 81
- JULY 81
- FOURTH OF JULY 82
- AUGUST 83
- BACK TO SCHOOL 84

Chapter 3 – Holidays – Lesson 5 — 86
- SEPTEMBER 86
- LABOR DAY 87
- EL QUINCE DE SEPTIEMBRE 88
- OCTOBER 89
- COLUMBUS DAY 90

Chapter 3 – Holidays – Lesson 6 92
    NOVEMBER 92
    VETERANS DAY 93
    THANKSGIVING 94
    BLACK FRIDAY 95
    CYBER MONDAY 96
    DECEMBER 97
    PEARL HARBOR DAY 99
    BOXING DAY 100

Chapter 3 -- Word List 102

Chapter 4 – Family – Lesson 1 109
    YOUR FAMILY TREE 109
    SOME BRANCHES OF THE FAMILY TREE 110
    MORE BRANCHES OF THE FAMILY TREE 110
    THE FAMILY TREE HAS OTHER ROOTS 111
    THE FAMILY TREE HAS MORE ROOTS 112
    YOURS, MINE AND OURS 113

Chapter 4 – Family – Lesson 2 115
    THE HUMAN BODY 115
    HEAD, SHOULDERS, KNEES AND TOES 118

Chapter 4 – Family – Lesson 3 120
    A TYPICAL DAY 120
    FIRST THING IN THE MORNING 121
    YOU'RE AWAKE NOW! 122
    DRESSY OR CASUAL? 124
    GOOD NIGHT, SWEET DREAMS! 125
    THE REFLEXIVE VERBS 127

Chapter 4 – Family – Lesson 4 141
    FORM FOLLOWS FUNCTION 141
    THE LIVING ROOM 142
    THE DINING ROOM 143
    THE KITCHEN 144
    THE BEDROOMS 145
    THE BATHROOMS 146

Chapter 4 – Family – Lesson 5 148
    "CLEANLINESS IS NEXT TO GODLINESS" 148

Chapter 4 – Family – Lesson 6 150
    WHAT'S UP WITH ALL THOSE WEEDS? 150

Chapter 4 -- Word List 153

Chapter 5 – Dining Out – Lesson 1 158
   LET'S MAKE A RESERVATION 158
Chapter 5 – Dining Out – Lesson 2 161
   DO YOU KNOW EVERYONE? 161
Chapter 5 – Dining Out – Lesson 3 165
   THE DECORATIONS ARE WONDERFUL 165
Chapter 5 – Dining Out – Lesson 4 168
   THE FOOD IS PRETTY SPECIAL, TOO 168
Chapter 5 – Dining Out – Lesson 5 171
   LET'S TRY SOMETHING NEW! 171
Chapter 5 – Dining Out – Lesson 6 174
   IT'S TIME TO LEAVE! 174
   WHAT'S THE RECIPE? 175
   TRY MY RECIPE! 176
   THE PRESENT AND PAST OF PEDIR, TRAER AND SERVIR 178
   THE PRESENT AND PAST OF PEDIR, TRAER AND SERVIR 179
   THE PRESENT AND PAST OF PEDIR, TRAER AND SERVIR 180
   A REVIEW OF THE VERBS PEDIR, TRAER AND SERVIR 181
Chapter 5 - Word List 182

Chapter 6 – Going Shopping – Lesson 1 185
   TALKING ABOUT A MEXICO CITY MARKET 185
Chapter 6 – Going Shopping – Lesson 2 189
   BUYING SWEATSHIRTS 189
   BUYING JEANS 190
Chapter 6 – Going Shopping – Lesson 3 192
   BUYING ICE CREAM 192
Chapter 6 – Going Shopping – Lesson 4 194
   LOOKING AT MEXICAN HANDICRAFTS 194
Chapter 6 – Going Shopping – Lesson 5 197
   LOOKING AT MEXICAN ART 197
Chapter 6 – Going Shopping – Lesson 6 201
   PACKING UP AND DRIVING HOME 201
   THE VERBS SABER AND CONOCER 203
   THE PRESENT AND PAST OF ESTAR 204
   THE PRESENT AND PAST OF SER 205
   THE PRESENT AND PAST OF SAMPLE REGULAR VERBS 206
   THE PRESENT AND PAST OF SAMPLE REGULAR VERBS 207
   THE PRESENT AND PAST OF SAMPLE REGULAR VERBS 208
Chapter 6 -- Word List 209

Chapter 7 – Traveling In Mexico – Lesson 1 212
    TALKING ABOUT MEXICO..212
Chapter 7 – Traveling In Mexico – Lesson 2 214
    TALKING BRIEFLY ABOUT MEXICO'S HISTORY 214
Chapter 7 – Traveling In Mexico – Lesson 3 223
    TALKING ABOUT THE CULTURE OF MEXICO..223
Chapter 7 – Traveling In Mexico – Lesson 4 229
    TALKING ABOUT TOURISM IN MEXICO 229
Chapter 7 – Traveling In Mexico – Lesson 5 244
    TALKING ABOUT MUSIC AND ART IN MEXICO...244
Chapter 7 – Traveling In Mexico – Lesson 6 250
    TALKING ABOUT MEXICO'S NATURAL RESOURCES 250
    THE IMPERFECT OF ESTAR AND SER..259
    THE IMPERFECT OF TENER AND IR 260
Chapter 7 -- Word List 261

Chapter 8 – Traveling in South America– Lesson 1 268
    LET'S VISIT THE ANDES MOUNTAINS!...268
Chapter 8 – Traveling In South America – Lesson 2 270
    THE INCAS WERE FASCINATING! 270
Chapter 8 – Traveling In South America – Lesson 3 275
    THE AMAZON BASIN IS ENORMOUS! 275
Chapter 8 – Traveling In South America – Lesson 4 279
    BUENOS AIRES, RIO DE JANEIRO OR SANTIAGO? 279
Chapter 8 – Traveling In South America – Lesson 5 285
    IGUASSU FALLS..285
    ANGEL FALLS 286
Chapter 8 – Traveling in South America – Lesson 6 288
    THE GALAPAGOS ISLANDS..288
Chapter 8 -- Word List 291
COGNATES GLOSSARY 295
GENERAL GLOSSARY 305
CONTINENTS GLOSSARY 330
COUNTRIES AND NATIONALITIES GLOSSARY 331

INTRODUCTION

People learn their languages by hearing words and then understanding what they mean. A child learns words, strings them together in phrases and is later corrected by his or her parents. Imagine if a 4-year-old in saying a sentence were forced to say the complete conjugation of the verb before going on to the next phrase! Yet many people think that to learn a new language they need to learn all the conjugations before they continue.

This method is in essence a "mapping of sounds." The students are taught a phrase, what it means in English and what the sounds look like through a phonetic transcription that is unique to this method. Spanish language learners may practice the sounds without the need of an instructor being present. The advantage is clear: it is one thing to hear the sounds and repeat the words; it's quite another thing to have a visual image of what the sounds look like. Recent research confirms what many have long suspected – most people are a combination of visual and auditory learners. It only makes sense that a teaching approach should be directed at both modalities in addition to some kinesthetic activities to reinforce the learning. The students will be able to take what was spoken in the classroom and easily reinforce it at home through additional practice.

In music some people can produce music "by ear" while others need to read the music. The printed page also describes the cadence and the scales, the whole or half notes, etc. In some ways this approach can be compared to sheet music rather than to music produced by ear. It is helpful to have written instructions to complement the initial practice regardless of whether one is trying to communicate the same sound in music or in language learning. This gives more detail and allows the producer to repeat the message more accurately.

The four modalities of learning any language are reading, writing, speaking and listening. Research has shown that a person can master any concept in any language after being exposed to it a total of ten times. It can be a language concept, a scientific theory or a mathematical theorem, but the important point is the need for repetition. The goal of this approach is to make learning the Spanish language repetitive without being boring! Simple phrases are repeated in multiple contexts. Students are able to reproduce the phrases outside the classroom setting in situations where they feel comfortable. Since it is usually impossible to transport students to a Spanish-speaking environment, the method by definition needs to be vicarious. Of course the more they use the phrases taught in class and reproduced outside the classroom, the faster they learn the language. With repetition in and out of class their speed and pronunciation will improve; their words and sounds will all flow together.

In this method the three steps of each concept are (1) the structure; (2) an example; and (3) a given practice task for the student with a partner. In the military the same steps are implemented to teach a task – structure, example and practice. It only stands to reason that the more opportunities the student has to practice a given task, the more efficient the learning will be in the student's memory bank. As the old adage goes, "Practice makes perfect."

Chapter 1 – Sounds of Spanish – Lesson 1

COMPARING ENGLISH AND SPANISH SOUNDS

Let's think about what the vowel sounds look like in English.

--The vowels in English and Spanish are **A, E, I, O and U**.

--In English we have long and short sounds for each vowel.

Long sounds	Short sounds
A as in "m<u>ay</u>"	A as in "m<u>a</u>n"
E as in "m<u>ea</u>t"	E as in "m<u>e</u>t"
I as in "<u>i</u>ce"	I as in "<u>i</u>t"
O as in "t<u>oe</u>"	O as in "t<u>o</u>t"
U as in "<u>u</u>se"	U as in "<u>us</u>"

Example:

I can hear the long sound of A in the English word "page".

I can hear the short sound of A in the English word "pan".

Find a partner to work with in the class. Jot down other English words where you hear long sounds and short sounds for the vowels A, E, I, O and U.

Now let's think about what the sounds look like in Spanish.

-- In Spanish we have only one sound for each vowel. We can compare them to the sounds in some common English words.

Spanish vowels	English words
A	t<u>o</u>t
E	m<u>ay</u>
I	m<u>ea</u>t
O	t<u>oe</u>
U	b<u>oo</u>t

Example:

I can hear the Spanish **A** sound in the English word "father".

I can hear the Spanish **E** sound in the English word "plane".

Work with your partner again. Write down other English words where you hear the Spanish vowels **A, E, I, O** and **U**.

Now let's think about some sounds in the Spanish alphabet that are not in the English alphabet.

-- There are four more consonants in the Spanish alphabet (30) than there are in the English alphabet (26). We can compare them to the sounds in some common English words.

Spanish consonants	English words
CH	<u>ch</u>oo <u>ch</u>oo
LL	<u>y</u>ellow
Ñ	can<u>y</u>on
RR	g<u>rrr</u>

Example:

I can hear the Spanish **CH** sound in the English word "chocolate".

I can hear the Spanish **LL** sound in the English word "yucca".

Together with your partner again write down some English words where you hear the Spanish consonants CH, LL, Ñ and RR.

Now join up with another pair of partners. Share the words you have for the English long and short vowels A, E, I, O and U. Listen to what they have. Share the English words you have for the Spanish vowels A, E, I, O and U and listen to theirs. Finally tell them the English words you wrote down for the Spanish consonants CH, LL, Ñ and RR. Listen to theirs.

COMPARING THE ENGLISH AND SPANISH ALPHABETS

There are 26 letters in the English alphabet, whereas there are 30 letters in the Spanish alphabet.

English letter	Pronunciation	Spanish letter	Pronunciation
(1) A	ay	A	a
(2) B	bee	B	be
(3) C	see	C	se
(4)		CH	che
(5) D	dee	D	de
(6) E	ee	E	ay
(7) F	ef	F	e fe
(8) G	gee	G	he
(9) H	aych	H	ach e
(10) I	aye	I	ee
(11) J	jay	J	hota
(12) K	kay	K	ka
(13) L	el	L	e le
(14)		LL	e ye
(15) M	em	M	e me
(16) N	en	N	e ne
(17)		Ñ	en ye
(18) O	oh	O	o
(19) P	pee	P	pe
(20) Q	kyu	Q	koo
(21) R	ahr	R	e re
(22)		RR	e rre
(23) S	es	S	e se
(24) T	tee	T	te
(25) U	yu	U	oo
(26) V	vee	V	be
(27) W	double yu	W	doble oo
(28) X	eks	X	e kees
(29) Y	wa ee	Y	ee gri e ga
(30) Z	zee or *zed	Z	se ta

*In Canada and England
Now pronounce the English and Spanish alphabets together with the class.

SOME NOTES ON THE SPANISH ALPHABET SOUNDS

Here are some thoughts on the subtle differences between English and Spanish pronunciation that will help you out in the long run.

-- <u>The letters **B** and **V** are pronounced exactly the same in Spanish, but the sound they make is different from the English letters B and V.</u>

Example:

Try saying "baby" with your hand in front of your mouth, and you will feel a slight puff of air when you pronounce the B.

Now say "victory" and notice the slight vibration as your top teeth touch your bottom lip when you pronounce the V.

Neither the puff of air nor the slight vibration happens when you pronounce the Spanish **B** or **V**. There is only a slight meeting of your lips as you say either the **B** or the **V**.

With your partner try saying <u>**bebé**</u> *(baby)* pronounced *be-BE*.

Now say <u>**vaca**</u> *(cow)* pronounced *BA-ka* with your partner. Once more you will notice only a slight meeting of your lips as you say the Spanish **V**.

-- <u>The Spanish letter **C** is kind of a chameleon.</u>

Example:

The letter **C** sometimes has the sound of the **K** as in the Spanish word <u>**capital**</u> *(capital)* pronounced *ka-pi-TAL*.

Sometimes the letter **C** has the sound of the **S** as in the Spanish word <u>**cementerio**</u> *(cemetery)* pronounced *se-men-TE-rio*.

With your partner say <u>**color**</u> *(color)* pronounced *ko-LOR*.

Now say <u>**círculo**</u> *(circle)* pronounced *SIR-ku-lo*.

--<u>Think about the sounds for the English letters D and TH. Spanish does use the D but does not use the TH. However, the sound of the Spanish letter **D** is different from the English D.</u>

Example:

Try saying "daddy" with your hand in front of your mouth, and you will feel a slight puff of air when you pronounce the D.

Now say "there" and notice the slight thrust as your top teeth touch your tongue when you pronounce the TH.

Neither the puff of air nor the slight thrust happens when you pronounce the Spanish **D**. Instead you lightly touch the back of your top teeth with your tongue.

With your partner say **dedo** (*finger*) pronounced *DE-do*. You will notice you only lightly touch the back of your top teeth with your tongue.

-- <u>In Spanish the letter **H** is silent at the beginning of a word.</u>

Example:

The letter **H** is silent at the beginning of the Spanish word **historia** (*history*) pronounced *is-TO-ria*.

With your partner say **hamburguesa** (*hamburger*) pronounced *am-bur-GE-sa*.

-- <u>However, there are ways to make the sound of the English H. That is the job of the letter **G**.</u>*

Example:

The letter **G** makes the sound of the English H in the Spanish word **gente** (*people*) pronounced *HEN-te*.

With your partner say **girasol** (*sunflower*) pronounced *hi-ra-SOL*.

*Note that a Spanish G at the beginning of a word is a hard G such as in **gato** and **gallo**. The G is also hard when it is followed by other vowels such as in **mango** and **guerra**.

-- However, there are also ways to make the sound of the English H with the Spanish letter **J**.

Example:

The letter **J** also makes the sound of the English H in the Spanish word **jugo** *(juice)* pronounced *HU-go*.

Now say **jamón** *(ham)* pronounced *ha-MON* with your partner.

-- The sounds of the **I** and the **Y** in Spanish are pronounced exactly the same. The Spanish letter **Y** is named **y griega** *(Greek Y)* pronounced *I GRIE-ga* because the letter **Y** is part of the Greek alphabet.

Example:

The **I** in the Spanish word **ícono** *(icon)* pronounced *I-ko-no* is pronounced the same as the **Y** in the Spanish word **yuca** *(yucca)* pronounced *YU-ka*.

With your partner say **idea** *(idea)* pronounced *i-DEA*.

Now say **yoga** *(yoga)* pronounced *YO-ga*.

-- When you pronounce the Spanish letter **O** try to keep your lips rounded.

Example:

Think of how you say the English word "oak" when you say a word in Spanish that contains the letter **O**.

With your partner say **chocolate** *(chocolate)* pronounced *cho-ko-LA-te*.

Now say **sol** *(sun)* pronounced *SOL*.

-- The Spanish letters **A** and **O** are pronounced more abruptly than their English counterparts.

Example:

A Spanish speaker will say **pijama** (*pajama*) pronounced *pi-YA-ma*.

An English speaker will say "pajama" as if it were extended to "pajamah".

A Spanish speaker will say **¡No!** as if it had an accent on the **O**. An English speaker will say "No!" as if it were extended to "Noh!"

With your partner say **vainilla** (*vanilla*) pronounced *bai-NI-ya*. Now say **video** (*video*) pronounced *bi-DEO*.

-- The letters **S** and **Z** are pronounced exactly the same in Spanish.

Example:

Try saying "zebra" with your hand touching your throat, and you will feel a slight vibration when you pronounce the Z.

Now say **cebra** (*zebra*) pronounced *SE-bra*. Touch your throat with your hand again, and you will feel no vibration when you pronounce the **S**.

With your partner say **zorro** (*fox*) pronounced *SO-rro*.

-- If you have several vowels together in English words they are pronounced as separate syllables. In Spanish these vowels are pronounced together.

Example:

Remember that **idea** (*idea*) is pronounced *i-DEA* and **video** (*video*) is pronounced *bi-DEO*.

With your partner say **septiembre** (*September*) pronounced *sep-TIEM-bre*.

Say **noviembre** (*November*) pronounced *no-BIEM-bre*.

Now say **diciembre** (*December*) pronounced *di-SIEM-bre*.

Chapter 1 – Sounds of Spanish – Lesson 2

COMPARING ENGLISH AND SPANISH SOUNDS

Here are some Spanish letters along with words that contain the sounds. Pronounce each letter and the corresponding words in Spanish and in English. Look at the phonetic transcription and say the word again.*

Spanish sound	Spanish word	Pronunciation	English word
A	la	LA	ah!
B	boca	BO-ka	but
CH	mucho	MU-cho	church
D	de	DE	they
E	el	EL	egg
G	agua	A-gwa	go
H	gente	HEN-te	hello
I	sí	SI	see
J	ojo	O-ho	hello
K	como	KO-mo	kit
LL	llamo	YA-mo	yellow
Ñ	año	A-nyo	canyon
O	lomo	LO-mo	oh!
Q	que	KE	kit
R	pero	PE-ro	row
RR	perro	PE-rro	brrr
S	sí	SI	see
T	tú	TU	too
V	vaso	BA-so	but
W	cuento	KWEN-to	went
Y	yo	YO	yucca
Z	brazo	BRA-so	see

*Notice that the phonetic transcription is divided into syllables. The syllable that is stressed is written in bold capital letters. If a word only has one syllable it is still written in bold capitals.

Pronounce the Spanish letters and words together with your partner. Repeat them as you concentrate on the phonetic transcription for each word.

FORMING SINGULAR DEFINITE ARTICLES IN SPANISH

There are gender differences in Spanish words. Like the general population about half of the words are masculine.

--<u>Masculine nouns use the definite article el.</u>*

Spanish noun	Pronunciation	English noun
el bebé	el be-**BE**	the baby
el círculo	el **SIR**-ku-lo	the circle
el chocolate	el cho-ko-**LA**-te	the chocolate
el elefante	el e-le-**FAN**-te	the elephant
el gato	el **GA**-to	the cat
el koala	el ko-**A**-la	the koala
el limón	el li-**MON**	the lemon
el niño	el **NI**-nyo	the boy
el río	el **RRI**-o	the river

*The Spanish singular definite article <u>**el**</u> means "the" in English, although it is used more frequently in Spanish than in English.*

Pronounce the masculine Spanish nouns together with the class. Repeat the words as you concentrate on the phonetic transcription for each word. Remember to stress the syllables written in bold capital letters.

Together with your partner read aloud the list of masculine Spanish nouns above. Concentrate on the phonetic transcription.

Now join up with another pair of partners. See if the four of you can read aloud the list of masculine Spanish nouns together. Remember to concentrate on the phonetic transcription.

Last but not least your pair of pairs will take your turn reading aloud the list of masculine Spanish nouns together. Good luck!

Like the general population the other half of the words are feminine.

--Feminine nouns use the definite article <u>la</u>.*

Spanish noun	Pronunciation	English noun
la familia	*la fa-**MI**-lia*	the family
la hoja	*la **O**-ha*	the leaf
la isla	*la **IS**-la*	the island
la jirafa	*la hi-**RA**-fa*	the giraffe
la llanta	*la **YAN**-ta*	the tire
la manzana	*la man-**SA**-na*	the apple
la naranja	*la na-**RAN**-ha*	the orange
la nariz	*la na-**RIS***	the nose
la vaca	*la **BA**-ka*	the cow
la yuca	*la **YU**-ka*	the yucca

The Spanish singular definite article <u>la</u> means "the" in English, although it is used more frequently in Spanish than in English.

Pronounce the feminine Spanish nouns together with the class. Repeat the words as you concentrate on the phonetic transcription for each word. Remember to stress the syllables written in bold capital letters.

Together with your partner read aloud the list of feminine Spanish nouns above. Concentrate on the phonetic transcription.

Now join up with another pair of partners. See if the four of you can read aloud the list of feminine Spanish nouns together. Remember to concentrate on the phonetic transcription.

Last but not least your pair of pairs will take your turn reading out aloud the list of feminine Spanish nouns together. Good luck!

Chapter 1 – Sounds of Spanish – Lesson 3

FORMING PLURAL DEFINITE ARTICLES IN SPANISH

Plural definite articles end in s in Spanish. The masculine singular definite article el becomes los in the plural.

--Masculine plural nouns use the plural definite article **los**.*

Spanish noun	Pronunciation	English noun
los bebés	los be-**BES**	the babies
los círculos	los **SIR**-ku-los	the circles
los chocolates	los cho-ko-**LA**-tes	the chocolates
los elefantes	los e-le-**FAN**-tes	the elephants
los gatos	los **GA**-tos	the cats
los koalas	los ko-**A**-las	the koalas
los limones	los li-**MO**-nes	the lemons
los niños	los **NI**-nyos	the boys
los ríos	los **RRI**-os	the rivers

*The Spanish plural definite article **los** means "the" in English.*

Pronounce the masculine Spanish plural nouns together with the class. Repeat the words as you concentrate on the phonetic transcription for each word. Remember to stress the syllables written in bold capital letters.

Together with your partner read aloud the list of masculine Spanish plural nouns above. Concentrate on the phonetic transcription.

Now join up with another pair of partners. See if the four of you can read aloud the list of masculine Spanish plural nouns together. Remember to concentrate on the phonetic transcription.

Last but not least your pair of pairs will take your turn reading aloud the list of masculine Spanish plural nouns together. Good luck!

The feminine singular definite article <u>la</u> becomes <u>las</u> in the plural.

--<u>Feminine plural nouns use the plural definite article **las**.</u>*

Spanish noun	Pronunciation	English noun
las familias	las fa-**MI**-lias	the families
las hojas	las **O**-has	the leaves
las islas	las **IS**-las	the islands
las jirafas	las hi-**RA**-fas	the giraffes
las llantas	las **YAN**-tas	the tires
las manzanas	las man-**SA**-nas	the apples
las naranjas	las na-**RAN**-has	the oranges
las narices	las na-**RI**-ses	the noses
las vacas	las **BA**-kas	the cows

*The Spanish plural definite article **las** means "the" in English. Notice that the spelling of the nouns changes at times from the singular to the plural in both languages. For example "leaf" becomes "leaves" and "**nariz**" becomes "**narices**".

Pronounce the feminine Spanish plural nouns together with the class. Repeat the words as you concentrate on the phonetic transcription for each word. Remember to stress the syllables written in bold capital letters.

Together with your partner read aloud the list of feminine Spanish plural nouns above. Concentrate on the phonetic transcription.

Now join up with another pair of partners. See if the four of you can read aloud the list of feminine Spanish plural nouns together. Remember to concentrate on the phonetic transcription.

Last but not least your pair of pairs will take your turn reading aloud the list of feminine Spanish plural nouns together. Good luck!

FORMING PLURAL NOUNS IN SPANISH

Plural nouns are formed by adding an S or an ES to the end of the word in English and in Spanish.

--Both masculine and feminine plural nouns are formed by adding an S or an ES to the end of the singular noun.

Singular noun	Plural noun	Pronunciation	English noun
el año	los años	*los **A**-nyos*	the years
la boca	las bocas	*las **BO**-kas*	the mouths
el brazo	los brazos	*los **BRA**-sos*	the arms
el cuento	los cuentos	*los **KWEN**-tos*	the stories
el ojo	los ojos	*los **O**-hos*	the eyes
el perro	los perros	*los **PE**-rros*	the dogs
el queso	los quesos	*los **KE**-sos*	the cheeses
el sol	los soles	*los **SO**-les*	the suns
el tigre	los tigres	*los **TI**-gres*	the tigers
la uva	las uvas	*las **U**-bas*	the grapes
el vaso	los vasos	*los **BA**-sos*	the glasses
el zorro	los zorros	*los **SO**-rros*	the foxes

Pronounce the Spanish plural nouns together with the class. Repeat the words as you concentrate on the phonetic transcription for each word. Remember to stress the syllables written in bold capital letters.

Together with your partner read aloud the list of Spanish plural nouns above. Concentrate on the phonetic transcription.

Now join up with another pair of partners. See if the four of you can read aloud the list of Spanish plural nouns together. Remember to concentrate on the phonetic transcription.

Last but not least your pair of pairs will take your turn reading aloud the list of Spanish plural nouns together. Good luck!

Chapter 1 – Sounds of Spanish – Lesson 4

USING WORDS TO SOUND OUT THE SPANISH ALPHABET

This Spanish alphabet has words that contain the letters. Say each letter and the Spanish and English words. Say the phonetic transcription.

Spanish letter	Spanish noun	Pronunciation	English word
Aa	el agua	el A-gwa	water
Bb	el bebé	el be-BE	baby
Cc	el círculo	el SIR-ku-lo	circle
CHch	el chocolate	el cho-ko-LA-te	chocolate
Dd	el dedo	el DE-do	finger
Ee	el elefante	el e-le-FAN-te	elephant
Ff	la familia	la fa-MI-lia	family
Gg	el gato	el GA-to	cat
Hh	la hoja	la O-ha	leaf
Ii	la isla	la IS-la	island
Jj	la jirafa	la hi-RA-fa	giraffe
Kk	el koala	el ko-A-la	koala
Ll	el limón	el li-MON	lemon
LLll	la llanta	la YAN-ta	tire
Mm	la manzana	la man-SA-na	apple
Nn	la naranja	la na-RAN-ha	orange
Ññ	el niño	el NI-nyo	boy
Oo	el ocho	el O-cho	eight
Pp	el pájaro	el PA-ha-ro	bird
Qq	el queso	el KE-so	cheese
Rr	el río	el RRI-o	river
RRrr	el perro	el PE-rro	dog
Ss	el sol	el SOL	sun
Tt	el tigre	el TI-gre	tiger
Uu	las uvas	las U-bas	grapes
Vv	la vaca	la BA-ka	cow
Ww	el waffle	el WA-fle	waffle
Xx	el xilófono	el si-LO-fo-no	xylophone
Yy	la yuca	la YU-ka	yucca
Zz	el zorro	el SO-rro	fox

Pronounce the Spanish letters and words together with your partner.

PICTURING THE SPANISH ALPHABET

A a el agua	B b el bebé	C c el círculo	CH ch el chocolate	D d el dedo
E e el elefante	F f la familia	G g el gato	H h la hoja	I i la isla
J j la jirafa	K k el koala	L l el limón	LL ll la llanta	M m la manzana
N n la naranja	Ñ ñ el niño	O o el ocho	P p el pájaro	Q q el queso
R r el río	RR rr el perro	S s el sol	T t el tigre	U u las uvas
V v la vaca	W w el waffle	X x el xilófono	Y y la yuca	Z z el zorro

Chapter 1 – Sounds of Spanish – Lesson 5

USING DEFINITE AND INDEFINITE ARTICLES IN SPANISH

A definite article refers to a particular item.

--There are four forms of the definite article in Spanish.*

El is the singular masculine definite article.
La is the singular feminine definite article.
Los is the plural masculine definite article.
Las is the plural feminine definite article.

*The Spanish singular and plural definite articles **el**, **la**, **los** and **las** all mean "the" in English.*

Example:

el bebé	*el be-BE*	the baby
la hoja	*la O-ha*	the leaf
los bebés	*los be-BES*	the babies
las hojas	*las O-has*	the leaves

Together with your partner review the singular and plural masculine and feminine definite articles in **Lessons 2 and 3**. Pronounce each word with its article in Spanish while your partner says the corresponding English word. Then switch roles.

An indefinite article refers to one of a group of items.

--There are four forms of the indefinite article in Spanish.*

Un is the singular masculine indefinite article.
Una is the singular feminine indefinite article.
Unos is the plural masculine indefinite article.
Unas is the plural feminine indefinite article.

*The Spanish singular indefinite articles **un** and **una** mean "a" or "an" in English. The Spanish plural indefinite articles **unos** and **unas** mean "some" in English.*

FORMING SINGULAR INDEFINITE ARTICLES IN SPANISH

--Masculine nouns use the indefinite article **un**.*

Spanish noun	Pronunciation	English noun
un bebé	*un be-BE*	a baby
un círculo	*un SIR-ku-lo*	a circle
un chocolate	*un cho-ko-LA-te*	a chocolate
un elefante	*un e-le-FAN-te*	an elephant
un gato	*un GA-to*	a cat
un koala	*un ko-A-la*	a koala
un limón	*un li-MON*	a lemon
un niño	*un NI-nyo*	a boy
un río	*un RRI-o*	a river

*The Spanish singular indefinite article **un** means "a" or "an" in English.*

Pronounce the masculine Spanish nouns together with the class. Repeat the words as you concentrate on the phonetic transcription for each word. Remember to stress the syllables written in bold capital letters. Together with your partner read aloud the list of masculine Spanish nouns.

--Feminine nouns use the indefinite article **una**.*

Spanish noun	Pronunciation	English noun
una familia	*U-na fa-MI-lia*	a family
una hoja	*U-na O-ha*	a leaf
una isla	*U-na IS-la*	an island
una jirafa	*U-na hi-RA-fa*	a giraffe
una llanta	*U-na YAN-ta*	a tire
una manzana	*U-na man-SA-na*	an apple
una naranja	*U-na na-RAN-ha*	an orange
una vaca	*U-na BA-ka*	a cow
una yuca	*U-na YU-ka*	a yucca

*The Spanish singular indefinite article **una** means "a" or "an" in English.*

Pronounce the feminine Spanish nouns together with the class. Repeat the words as you concentrate on the phonetic transcription for each word. Remember to stress the syllables written in bold capital letters. Together with your partner read aloud the list of feminine Spanish nouns.

FORMING PLURAL INDEFINITE ARTICLES IN SPANISH

--<u>Masculine plural nouns use the plural indefinite article **unos**.</u>*

Spanish noun	Pronunciation	English noun
unos bebés	*U-nos be-**BES***	some babies
unos círculos	*U-nos **SIR**-ku-los*	some circles
unos chocolates	*U-nos cho-ko-**LA**-tes*	some chocolates
unos elefantes	*U-nos e-le-**FAN**-tes*	some elephants
unos gatos	*U-nos **GA**-tos*	some cats
unos koalas	*U-nos ko-**A**-las*	some koalas
unos limones	*U-nos li-**MO**-nes*	some lemons
unos niños	*U-nos **NI**-nyos*	some boys
unos ríos	*U-nos **RRI**-os*	some rivers

*The Spanish plural indefinite article **unos** means "some" in English.

Pronounce the masculine Spanish plural nouns together with the class. Repeat the words as you concentrate on the phonetic transcription for each word. Remember to stress the syllables written in bold capital letters. Together with your partner read aloud the masculine Spanish plural nouns.

--Feminine plural nouns use the plural indefinite article **unas**.*

Spanish noun	Pronunciation	English noun
unas familias	*U-nas fa-MI-lias*	some families
unas hojas	*U-nas O-has*	some leaves
unas islas	*U-nas IS-las*	some islands
unas jirafas	*U-nas hi-RA-fas*	some giraffes
unas llantas	*U-nas YAN-tas*	some tires
unas manzanas	*U-nas man-SA-nas*	some apples
unas naranjas	*U-nas na-RAN-has*	some oranges
unas narices	*U-nas na-RI-ses*	some noses
unas vacas	*U-nas BA-kas*	some cows

*The Spanish plural indefinite article **unas** means "some" in English.

Pronounce the feminine Spanish plural nouns together with the class. Repeat the words as you concentrate on the phonetic transcription for each word. Remember to stress the syllables written in bold capital letters. Together with your partner read aloud the feminine Spanish plural nouns.

There are some interesting exceptions to the rules.

--<u>There are a few nouns which change their meaning entirely in the plural form.</u>

Singular noun	Pronunciation	English noun
el padre	*el PA-dre*	the father
la letra	*la LE-tra*	the letter

Plural noun	Pronunciation	English noun
los padres	*los PA-dres*	the parents
las letras	*las LE-tras*	the humanities

--<u>Some nouns change their meanings entirely according to their gender.</u>

Masculine noun	Pronunciation	English noun
el capital	*el ka-pi-TAL*	the capital (wealth)
el cura	*el KU-ra*	the priest

Feminine noun	Pronunciation	English noun
la capital	*la ka-pi-TAL*	the capital city
la cura	*la KU-ra*	the cure

Example:

It is interesting to note that the singular word in Spanish for father is **el padre**, but **los padres** in the plural means the parents.

The masculine word in Spanish for capital (wealth) is **el capital**, but **la capital** in the feminine means the capital city.

Talk to your partner about the interesting exception for the singular and plural forms of the word **letra** in Spanish.

Ask your partner to tell you about the exception for the masculine and feminine forms of the word **capital** in Spanish.

Chapter 1 – Sounds of Spanish – Lesson 6

SOME SPECIAL TIPS FOR LEARNING SPANISH

There are several useful strategies that make learning Spanish easier for many students.

-- Form images that you can remember to "hang your hat on".

The Spanish verb **escribir** (*es-kri-BIR*) means "to write" in English. You could picture a scribe from ancient times writing something.

Example:

The Spanish noun **ciudad** (*siu-DAD*) means "city" in English. You could picture someone saying, "See you, Dad!"

The Spanish adverb **primero** (*pri-ME-ro*) means "first" in English. You could picture a first reading text or a first coat of paint on a car. Brainstorm with your partner to think of other English words you could picture.

-- Use cognates, which are words that are similar in two languages.

They look and sound about the same and they are similar in meaning. (If you have any knowledge of another language such as French or German it may also help you.)

Spanish noun	Pronunciation	English noun
la blusa	la **BLU**-sa	blouse
la bota	la **BO**-ta	boot
el cementerio	el se-men-**TE**-rio	cemetery
la familia	la fa-**MI**-lia	family
la fruta	la **FRU**-ta	fruit
la oficina	la o-fi-**SI**-na	office

Example:

The Spanish noun **flor** (*FLOR*) means "flower" in English. They are cognates because they look and sound about the same and they are similar in meaning.

Tell your partner three noun cognates in English and Spanish. Ask your partner to tell you three more. The Cognates Glossary in the back of the book may be helpful to you.

-- <u>You can also use cognates that describe something.</u>

Words that describe are known as adjectives and may describe a noun, an adverb or another adjective.

Spanish adjective	Pronunciation	English adjective
content	kon-**TEN**-to	content
delicioso	de-li-**SIO**-so	delicious
elegante	e-le-**GAN**-te	elegante
furioso	fu-**RIO**-so	furious
nervioso	ner-**BIO**-so	nervous
tranquilo	tran-**KI**-lo	tranquil

Example:

The Spanish adjective <u>**ocupado**</u> (o-ku-**PA**-do) means "occupied" in English. They are cognates because they look and sound about the same and they are similar in meaning.

Tell your partner three adjective cognates in English and Spanish. Ask your partner to tell you three more.

-- <u>In Spanish an adjective almost always goes after the noun it modifies.</u>

Example:

<u>El</u> <u>bebé</u> <u>contento</u> (el be-**BE** kon-**TEN**-to) means "the content baby" in English.

<u>El</u> <u>chocolate</u> <u>delicioso</u> (el cho-ko-**LA**-te de-li-**SIO**-so) means "the delicious chocolate" in English.

Tell your partner what the following Spanish phrases mean in English:
<u>el</u> <u>koala</u> <u>elegante</u> (el ko-**A**-la e-le-**GAN**-te)

<u>el</u> <u>niño</u> <u>furioso</u> (el **NI**-nyo fu-**RIO**-so)

Your partner will tell you what the following Spanish phrases mean in English:
<u>el</u> <u>elefante</u> <u>nervioso</u> (el e-le-**FAN**-te ner-**BIO**-so)

<u>el</u> <u>río</u> <u>tranquilo</u> (el **RRI**-o tran-**KI**-lo)

-- The Spanish words for "good" and "bad" are exceptions to the above rule. They go before the noun they modify.

Example:

¡**Buenos días**! *(BWE-nos DI-as)* means "Good morning!" in English.

¡**Buenas tardes**! *(BWE-nas TAR-des)* means "Good afternoon!" in English.

¡**Buenas noches**! *(BWE-nas NO-ches)* means "Good night!" in English.

Tell your partner what the following Spanish phrase means in English:
¡**Buenos días**! *(BWE-nos DI-as)*

Your partner will tell you what the following Spanish phrase means in English:
¡**Buenas noches**! *(BWE-nas NO-ches)*

-- Make up little rules that work for you.

Many words begin in Spanish with double consonants preceded by an **E** are similar in English without the initial "e".

Spanish word	Pronunciation	English word
escuela	es-**KWE**-la	school
espagueti	es-pa-**GE**-ti	spaghetti
España	es-**PA**-nya	Spain
español	es-pa-**NYOL**	Spanish
especial	es-pe-**SIAL**	special
estatua	es-**TA**-twa	statue

Example:

The Spanish noun **espacio** *(es-PA-sio)* means "space" in English. They are cognates because they look and sound about the same and they are similar in meaning.

Tell your partner three words that begin in Spanish with double consonants preceded by an E. Ask your partner to tell you three more.

The glossary in the back of the book may be helpful to you.

--<u>Most words that end in "–ión" are cognates. They are feminine.</u>

Spanish noun	Pronunciation	English noun
la acción	*la ak-SION*	action
la celebración	*la se-le-bra-SION*	celebration
la relación	*la rre-la-SION*	relation
la separación	*la se-pa-ra-SION*	separation
la tradición	*la tra-di-SION*	tradition
la vegetación	*la be-he-ta-SION*	vegetation

Example:

The Spanish noun **<u>televisión</u>** (*te-le-bi-SION*) means "television" in English. They are cognates because they look and sound about the same and they are similar in meaning.

Tell your partner three noun cognates that end in "-ion" in English and **"-ión"** in Spanish. Ask your partner to tell you three more. The glossary in the back of the book may be helpful to you.

--<u>Many words that end in "-dad" are cognates. They are feminine.</u>

Spanish noun	Pronunciation	English noun
la calidad	*la ka-li-DAD*	quality
la cantidad	*la kan-ti-DAD*	quantity
la hospitalidad	*la os-pi-ta-li-DAD*	hospitality
la movilidad	*la mo-bi-li-DAD*	mobility
la responsabilidad	*larres-pon-sa-bi-li-DAD*	responsibility
la variedad	*la ba-rie-DAD*	variety

Example:

The Spanish noun **<u>antigüedad</u>** (*an-ti-gwe-DAD*) means "antiquity" in English. They are cognates because they look and sound about the same and they are similar in meaning.

Tell your partner three noun cognates that end in "-ty" in English and **"-dad"** in Spanish. Ask your partner to tell you three more. The glossary in the back of the book may be helpful to you.

SOME INTERESTING PAIRS OF SPANISH WORDS

Many Spanish words differ from each other only by one letter, their article or an accent.

--Some noun pairs differ only by a letter.

Spanish noun	Pronunciation	English noun
el calor	el ka-**LOR**	heat
el color	el ko-**LOR**	color
el ejote	el e-**HO**-te	green bean
el elote	el e-**LO**-te	ear of corn
la hambre	la **AM**-bre	hunger
el hombre	el **OM**-bre	man
el jabón	el ha-**BON**	soap
el jamón	el ha-**MON**	ham
la paz	la **PAS**	peace
el pez	el **PES**	fish
el peso	el **PE**-so	Mexican money
el piso	el **PI**-so	floor

Example:

| **el** **pato** | el **PA**-to | duck |
| **el** **pavo** | el **PA**-bo | turkey |

Tell your partner three noun pairs that differ only by a letter. Ask your partner to tell you three more. The glossary in the back of the book may be helpful to you.

--<u>Some noun pairs differ only by their article.</u>

Spanish noun · Pronunciation · English noun

Spanish noun	Pronunciation	English noun
el dentista	*el den-**TIS**-ta*	male dentist
la dentista	*la den-**TIS**-ta*	female dentist
el guía	*el **GI**-a*	male guide
la guía	*la **GI**-a*	female guide
el mañana	*el ma-**NYA**-na*	tomorrow
la mañana	*la ma-**NYA**-na*	morning
el papa	*el **PA**-pa*	pope
la papa	*la **PA**-pa*	potato
el radio	*el **RRA**-dio*	radius
la radio	*la **RRA**-dio*	radio
el turista	*el tu-**RIS**-ta*	male tourist
la turista	*la tu-**RIS**-ta*	female tourist

Example:
    <u>el</u> <u>policía</u>   *el po-li-**SI**-a*   policeman
    <u>la</u> <u>policía</u>   *la po-li-**SI**-a*   policewoman

Tell your partner three noun pairs that differ only by an article. Ask your partner to tell you three more. The glossary in the back of the book may be helpful.

--<u>Some word pairs differ only by an accent. All question words have accents when they are used to ask a question; they do not have accents when they are used as adverbs to modify verbs.</u>

Spanish word	Pronunciation	English word
como	***KO**-mo*	as, like
¿Cómo?	***KO**-mo (raised voice)*	How?
cuando	***KWAN**-do*	when
¿Cuándo?	***KWAN**-do (raised voice)*	When?
donde	***DON**-de*	where
¿Dónde?	***DON**-de (raised voice)*	Where?
porque	*por-**KE***	because
¿Por qué?	*por **KE** (raised voice)*	Why?
que	***KE***	that
¿Qué?	***KE** (raised voice)*	What?
quien	***KIEN***	who
¿Quién?	***KIEN** (raised voice)*	Who?

Example:

<u>cual</u>	*KWAL*	which
¿<u>**Cuál**</u>?	*KWAL (raised voice)*	Which?

Tell your partner three word pairs that differ only by an accent. Ask your partner to tell you three more.

A REVIEW OF THE SOUNDS OF SPANISH

Now let's review Chapter 1 on the Sounds of Spanish. We're going to play a game where you ask someone to answer one of the following questions. You will toss a ball or bean bag to a classmate who will answer your question and toss it to someone else.

Work with your partner to write down the answers to these questions. Be prepared to catch a ball or bean bag and use one of your answers for the question you will be asked.

(1) Name a Spanish noun with the masculine definite article **<u>el</u>**.
_____

(2) Name a Spanish noun with the feminine definite article **<u>la</u>**.
_____

(3) Name a Spanish plural noun with the masculine definite article **<u>los</u>**.
_____

(4) Name a Spanish plural noun with the feminine definite article **<u>las</u>**.
_____

(5) Name a Spanish noun with the masculine indefinite article **<u>un</u>**.
_____

(6) Name a Spanish noun with the feminine indefinite article **<u>una</u>**.
_____

(7) Name a Spanish plural noun with the masculine indefinite article **<u>unos</u>**.
_____

(8) Name a Spanish plural noun with the feminine indefinite article **<u>unas</u>**.
_____

(9) Tell the class what a cognate is.
_____

(10) Name a pair of cognates in English and Spanish.
_____

Chapter 2 – Greetings and Goodbyes – Lesson 1

GREETINGS IN THE CLASSROOM

You meet another student who is walking into Spanish class:

-- ¡Hola! ¿Qué tal?
(Hi! How are you?)
O-la/ **KE TAL**

-- Estoy muy bien, gracias. ¿Y tú?
(I am very well, thanks. And you?)
e-**STOY MWI BIEN**/ **GRA**-si-as/ i **TU**

-- Estoy bien también, gracias. Quiero presentarte a mi amigo Fernando.
(I am also well, thank you. I want to introduce my friend Fernando to you.)
e-**STOY BIEN** tam-**BIEN**/ **GRA**-si-as/ **KIE**-ro pre-sen-**TAR**-te a mi a-**MI**-go fer-**NAN**-do

-- ¡Mucho gusto, Fernando!
(It is a pleasure, Fernando!)
MU-cho **GU**-sto/ fer-**NAN**-do

Example:

Quiero presentarte a mi amiga, Elena.

¡Mucho gusto, Elena!

Now get up and find a partner to work with in the class. Use the words and phrases in the dialogue to ask how he or she is doing. Introduce him or her to another classmate, shake hands and say it is a pleasure. Reverse the roles.

Now more students are making their way into the room. Of course you'll be sociable and greet them, too.

-- ¡Hola! ¿Cómo están ustedes?
(Hi! How are you guys?)
O-la/ **KO**-mo e-**STAN** us-**TE**-des

-- Estamos muy bien, gracias. ¿Y tú?
(We are very well, thanks. And you?)
e-**STA**-mos **MWI BIEN**/ **GRA**-si-as/ i **TU**

-- Estoy excelente, gracias. ¿Qué pasó?
(I am excellent, thank you. What's up?)
e-**STOY** e-se-**LEN**-te/ **GRA**-si-as/ **KE** pa-**SO**

-- Me llamo Fernando. Ésta es Elena. ¿Cómo se llaman ustedes?
(My name is Fernando. This is Ellen. What are your names?)
ME YA-mo fer-**NAN**-do/ **ES**-ta **ES** e-**LE**-na/ **KO**-mo **SE YA**-man us-**TE**-des

-- Me llamo Arturo. Ellos son Isabel, Guillermo y Gilberto.
(My name is Arthur. They are Elizabeth, William and Gilbert.)
ME YA-mo ar-**TU**-ro/ E-yos **SON** i-sa-**BEL**/ gi-**YER**-mo/ i hil-**BER**-to

-- ¡Mucho gusto!
(It is a pleasure!)
MU-cho **GU**-sto

Example:
¿Cómo se llaman ustedes?

Me llamo Pablo. Ellos son Alicia, Jesús y Juanita.

Now get up and walk over to the door with another classmate. Use the words and phrases in the dialogue to ask how the class is doing. Introduce yourself and your friend to your other classmates. Don't forget to shake hands and say it is a pleasure to meet them. Reverse the roles.

GREETINGS FOR CERTAIN TIMES OF THE DAY

It is 9 a.m. and time for Spanish class. The teacher comes into the room, and you want to greet her.

-- ¡Buenos días, profesora!
   (Good morning, Professor!)
   BWE-nos **DI**-as/ pro-fe-**SO**-ra

-- ¡Buenos días, clase! ¿Cómo están?
   (Good morning, class! How are you?)
   BWE-nos **DI**-as/ **KLA**-se/ **KO**-mo e-**STAN**

-- Estamos muy bien, profesora.
   (We are very well, Professor.)
   e-**STA**-mos **MWI BIEN**/ pro-fe-**SO**-ra

-- Es un día muy bonito ¿verdad?
   (It is a very pretty day, isn't it?)
   ES un **DI**-a **MWI** bo-**NI**-to/ ber-**DAD**

-- Sí, profesora. No hace frío, no hace mucho calor y hace mucho sol.
   (Yes, Professor. It is not cold, it is not hot and it is very sunny.)
   SI/ pro-fe-**SO**-ra/ **NO** A-se **FRI**-o/ **NO** A-se **MU**-cho ka-**LOR**/ i A-se **MU**-cho **SOL**

Example:
Es un día muy bonito ¿verdad?

Sí. No hace frío, no hace mucho calor y hace mucho sol.

You are the teacher. Walk over to the door and come into your classroom. Use the words and phrases in the dialogue to ask how your class is doing. Carry on a brief conversation about the weather. Reverse the roles.

It is 12 p.m. and time for Spanish class to be over. The students say goodbye to the teacher and wish her a nice weekend.

-- ¡Buenas tardes, profesora! Nos vemos el lunes.
 (Good afternoon, Professor. See you on Monday.)
 BWE-nas **TAR**-des/ pro-fe-**SO**-ra/ **NOS BE**-mos el **LU**-nes

-- ¡Buenas tardes, Guillermo! ¡Buen fin de semana!
 (Good afternoon, William. Have a good weekend!)
 BWE-nas **TAR**-des/ gi-**YER**-mo/ **BWEN FIN** de se-**MA**-na

-- Gracias, profesora.
 (Thank you, Professor.)
 GRA-si-as/ pro-fe-**SO**-ra

-- ¡Hasta luego, Isabel! ¡Buen fin de semana!
 See you later, Elizabeth! Have a good weekend!)
 A-sta **LWE**-go/ i-sa-**BEL**/ **BWEN FIN** de se-**MA**-na

-- Gracias, profesora. ¡Hasta el lunes!
 (Thank you, Professor. See you on Monday.)
 GRA-si-as/ pro-fe-**SO**-ra/ **A**-sta el **LU**-nes

Example:
Nos vemos el lunes.

¡Buen fin de semana!

You are a student who walks to the door, says goodbye to the teacher and wishes him or her a nice weekend. Your partner is the teacher who thanks you, wishes you a nice weekend, too, and says he or she will see you on Monday. Reverse the roles.

Think back to **Lesson 1**. Imagine you open the door of the classroom and see your partner sitting down talking to several other students. He stands up to introduce you to the other students. Don't forget to be polite and tell them it was a pleasure to meet them.

Chapter 2 – Greetings and Goodbyes -- Lesson 2

HOW ARE YOU FEELING?

You're not feeling well, so you go to see a doctor.

Ud.: ¡Buenos días, doctor! Me siento mal.
(Good morning, Doctor. I feel bad.)
BWE-nos **DI**-as/ dok-**TOR**/ **ME SIEN**-to **MAL**

Doctor: ¡Buenos días, señor! ¿Cuál es su problema?
(Good morning, sir. What is your problem?)
BWE-nos **DI**-as/ se-**NYOR**/ **KWAL ES** su pro-**BLE**-ma

Ud.: Creo que tengo un poco de fiebre.
(I think I have a little fever.)
KRE-o **KE TEN**-go un **PO**-ko de **FIE**-bre

Doctor: Enfermera, tome la temperatura del señor, por favor.
(Nurse, take the man's temperature, please.)
en-fer-**ME**-ra/ **TO**-me la tem-pe-ra-**TU**-ra del se-**NYOR**/ **POR** fa-**BOR**

Enfermera: Sí, doctor. El señor tiene fiebre.
(Yes, Doctor. The man has a fever.)
SI/ dok-**TOR**/ el se-**NYOR TIE**-ne **FIE**-bre

Doctor: ¿Tiene usted un dolor de cabeza?
(Do you have a headache?)
TIE-ne us-**TED** un do-**LOR** de ka-**BE**-sa

Ud.: Si, doctor. Tengo un dolor de cabeza muy fuerte.
(Yes, Doctor. I have a bad headache.)
SI/ dok-**TOR**/ **TEN**-go un do-**LOR** de ka-**BE**-sa **MWI FWER**-te

Doctor:	Creo que usted tiene gripa. Aquí está una receta para su medicina en la farmacia. *(I think you have the flu. Here is a prescription for your medicine at the pharmacy.)* **KRE**-o **KE** us-**TED TIE**-ne **GRI**-pa/ a-**KI** e-**STA U**-na rre-**SE**-ta **PA**-ra su me-di-**SI**-na en la far-**MA**-sia
Ud.:	Gracias, doctor. *(Thank you, Doctor.)* **GRA**-si-as/ dok-**TOR**

Example:

Ud.:	Buenos días, doctor. Me siento mal.
Doctor:	Creo que usted tiene gripa. Aquí está una receta para su medicina en la farmacia.

You are the doctor who is sitting in his or her office. Your partner is the sick patient who comes into your office and explains to you that he or she doesn't feel well and may have a little fever. You have your nurse take his or her temperature and say your patient has a fever. You decide he or she has the flu, and you give him or her a prescription. Reverse the roles.

YOU GO TO THE DRUG STORE

You take your prescription to the pharmacy.

Ud.:	¡Buenos días, señorita! Quiero la medicina en la receta, por favor. *(Good morning, Miss. I want the medicine in the prescription, please.)* **BWE**-nos **DI**-as/ se-nyo-**RI**-ta/ **KIE**-ro la me-di-**SI**-na en la rre-**SE**-ta/ **POR** fa-**BOR**
Señorita:	¡Buenos días, señor! Con mucho gusto. *(Good morning, Sir. With pleasure.)* **BWE**-nos **DI**-as/ se-**NYOR**/ **KON MU**-cho **GUS**-to

Ud.:	¿Cuándo va a estar lista la medicina? *(When is the medicine going to be ready?)* **KWAN**-do **BA** a es-**TAR LIS**-ta la me-di-**SI**-na
Señorita:	En dos horas. *(In two hours.)* en **DOS O**-ras

(Dos horas más tarde.)

Ud.:	¿Ya está lista mi medicina? *(Is my medicine ready?)* **YA** es-**TA LIS**-ta mi me-di-**SI**-na
Señorita:	Sí, señor. *(Yes, Sir.)* **SI**/ se-**NYOR**
Ud.:	¿Cuánto cuesta? *(How much does it cost?)* **KWAN**-to **KWES**-ta
Señorita:	El total de la medicina va a ser ciento veinte pesos. *(The total of the medicine is going to be 120 pesos.)* el to-**TAL** de la me-di-**SI**-na **BA** a **SER SIEN**-to **BEIN**-te **PE**-sos
Ud.:	También quiero comprar cuatro rollos de papel higiénico, un cepillo de dientes, pasta de dientes y una botella de champú. *(I also want to buy 4 rolls of toilet paper, a toothbrush, toothpaste and a bottle of shampoo.)* tam-**BIEN KIE**-ro kom-**PRAR KWAT**-ro **RRO**-yos de pa-**PEL** i-**HIE**-ni-ko/ un se-**PI**-yo de **DIEN**-tes/ **PAS**-ta de **DIEN**-tes/ i **U**-na bo-**TE**-ya de cham-**PU**
Señorita:	Ahora el nuevo total va a ser doscientos cuarenta pesos. *(Now the new total is going to be 240 pesos.)* a-**O**-ra el **NWE**-bo to-**TAL BA** a **SER** dos-**SIEN**-tos kwa-**REN**-ta **PE**-sos

Ud.:	Aquí está mi tarjeta de crédito. Gracias, señorita. *(Here is my credit card. Thank you, Miss.)* a-**KI** e-**STA** mi tar-**HE**-ta de **KRE**-di-to/ **GRA**-si-as/ se-nyo-**RI**-ta
Señorita:	De nada, señor. *(You are welcome, Sir.)* de **NA**-da/ se-**NYOR**

Example:

Quiero la medicina en la receta, por favor.

Claro que sí, señor. Con mucho gusto.

You are the sick patient and your partner is the employee behind the counter at the pharmacy. You ask him or her when the medicine will be ready. Your partner tells you the medicine will be ready in an hour. When you come back in an hour he or she tells you it is ready and will cost 90 pesos. You add on two rolls of toilet paper, a toothbrush, toothpaste and a bottle of shampoo. The new total is 180 pesos. You give him or her your credit card and say thanks. He or she says you are welcome. Reverse the roles.

Think back to **Lesson 2**. You are on vacation in a Spanish-speaking country, but all of a sudden you are not feeling well. You go to a doctor recommended to you by the desk clerk at the hotel and try to describe your symptoms in your best Spanish. Your partner is the doctor who sees you and has his nurse take your temperature. He or she decides what is wrong with you and gives you a prescription.

Chapter 2 – Greetings and Goodbyes -- Lesson 3

YOU'RE STILL NOT FEELING WELL

A week has passed and you're not feeling any better, so you go back to see the doctor.

Ud.: ¡Buenos días, doctor! Todavía no me siento bien.
(Good morning, Doctor. I still don't feel well.)
BWE-nos **DI**-as/ dok-**TOR**/ to-da-**BI**-a **NO ME SIEN**-to **BIEN**

Doctor: ¡Buenos días, señor! ¿Qué tiene usted ahora?
(Good morning, Sir. What do you have now?)
BWE-nos **DI**-as/ se-**NYOR**/ **KE TIE**-ne us-**TED** a-**O**-ra

Ud.: Creo que todavía tengo un poco de fiebre. También tengo un dolor de cabeza, pero ahora tengo un dolor de garganta también.
(I think I still have a little fever. I also have a headache, but now I have a sore throat, too.)
KRE-o **KE** to-da-**BI**-a **TEN**-go un **PO**-ko de **FIE**-bre/ tam-**BIEN** **TEN**-go un do-**LOR** de ka-**BE**-sa/ **PE**-ro a-**O**-ra un do-**LOR** de gar-**GAN**-ta/ tam-**BIEN**

Doctor: ¿Está tomando la medicina en la receta?
(Are you taking the medicine on the prescription?)
e-**STA** to-**MAN**-do la me-di-**SI**-na en la rre-**SE**-ta

Ud.: Sí, doctor. Ya no tengo más medicina.
(Yes, Doctor. I don't have any more medicine.)
SI/ dok-**TOR**/ **YA NO TEN**-go **MAS** me-di-**SI**-na

Doctor: Quiero mirar su garganta con mi luz especial.
(I want to look at your throat with my special light.)
KIE-ro mi-**RAR** su gar-**GAN**-ta **KON** mi **LUS** es-pe-**SIAL**

Ud.: Ahhhhhh.
(Ahhhhhh.)
AHHHHH

Doctor: Usted tiene una infección de la garganta. Aquí está una receta para una medicina diferente.
(You have a throat infection. Here is a prescription for a different medicine.)
us-**TED TIE**-ne **U**-na in-fek-**SION** de la gar-**GAN**-ta/ **A**-ki e-**STA U**-na rre-**SE**-ta **PA**-ra **U**-na me-di-**SI**-na di-fe-**REN**-te

Ud.: Gracias, doctor.
(Thank you, Doctor.)
GRA-si-as/ dok-**TOR**

Example:

Ud.: Todavía tengo un poco de fiebre y un dolor de cabeza, pero ahora tengo un dolor de garganta también.

Doctor: Usted tiene una infección de la garganta.

You are the sick patient, and your partner is the doctor. Explain to the doctor that you still don't feel well. You have a fever, headache and sore throat. Your partner will use a special light to look at your throat and decide you have a throat infection. He or she will then give you a different prescription. Reverse the roles.

YOU GO BACK TO THE DRUG STORE

You take your second prescription to the pharmacy.

Ud.: ¡Buenos días, señorita! Quiero la medicina en esta receta, por favor.
(Good morning, Miss. I want the medicine in this prescription, please.)
BWE-nos **DI**-as/ se-nyo-**RI**-ta/ **KIE**-ro la me-di-**SI**-na en **ES**-ta rre-**SE**-ta/**POR** fa-**BOR**

Señorita: ¡Buenos días, señor! Con mucho gusto.
(Good morning, Sir. With pleasure.)
BWE-nos **DI**-as/ se-**NYOR**/ **KON MU**-cho **GUS**-to

Ud.: ¿Cuándo va a estar lista la medicina?
(When is the medicine going to be ready?)
KWAN-do **BA** a es-**TAR LIS**-ta la me-di-**SI**-na

Señorita: En una hora.
(In an hour.)
en **U**-na **O**-ra

(Una hora más tarde.)

Ud.: ¿Ya está lista mi medicina?
(Is my medicine ready?)
YA es-**TA LIS**-ta mi me-di-**SI**-na

Señorita: No, señor.
(No, Sir.)
NO/ se-**NYOR**

Ud.: Entonces ¿cuándo va a estar lista?
(So when is it going to be ready?)
en-**TON**-ses/ **KWAN**-do **BA** a es-**TAR LIS**-ta

Señorita: Lo siento, señor. Va a ser una hora más.
(I'm sorry, Sir. It is going to be one hour more.)
LO SIEN-to/ se-**NYOR**/ **BA** a **SER U**-na **O**-ra **MAS**

Ud.: Está bien. Aquí voy a estar.
(OK. I'll be here.)
e-**STA BIEN**/ a-**KI BOY A** e-**STAR**

(Una hora más tarde.)

Ud.: ¿Cuánto cuesta?
(How much does it cost?)
KWAN-to **KWES**-ta

Señorita:	El total de la medicina va a ser ciento sesenta pesos. *(The total of the medicine is going to be 160 pesos.)* el to-**TAL** de la me-di-**SI**-na **BA** a **SER SIEN**-to se-**SEN**-ta **PE**-sos
Ud.:	También quiero comprar una botella grande de enjuague bucal y una bolsa grande de pastillas para la tos. *(I also want to buy a large bottle of mouthwash and a large bag of cough drops.)* tam-**BIEN KIE**-ro kom-**PRAR U**-na bo-**TE**-ya **GRAN**-de de en-**HWA**-ge bu-**KAL**/ i **U**-na **BOL**-sa **GRAN**-de de pas-**TI**-yas **PA**-ra la **TOS**
Señorita:	Ahora el nuevo total va a ser doscientos setenta pesos. *(Now the new total is going to be 270 pesos.)* a-**O**-ra el **NWE**-bo to-**TAL BA** a **SER** dos-**SIEN**-tos se-**TEN**-ta **PE**-sos
Ud.:	Aquí está el dinero en efectivo. Gracias, señorita. *(Here is the money in cash. Thank you, Miss.)* a-**KI** e-**STA** el di-**NE**-ro en e-fek-**TI**-bo/ **GRA**-si-as/ se-nyo-**RI**-ta
Señorita:	De nada, señor. *(You are welcome, Sir.)* de **NA**-da/ se-**NYOR**

Example:

Ahora el nuevo total va a ser doscientos cincuenta pesos.

Aquí está el dinero en efectivo.

You are the sick patient, and your partner is the employee behind the counter at the pharmacy. You ask him or her when the medicine will be ready. Your partner tells you the medicine will be ready in an hour. When you come back in an hour, he or she tells you it will be another hour. Then you are told it will cost 130 pesos. You add on a large bottle of mouthwash and a large bag of cough drops. The new total is 250 pesos. You pay in cash and say thanks. He or she says you are welcome. Reverse the roles.

YOU GOOFED!

You're in a foreign country and drank water out of the public drinking fountain. The minute you did it you knew you shouldn't have.

Ud.:   Doctora, tengo un gran dolor de estómago y tengo muchas náuseas.
(I have a bad stomach ache, and I suffer from a lot of nausea.)
dok-**TO**-ra/ **TEN**-go un **GRAN** do-**LOR** de es-**TO**-ma-go/ i **TEN**-go **MU**-chas **NAU**-seas

Now think back on **Lessons 2 and 3.** You are a sick patient. You go into a female doctor's office, greet her and explain that you have a terrible stomach ache and are nauseous. Your partner is the doctor. She has her nurse take your temperature, says you have a fever and gives you a prescription. Use the words and phrases in this chapter to carry on your conversation. Reverse the roles.

Chapter 2 – Greetings and Goodbyes -- Lesson 4

YOU'LL BE PROACTIVE!

You decide to take better care of yourself, so you and your friend go shopping at the local supermarket to buy healthy items.

Ud: Primero quiero comprar muchas botellas de agua pura.
(First of all I want to buy lots of bottles of pure water.)
pri-**ME**-ro **KIE**-ro kom-**PRAR MU**-chas bo-**TE**-yas de **A**-gwa **PU**-ra

Amigo: Aquí está el agua en botellas. ¿Quieres las botellas pequeñas o las botellas grandes?
(Here is the water in bottles. Do you want the small bottles or the large bottles?)
a-**KI** e-**STA** el **A**-gwa en bo-**TE**-yas/ **KIE**-res las bo-**TE**-yas pe-**KE**-nyas/ o las bo-**TE**-yas **GRAN**-des

Ud: Quiero las botellas grandes porque hay más agua por menos dinero.
(I want the large bottles because there is more water for less money.)
KIE-ro las bo-**TE**-yas **GRAN**-des por-**KE AI MAS A**-gwa **POR ME**-nos di-**NE**-ro

Amigo: ¿Cuántas botellas grandes quieres comprar?
(How many large bottles do you want to buy?)
KWAN-tas bo-**TE**-yas **GRAN**-des **KIE**-res kom-**PRAR**

Ud.: ¿Por qué no compramos siete botellas grandes?
(Why don't we buy 7 large bottles?)
por **KE NO** kom-**PRA**-mos **SIE**-te bo-**TE**-yas **GRAN**-des

Amigo: ¡Buena idea! Así tenemos agua pura por una semana.
(Good idea! That way we have clean water for a week.)
BWE-na i-**DEA**/ a-**SI** te-**NE**-mos **A**-gwa **PU**-ra **POR U**-na se-**MA**-na

Example:

Amigo: ¿Cuántas botellas grandes compramos?

Ud.: Quiero comprar tres botellas grandes.

Amigo: Así tenemos agua pura por tres días.

You and your friend are at the local supermarket looking for bottled water. The two of you consider the small and large sizes of water bottles before you finally make a choice of what to buy for the next week.

YOU'LL BUY FRUIT!

You've heard that "an apple a day keeps the doctor away". You're very tired of going to the doctor, so you head for the fruit aisle.

Ud.: Vamos a comprar un kilo de manzanas. ¿Te gustan las manzanas verdes o las manzanas rojas?
(Let's buy a kilogram of apples. Do you like green apples or red apples?)
BA-mos a kom-**PRAR** un **KI**-lo de man-**SA**-nas/ **TE GUS**-tan las man-**SA**-nas **BER**-des/ o las man-**SA**-nas **RRO**-has

Amigo: Me da igual. ¿Cuáles te gustan más a ti?
(It's all the same to me. Which ones do you like more?)
ME DA i-**GWAL**/ **KWA**-les **TE GUS**-tan **MAS** a **TI**

Ud.: A mí me gustan más las rojas.
(I like the red ones more.)
a **MI ME GUS**-tan **MAS** las **RRO**-has

Amigo: Bueno, entonces compramos un kilo de las rojas.
(Well, then let's buy a kilogram of the red ones.)
BWE-no/ en-**TON**-ses kom-**PRA**-mos un **KI**-lo de las **RRO**-has

Ud.: ¿Vamos a comprar más fruta?
(Are we going to buy more fruit?)
BA-mos a kom-**PRAR MAS FRU**-ta

Amigo: ¿Qué tal si compramos unos plátanos?
(What if we buy some bananas?)
KE TAL SI kom-**PRA**-mos **U**-nos **PLA**-ta-nos

Ud.: Muy bien. ¿Compramos unas frutas kiwi también?
(Great. Shall we buy some kiwifruit, too?)
MWI BIEN/ kom-**PRA**-mos **U**-nas **FRU**-tas **KI**-wi/ tam-**BIEN**

Amigo: Es una idea excelente. La fruta kiwi tiene mucha vitamina C.
(That's an excellent idea. The kiwifruit has a lot of vitamin C.)
ES U-na i-**DEA** e-se-**LEN**-te/ la **FRU**-ta **KI**-wi **TIE**-ne **MU**-cha bi-ta-**MI**-na **SE**

Ud.: Hablando de la vitamina C ¿qué tal si compramos unas naranjas? Ellas tienen mucha vitamina C también.
(Speaking of vitamin C, what if we buy some oranges? They have a lot of vitamin C, too.)
a-**BLAN**-do de la bi-ta-**MI**-na **SE**/ **KE TAL SI** kom-**PRA**-mos **U**-nas na-**RAN**-has/ e-**YAS TIE**-nen **MU**-cha bi-ta-**MI**-na **SE**/ tam-**BIEN**

Example:

Ud.: Vamos a comprar un kilo de manzanas. ¿Te gustan las manzanas verdes o las manzanas rojas?

Amigo: Me da igual.

You and your friend are at the local supermarket looking for fruit. The two of you look at the green and red apples, the bananas, the kiwifruit and the oranges. You want to choose fruit that you both like and fruit with lots of vitamin C.

Chapter 2 – Greetings and Goodbyes -- Lesson 5

NOW YOUR TOOTH HURTS

Today you believe the old saying, "When it rains, it pours!" because you woke up with a major toothache. You need to see a dentist.

Ud.: ¡Buenos días, doctor! Tengo un dolor de muelas muy fuerte.
(Good morning, Doctor. I have a bad toothache.)
BWE-nos **DI**-as/ dok-**TOR**/ **TEN**-go un do-**LOR** de **MWE**-las **MWI FWER**-te

Doctor: ¡Buenos días, señor! Tome asiento, por favor.
(Good morning, Sir. Take a seat, please.)
BWE-nos **DI**-as/ se-**NYOR**/ **TO**-me a-**SIEN**-to/ **POR** fa-**BOR**

Ud.: Es una muela arriba a la derecha, doctor.
(It is a molar on the top to the right, Doctor.)
ES U-na **MWE**-la a-**RRI**-ba a la de-**RE**-cha/ dok-**TOR**

Doctor: Sí, lo veo. Hay un agujero en la muela. Lo tengo que rellenar.
(Yes, I see it. There is a hole in the molar. I have to fill it.)
SI/ **LO BEO**/ **AI** un a-gu-**HE**-ro en la **MWE**-la/ **LO TEN**-go **KE** rre-ye-**NAR**

Ud.: ¿Hoy?
(Today?)
OY

Doctor:	No, hoy no. Primero usted tiene que tomar un antibiótico porque hay una infección en su muela. Aquí está una receta para su medicina en la farmacia. *(No, not today. First of all you have to take an antibiotic because there is an infection in your molar. Here is a prescription for your medicine at the pharmacy.)* ***NO/ OY NO/** pri-**ME**-ro us-**TED TIE**-ne **KE** to-**MAR** un an-ti-**BIO**-ti-ko por-**KE** us-**TED TIE**-ne **U**-na in-fek-**SION** en su **MWE**-la/ a-**KI** e-**STA U**-na rre-**SE**-ta **PA**-ra su me-di-**SI**-na en la far-**MA**-sia*
Ud.:	Gracias, doctor. *(Thank you, Doctor.)* ***GRA**-si-as/ dok-**TOR***
Doctor:	Tengo que verlo en cuatro días para rellenar su muela. *(I have to see you in 4 days to fill your molar.)* ***TEN**-go **KE BER**-lo en **KWA**-tro **DI**-as **PA**-ra rre-ye-**NAR** su **MWE**-la*

Example:

Ud.:	¡Buenos días, doctor! Tengo un dolor de muelas muy fuerte.
Doctor:	Hay un agujero en la muela. Lo tengo que rellenar.

You are the dentist who is sitting in his or her office. Your partner is the patient who comes into your office and explains to you that he or she has a bad toothache. It is a molar on the bottom (**abajo**) to the left (**a la izquierda**). You decide he or she has an infection and give him or her a prescription for an antibiotic. Reverse the roles.

YOU RETURN TO THE DENTIST

Four days later you return to see the dentist as instructed.

Ud.:	¡Buenos días, doctor! Ya no tengo el dolor de muelas. *(Good morning, Doctor. I do not have the toothache any more.)* **BWE**-nos **DI**-as/ dok-**TOR**/ **YA NO TEN**-go el do-**LOR** de **MWE**-las
Doctor:	¡Buenos días, señor! ¡Qué bueno -- ya no tiene dolor! Tome asiento, por favor. *(Good morning, Sir. How great -- you do not have any more pain! Take a seat, please.)* **BWE**-nos **DI**-as/ se-**NYOR**/ **KE BWE**-no/ **YA NO TIE**-ne do-**LOR**/ **TO**-me a-**SIEN**-to/ **POR** fa-**BOR**
Ud.:	¿Qué me va a hacer, doctor? *(What are you going to do to me, Doctor?)* **KE ME BA** a a-**SER**/ dok-**TOR**
Doctor:	Le voy a dar una inyección para dormir su boca. ¿Está bien? *(I am going to give you an injection to put your mouth to sleep. Is that OK?)* **LE BOY** a **DAR U**-na in-yek-**SION PA**-ra dor-**MIR** su **BO**-ka/ e-**STA BIEN**
Ud.:	¡Claro que sí! Usted es el doctor. *(Of course! You are the doctor.)* **KLA**-ro **KE SI**/ us-**TED ES** el dok-**TOR**
Doctor:	¿Ya está dormida su boca? *(Is your mouth asleep now?)* **YA** e-**STA** dor-**MI**-da su **BO**-ka
Ud.:	Sí, doctor. Ya no siento nada. *(Yes, Doctor. I do not feel anything any more.)* **SI**/ dok-**TOR**/ **YA NO SIEN**-to **NA**-da

Doctor:	¡Perfecto! Usted es un buen paciente.
	(Perfect! You are a good patient.)
	*per-**FEK**-to/ us-**TED ES** un **BWEN** pa-**SIEN**-te*

Example:

Ud.:	¡Buenos días, doctor! Ya no tengo el dolor de muelas.
Doctor:	¡Buenos días, señor! ¡Qué bueno -- ya no tiene dolor!

You are the dentist who is sitting in his or her office. Your partner is the patient who returns to your office and tells you that he or she does not have a toothache any more. You ask your patient to sit down because you need to give an injection. You ask if his or her mouth is asleep, and you are told that your patient does not feel anything any more. Reverse the roles.

Think back on **Lessons 4 and 5**. You and your partner prepare a dialogue for the class in which you are concentrating on being healthy. You go to the market and buy lots of fresh fruit. By the time you get back to the hotel you are really suffering from a sore tooth. You and your partner go to a dentist recommended to you by the desk clerk at the hotel. You describe your toothache to your partner who is now your dentist. He or she will decide you have an infection and give you a prescription for an antibiotic.

Chapter 2 – Greetings and Goodbyes -- Lesson 6

YOU GO IN FOR A CLEANING

You know that you are supposed to have your teeth cleaned twice a year, so you make an appointment with the dental hygienist.

Ud.:	¡Buenos días! ¿Cómo está, señorita? *(Good morning! How are you, Miss?)* **BWE**-nos **DI**-as/ **KO**-mo e-**STA**/ se-nyo-**RI**-ta
Ella:	¡Buenos días! Estoy muy bien, señor. ¡Gracias! Bienvenido a nuestra clínica dental. *(Good morning! I am great, Sir. Thanks! Welcome to our dental clinic.)* **BWE**-nos **DI**-as/ e-**STOY MWI BIEN**/ se-**NYOR**/ **GRA**-si-as/ biem-be-**NI**-do a **NWES**-tra **KLI**-ni-ka den-**TAL**
Ud.:	Mis dientes no están muy limpios. ¿Puede limpiármelos, por favor? *(My teeth are not very clean. Can you clean them for me, please?)* mis **DIEN**-tes **NO** e-**STAN MWI LIM**-pios/ **PWE**-de lim-**PIAR**-me-los / **POR** fa-**BOR**
Ella:	Por supuesto. Por eso estamos aquí. *(Of course. That is why we are here.)* **POR** su-**PWES**-to/ **POR E**-so e-**STA**-mos a-**KI**
Ud.:	¡Gracias, señorita! *(Thank you, Miss.)* **GRA**-si-as/ se-nyo-**RI**-ta

Ella:	Tome asiento, por favor. Le voy a dar un babero y unos lentes especiales. *(Take a seat, please. I am going to give you a bib and some special glasses.)* **TO**-me a-**SIEN**-to/ **POR** fa-**BOR**/ le **BOY** a **DAR** un ba-**BE**-ro/ i **U**-nos **LEN**-tes es-pe-**SIA**-les

Example:

Ud.:	Mis dientes no están muy limpios. ¿Puede limpiármelos, por favor?
Ella:	Por supuesto. Por eso estamos aquí.

You are the patient who goes in to have his teeth cleaned. Your partner is the dental hygienist who welcomes you to their dental office and asks you to take a seat. You tell her your teeth are not very clean and ask her if she can clean them for you. She says of course she can and tells you that is the reason she is there. She gives you a bib and some special glasses. Reverse the roles.

THE DENTAL HYGIENIST GIVES YOU A CARE PACKAGE

You survived the appointment with the dental hygienist, and you're ready to leave the dental clinic.

Ella:	Tengo una bolsita para usted con unas cosas importantes para su higiene oral. *(I have a little bag for you with some important things for your oral hygiene.)* **TEN**-go **U**-na bol-i-**SI**-ta **PA**-ra us-**TED KON U**-nas **KO**-sas im-por-**TAN**-tes **PA**-ra su i-**HIE**-ne o-**RAL**
Ud.:	¿Es gratis o tengo que comprarla? *(Is it free, or do I have to buy it?)* **ES GRA**-tis/ o **TEN**-go **KE** kom-**PRAR**-la
Ella:	Por supuesto es gratis. *(Of course it is free.)* **POR** su-**PWES**-to **ES GRA**-tis

Ud.:	¡Qué ganga! *(What a bargain!)* **KE GAN**-ga
Ella:	En la bolsita tiene usted hilo dental, un cepillo de dientes y pasta de dientes. *(In the little bag you have dental floss, a toothbrush and toothpaste.)* en la bol-i-**SI**-ta **TIE**-ne us-**TED I**-lo den-**TAL**/ un se-**PI**-yo de **DIEN**-tes/ i **PAS**-ta de **DIEN**-tes
Ud.:	¡Gracias, señorita! ¡Es usted muy amable! *(Thank you, Miss. You are very kind.)* **GRA**-si-as/ se-nyo-**RI**-ta/ **ES** us-**TED MWI** a-**MA**-ble
Ella:	De nada, señor. Nos vemos en su próxima cita. *(You are welcome, Sir. See you at your next appointment.)* de **NA**-da/ se-**NYOR**/ **NOS BE**-mos en su **PROK**-si-ma **SI**-ta

Example:

Ella:	En la bolsita tiene usted hilo dental, un cepillo de dientes y pasta de dientes
Ud.:	¡Gracias, señorita! ¡Es usted muy amable!

Use the words and phrases in **Lessons 5 and 6** to carry on the following conversations. Reverse the roles.

You are the patient who has been to the male dentist twice recently. Your partner is the dentist who cares for you. You come into the office with an infection in one of your molars. He gives you a prescription for an antibiotic.

You return in four days. The antibiotic did its job, and now you have no pain at all. Your dentist gives you an injection to put your mouth to sleep. When you do not feel anything any more, he says you are a good patient.

You plan to take better care of your mouth in the future, so you make an appointment with the dental hygienist. You tell her your teeth are not very clean and ask her to please clean them for you. She gives you a bib and some special glasses.

A REVIEW OF THE VERB ESTAR

yo (I) YO	estoy (I am) e-STOY
tú (You to family and friends) TU	estás (You are) e-STAS
él, ella, usted (He, she, you to acquaintances) EL/ E-ya/ us-TED	está (He is, she is, you are) e-STA
nosotros/nosotras (We masculine or mixed gender, We feminine) no-SO-tros/ no-SO-tras	estamos (We are) e-STA-mos
ellos, ellas, ustedes (They masculine or mixed gender, They feminine, You plural to family, friends and acquaintances) E-yos/ E-yas/ us-TE-des	están (They are) (You are) e-STAN

APPLICATIONS OF THE VERB ESTAR

aburrido (bored) *a-bu-RRI-do*
así así (so-so) *a-SI a-SI*
cansado (tired) *kan-SA-do*
contento (content) *kon-TEN-to*
de buen humor (in a good mood) *de BWEN u-MOR*
de mal humor (in a bad mood) *de MAL u-MOR*
deprimido (depressed) *de-pri-MI-do*
emocionado (excited, lots of emotion) *e-mo-sio-NA-do*
enojado (angry) *e-no-HA-do*
feliz (happy) *fe-LIS*
furioso (furious) *fu-RIO-so*
más o menos (more or less) *MAS o ME-nos*
nervioso (nervous) *ner-BIO-so*
ocupado (busy, occupied) *o-ku-PA-do*
orgulloso (proud) *or-gu-YO-so*
preocupado (worried, proccupied) *pero-ku-PA-do*
sorprendido (surprised) *sor-pren-DI-do*
tranquilo (calm, tranquil) *tran-KI-lo*
triste (sad) *TRIS-te*

A REVIEW OF THE VERB TENER

yo (I) YO	tengo (I have) TEN-go
tú (You to family and friends) TU	tienes (You have) TIE-nes
él, ella, usted (He, she, you to acquaintances) EL/ E-ya/ us-TED	tiene (He has, she has, you have) TIE-ne
nosotros/nosotras (We masculine or mixed gender, We feminine) no-SO-tros/ no-SO-tras	tenemos (We have) te-NE-mos
ellos, ellas, ustedes (They masculine or mixed gender, They feminine, You plural to family, friends and acquaintances) E-yos/ E-yas/ us-TE-des	tienen (They have) (You have) TIE-nen

APPLICATIONS OF THE VERB TENER

años *(years) A-nyos* calor *(warmth) ka-LOR* frío *(cold) FRI-o* hambre *(hunger) AM-bre* miedo *(fear) MIE-do* náuseas *(nausea) NAU-seas*	prisa *(hurry) PRI-sa* razón *(reason) rra-SON* sed *(thirst) SED* sueño *(sleep) SWE-nyo* suerte *(luck) SWER-te*

THE NUMBERS FROM 1 TO 50

#	English	Spanish	Sounds in Spanish
1	one	**uno**	*U-no*
2	two	**dos**	*DOS*
3	three	**tres**	*TRES*
4	four	**cuatro**	*KWA-tro*
5	five	**cinco**	*SIN-ko*
6	six	**seis**	*SEIS*
7	seven	**siete**	*SIE-te*
8	eight	**ocho**	*O-cho*
9	nine	**nueve**	*NWE-be*
10	ten	**diez**	*DIES*
11	eleven	**once**	*ON-se*
12	twelve	**doce**	*DO-se*
13	thirteen	**trece**	*TRE-se*
14	fourteen	**catorce**	*ka-TOR-se*
15	fifteen	**quince**	*KIN-se*
16	sixteen	**dieciséis**	*dies-i-SEIS*
17	seventeen	**diecisiete**	*dies-i-SIE-te*
18	eighteen	**dieciocho**	*dies-i-O-cho*
19	nineteen	**diecinueve**	*dies-i-NWE-be*
20	twenty	**veinte**	*BEIN-te*
21	twenty one	**veintiuno**	*bein-ti-U-no*
22	twenty two	**veintidós**	*bein-ti-DOS*
23	twenty three	**veintitrés**	*bein-ti-TRES*
24	twenty four	**veinticuatro**	*bein-ti-KWA-tro*
25	twenty five	**veinticinco**	*bein-ti-SIN-ko*
26	twenty six	**veintiséis**	*bein-ti-SEIS*
27	twenty seven	**veintisiete**	*bein-ti-SIE-te*
28	twenty eight	**veintiocho**	*bein-ti-O-cho*
29	twenty nine	**veintinueve**	*bein-ti-NWE-be*
30	thirty	**treinta**	*TREIN-ta*
31	thirty one	**treinta y uno**	*TREIN-ta i U-no*
32	thirty two	**treinta y dos**	*TREIN-ta i DOS*
33	thirty three	**treinta y tres**	*TREIN-ta i TRES*
34	thirty four	**treinta y cuatro**	*TREIN-ta i KWA-tro*
35	thirty five	**treinta y cinco**	*TREIN-ta i SIN-ko*
36	thirty six	**treinta y seis**	*TREIN-ta i SEIS*
37	thirty seven	**treinta y siete**	*TREIN-ta i SIE-te*
38	thirty eight	**treinta y ocho**	*TREIN-ta i O-cho*
39	thirty nine	**treinta y nueve**	*TREIN-ta i NWE-be*
40	forty	**cuarenta**	*kwa-REN-ta*
41	forty one	**cuarenta y uno**	*kwa-REN-ta i U-no*
42	forty two	**cuarenta y dos**	*kwa-REN-ta i DOS*
43	forty three	**cuarenta y tres**	*kwa-REN-ta i TRES*
44	forty four	**cuarenta y cuatro**	*kwa-REN-ta i KWA-tro*
45	forty five	**cuarenta y cinco**	*kwa-REN-ta i SIN-ko*
46	forty six	**cuarenta y seis**	*kwa-REN-ta i SEIS*
47	forty seven	**cuarenta y siete**	*kwa-REN-ta i SIE-te*
48	forty eight	**cuarenta y ocho**	*kwa-REN-ta i O-cho*
49	forty nine	**cuarenta y nueve**	*kwa-REN-ta i NWE-be*
50	fifty	**cincuenta**	*sin-KWEN-ta*

THE NUMBERS FROM 51 TO 100

#	English	Spanish	Sounds in Spanish
51	fifty one	cincuenta y uno	*sin-KWEN-ta i U-no*
52	fifty two	cincuenta y dos	*sin-KWEN-ta i DOS*
53	fifty three	cincuenta y tres	*sin-KWEN-ta i TRES*
54	fifty four	cincuenta y cuatro	*sin-KWEN-ta i KWA-tro*
55	fifty five	cincuenta y cinco	*sin-KWEN-ta i SIN-ko*
56	fifty six	cincuenta y seis	*sin-KWEN-ta i SEIS*
57	fifty seven	cincuenta y siete	*sin-KWEN-ta i SIE-te*
58	fifty eight	cincuenta y ocho	*sin-KWEN-ta i O-cho*
59	fifty nine	cincuenta y nueve	*sin-KWEN-ta i NWE-be*
60	sixty	sesenta	*se-SEN-ta*
61	sixty one	sesenta y uno	*se-SEN-ta i U-no*
62	sixty two	sesenta y dos	*se-SEN-ta i DOS*
63	sixty three	sesenta y tres	*se-SEN-ta i TRES*
64	sixty four	sesenta y cuatro	*se-SEN-ta i KWA-tro*
65	sixty five	sesenta y cinco	*se-SEN-ta i SIN-ko*
66	sixty six	sesenta y seis	*se-SEN-ta i SEIS*
67	sixty seven	sesenta y siete	*se-SEN-ta i SIE-te*
68	sixty eight	sesenta y ocho	*se-SEN-ta i O-cho*
69	sixty nine	sesenta y nueve	*se-SEN-ta i NWE-be*
70	seventy	setenta	*se-TEN-ta*
71	seventy one	setenta y uno	*se-TEN-ta i U-no*
72	seventy two	setenta y dos	*se-TEN-ta i DOS*
73	seventy three	setenta y tres	*se-TEN-ta i TRES*
74	seventy four	setenta y cuatro	*se-TEN-ta i KWA-tro*
75	seventy five	setenta y cinco	*se-TEN-ta i SIN-ko*
76	seventy six	setenta y seis	*se-TEN-ta i SEIS*
77	seventy seven	setenta y siete	*se-TEN-ta i SIE-te*
78	seventy eight	setenta y ocho	*se-TEN-ta i O-cho*
79	seventy nine	setenta y nueve	*se-TEN-ta i NWE-be*
80	eighty	ochenta	*o-CHEN-ta*
81	eighty one	ochenta y uno	*o-CHEN-ta i U-no*
82	eighty two	ochenta y dos	*o-CHEN-ta i DOS*
83	eighty three	ochenta y tres	*o-CHEN-ta i TRES*
84	eighty four	ochenta y cuatro	*o-CHEN-ta i KWA-tro*
85	eighty five	ochenta y cinco	*o-CHEN-ta i SIN-ko*
86	eighty six	ochenta y seis	*o-CHEN-ta i SEIS*
87	eighty seven	ochenta y siete	*o-CHEN-ta i SIE-te*
88	eighty eight	ochenta y ocho	*o-CHEN-ta i O-cho*
89	eighty nine	ochenta y nueve	*o-CHEN-ta i NWE-be*
90	ninety	noventa	*no-BEN-ta*
91	ninety one	noventa y uno	*no-BEN-ta i U-no*
92	ninety two	noventa y dos	*no-BEN-ta i DOS*
93	ninety three	noventa y tres	*no-BEN-ta i TRES*
94	ninety four	noventa y cuatro	*no-BEN-ta i KWA-tro*
95	ninety five	noventa y cinco	*no-BEN-ta i SIN-ko*
96	ninety six	noventa y seis	*no-BEN-ta i SEIS*
97	ninety seven	noventa y siete	*no-BEN-ta i SIE-te*
98	ninety eight	noventa y ocho	*no-BEN-ta i O-cho*
99	ninety nine	noventa y nueve	*no-BEN-ta i NWE-be*
100	one hundred	cien	*SIEN*

THE NUMBERS FROM 101 TO 150

#	English	Spanish	Sounds in Spanish
101	one hundred one	ciento uno	SIEN-to U-no
102	one hundred two	ciento dos	SIEN-to DOS
103	one hundred three	ciento tres	SIEN-to TRES
104	one hundred four	ciento cuatro	SIEN-to KWA-tro
105	one hundred five	ciento cinco	SIEN-to SIN-ko
106	one hundred six	ciento seis	SIEN-to SEIS
107	one hundred seven	ciento siete	SIEN-to SIE-te
108	one hundred eight	ciento ocho	SIEN-to O-cho
109	one hundred nine	ciento nueve	SIEN-to NWE-be
110	one hundred ten	ciento diez	SIEN-to DIES
111	one hundred eleven	ciento once	SIEN-to ON-se
112	one hundred twelve	ciento doce	SIEN-to DO-se
113	one hundred thirteen	ciento trece	SIEN-to TRE-se
114	one hundred fourteen	ciento catorce	SIEN-to ka-TOR-se
115	one hundred fifteen	ciento quince	SIEN-to KIN-se
116	one hundred sixteen	ciento dieciséis	SIEN-to dies-i-SEIS
117	one hundred seventeen	ciento diecisiete	SIEN-to dies-i-SIETE
118	one hundred eighteen	ciento dieciocho	SIEN-to dies-i-O-cho
119	one hundred nineteen	ciento diecinueve	SIEN-to dies-i-NWE-be
120	one hundred twenty	ciento veinte	SIEN-to BEIN-te
121	one hundred twenty one	ciento veintiuno	SIEN-to bein-ti-U-no
122	one hundred twenty two	ciento veintidós	SIEN-to bein-ti-DOS
123	one hundred twenty three	ciento veintitrés	SIEN-to bein-ti-TRES
124	one hundred twenty four	ciento veinticuatro	SIEN-to bein-ti-KWA-tro
125	one hundred twenty five	ciento veinticinco	SIEN-to bein-ti-SIN-ko
126	one hundred twenty six	ciento veintiséis	SIEN-to bein-ti-SEIS
127	one hundred twenty seven	ciento veintisiete	SIEN-to bein-ti-SIE-te
128	one hundred twenty eight	ciento veintiocho	SIEN-to bein-ti-O-cho
129	one hundred twenty nine	ciento veintinueve	SIEN-to bein-ti-NWE-be
130	one hundred thirty	ciento treinta	SIEN-to TREIN-ta
131	one hundred thirty one	ciento treinta y uno	SIEN-to TREIN-ta i U-no
132	one hundred thirty two	ciento treinta y dos	SIEN-to TREIN-ta i DOS
133	one hundred thirty three	ciento treinta y tres	SIEN-to TREIN-ta i TRES
134	one hundred thirty four	ciento treinta y cuatro	SIEN-to TREIN-ta i KWA-tro
135	one hundred thirty five	ciento treinta y cinco	SIEN-to TREIN-ta i SIN-ko
136	one hundred thirty six	ciento treinta y seis	SIEN-to TREIN-ta i SEIS
137	one hundred thirty seven	ciento treinta y siete	SIEN-to TREIN-ta i SIE-te
138	one hundred thirty eight	ciento treinta y ocho	SIEN-to TREIN-ta i O-cho
139	one hundred thirty nine	ciento treinta y nueve	SIEN-to TREIN-ta i NWE-be
140	one hundred forty	ciento cuarenta	SIEN-to kwa-REN-ta
141	one hundred forty one	ciento cuarenta y uno	SIEN-to kwa-REN-ta i U-no
142	one hundred forty two	ciento cuarenta y dos	SIEN-to kwa-REN-ta i DOS
143	one hundred forty three	ciento cuarenta y tres	SIEN-to kwa-REN-ta i TRES
144	one hundred forty four	ciento cuarenta y cuatro	SIEN-to kwa-REN-ta i KWA-o
145	one hundred forty five	ciento cuarenta y cinco	SIEN-to kwa-REN-ta i SIN-ko
146	one hundred forty six	ciento cuarenta y seis	SIEN-to kwa-REN-ta i SEIS
147	one hundred forty seven	ciento cuarenta y siete	SIEN-to kwa-REN-ta i SIE-te
148	one hundred forty eight	ciento cuarenta y ocho	SIEN-to kwa-REN-ta i O-cho
149	one hundred forty nine	ciento cuarenta y nueve	SIEN-to kwa-REN-ta i NWE-be
150	one hundred fifty	ciento cincuenta	SIEN-to sin-KWEN-ta

THE NUMBERS FROM 151 TO 199

#	English	Spanish	Sounds in Spanish
151	one hundred fifty one	ciento cincuenta y uno	*SIEN-to sin-KWEN-ta i U-no*
152	one hundred fifty two	ciento cincuenta y dos	*SIEN-to sin-KWEN-ta i DOS*
153	one hundred fifty three	ciento cincuenta y tres	*SIEN-to sin-KWEN-ta i TRES*
154	one hundred fifty four	ciento cincuenta y cuatro	*SIEN-to sin-KWEN-ta i KWA-tro*
155	one hundred fifty five	ciento cincuenta y cinco	*SIEN-to sin-KWEN-ta i SIN-ko*
156	one hundred fifty six	ciento cincuenta y seis	*SIEN-to sin-KWEN-ta i SEIS*
157	one hundred fifty seven	ciento cincuenta y siete	*SIEN-to sin-KWEN-ta i SIE-te*
158	one hundred fifty eight	ciento cincuenta y ocho	*SIEN-to sin-KWEN-ta i O-cho*
159	one hundred fifty nine	ciento cincuenta y nueve	*SIEN-to sin-KWEN-ta i NWE-be*
160	one hundred sixty	ciento sesenta	*SIEN-to se-SEN-ta*
161	one hundred sixty one	ciento sesenta y uno	*SIEN-to se-SEN-ta i U-no*
162	one hundred sixty two	ciento sesenta y dos	*SIEN-to se-SEN-ta i DOS*
163	one hundred sixty three	ciento sesenta y tres	*SIEN-to se-SEN-ta i TRES*
164	one hundred sixty four	ciento sesenta y cuatro	*SIEN-to se-SEN-ta i KWA-tro*
165	one hundred sixty five	ciento sesenta y cinco	*SIEN-to se-SEN-ta i SIN-ko*
166	one hundred sixty six	ciento sesenta y seis	*SIEN-to se-SEN-ta i SEIS*
167	one hundred sixty seven	ciento sesenta y siete	*SIEN-to se-SEN-ta i SIE-te*
168	one hundred sixty eight	ciento sesenta y ocho	*SIEN-to se-SEN-ta i O-cho*
169	one hundred sixty nine	ciento sesenta y nueve	*SIEN-to se-SEN-ta i NWE-be*
170	one hundred seventy	ciento setenta	*SIEN-to se-TEN-ta*
171	one hundred seventy one	ciento setenta y uno	*SIEN-to se-TEN-ta i U-no*
172	one hundred seventy two	ciento setenta y dos	*SIEN-to se-TEN-ta i DOS*
173	one hundred seventy three	ciento setenta y tres	*SIEN-to se-TEN-ta i TRES*
174	one hundred seventy four	ciento setenta y cuatro	*SIEN-to se-TEN-ta i KWA-tro*
175	one hundred seventy five	ciento setenta y cinco	*SIEN-to se-TEN-ta i SIN-ko*
176	one hundred seventy six	ciento setenta y seis	*SIEN-to se-TEN-ta i SEIS*
177	one hundred seventy seven	ciento setenta y siete	*SIEN-to se-TEN-ta i SIE-te*
178	one hundred seventy eight	ciento setenta y ocho	*SIEN-to se-TEN-ta i O-cho*
179	one hundred seventy nine	ciento setenta y nueve	*SIEN-to se-TEN-ta i NWE-be*
180	one hundred eighty	ciento ochenta	*SIEN-to o-CHEN-ta*
181	one hundred eighty one	ciento ochenta y uno	*SIEN-to o-CHEN-ta i U-no*
182	one hundred eighty two	ciento ochenta y dos	*SIEN-to o-CHEN-ta i DOS*
183	one hundred eighty three	ciento ochenta y tres	*SIEN-to o-CHEN-ta i TRES*
184	one hundred eighty four	ciento ochenta y cuatro	*SIEN-to o-CHEN-ta i KWA-tro*
185	one hundred eighty five	ciento ochenta y cinco	*SIEN-to o-CHEN-ta i SIN-ko*
186	one hundred eighty six	ciento ochenta y seis	*SIEN-to o-CHEN-ta i SEIS*
187	one hundred eighty seven	ciento ochenta y siete	*SIEN-to o-CHEN-ta i SIE-te*
188	one hundred eighty eight	ciento ochenta y ocho	*SIEN-to o-CHEN-ta i O-cho*
189	one hundred eighty nine	ciento ochenta y nueve	*SIEN-to o-CHEN-ta i NWE-be*
190	one hundred ninety	ciento noventa	*SIEN-to no-BEN-ta*
191	one hundred ninety one	ciento noventa y uno	*SIEN-to no-BEN-ta i U-no*
192	one hundred ninety two	ciento noventa y dos	*SIEN-to no-BEN-ta i DOS*
193	one hundred ninety three	ciento noventa y tres	*SIEN-to no-BEN-ta i TRES*
194	one hundred ninety four	ciento noventa y cuatro	*SIEN-to no-BEN-ta i KWA-tro*
195	one hundred ninety five	ciento noventa y cinco	*SIEN-to no-BEN-ta i SIN-ko*
196	one hundred ninety six	ciento noventa y seis	*SIEN-to no-BEN-ta i SEIS*
197	one hundred ninety seven	ciento noventa y siete	*SIEN-to no-BEN-ta i SIE-te*
198	one hundred ninety eight	ciento noventa y ocho	*SIEN-to no-BEN-ta i O-cho*
199	one hundred ninety nine	ciento noventa y nueve	*SIEN-to no-BEN-ta i NWE-be*

THE NUMBERS FROM 200 TO 100,000,000

#	English	Spanish	Sounds in Spanish
200	two hundred	doscientos	dos-SIEN-tos
300	three hundred	trescientos	tres-SIEN-tos
400	four hundred	cuatrocientos	kwa-tro-SIEN-tos
500	five hundred	quinientos	ki-NIEN-tos
600	six hundred	seiscientos	se-SIEN-tos
700	seven hundred	setecientos	se-te-SIEN-tos
800	eight hundred	ochocientos	o-cho-SIEN-tos
900	nine hundred	novecientos	no-be-SIEN-tos
1,000	one thousand	un mil	UN MIL
2,000	two thousand	dos mil	DOS MIL
3,000	three thousand	tres mil	TRES MIL
4,000	four thousand	cuatro mil	KWA-tro MIL
5,000	five thousand	cinco mil	SIN-ko MIL
6,000	six thousand	seis mil	SEIS MIL
7,000	seven thousand	siete mil	SIE-te MIL
8,000	eight thousand	ocho mil	O-cho MIL
9,000	nine thousand	nueve mil	NWE-be MIL
10,000	ten thousand	diez mil	DIES MIL
20,000	twenty thousand	veinte mil	BEIN-te MIL
30,000	thirty thousand	treinta mil	TREIN-ta MIL
40,000	forty thousand	cuarenta mil	kwa-REN-ta MIL
50,000	fifty thousand	cincuenta mil	sin-KWEN-ta MIL
60,000	sixty thousand	sesenta mil	se-SEN-ta MIL
70,000	seventy thousand	setenta mil	se-TEN-ta MIL
80,000	eighty thousand	ochenta mil	o-CHEN-ta MIL
90,000	ninety thousand	noventa mil	no-BEN-ta MIL
100,000	one hundred thousand	cien mil	SIEN MIL
200,000	two hundred thousand	doscientos mil	dos-SIEN-tos MIL
300,000	three hundred thousand	trescientos mil	tres-SIEN-tos
400,000	four hundred thousand	cuatrocientos mil	kwa-tro-SIEN-tos
500,000	five hundred thousand	quinientos mil	ki-NIEN-tos
600,000	six hundred thousand	seiscientos mil	se-SIEN-tos
700,000	seven hundred thousand	setecientos mil	se-te-SIEN-tos
800,000	eight hundred thousand	ochocientos mil	o-cho-SIEN-tos
900,000	nine hundred thousand	novecientos mil	no-be-SIEN-tos
1,000,000	one million	un millón	UN mi-YON
2,000,000	two million	dos millones	DOS mi-YO-nes
3,000,000	three million	tres millones	TRES mi-YO-nes
4,000,000	four million	cuatro millones	KWA-tro mi-YO-nes
5,000,000	five million	cinco millones	SIN-ko mi-YO-nes
6,000,000	six million	seis millones	SEIS mi-YO-nes
7,000,000	seven million	siete millones	SIE-te mi-YO-nes
8,000,000	eight million	ocho millones	O-cho mi-YO-nes
9,000,000	nine million	nueve millones	NWE-be mi-YO-nes
10,000,000	ten million	diez millones	DIES mi-YO-nes
100,000,000	one hundred million	un billón	UN bi-YON

Chapter 2 -- Word List

a (prep) *A* - to
agujero (m) *a-gu-HE-ro* - hole
ahora (adv) *a-O-ra* - now
a la derecha (phrase) *a la de-RE-cha* - on the right
a la izquierda (phrase) *a la is-KIER-da* - on the left
amable (adj) *a-MA-ble* - kind
amarillo/a (adj) *a-ma-RI-yo/a* - yellow
amigo (m) *a-MI-go* - friend
anaranjado/a (adj) *a-na-ran-HA-do/a* - orange-colored
antibiótico (m) *an-ti-BIO-ti-ko* - antibiotic
aquí (adv) *a-KI* - here
arriba (adv) *a-RRI-ba* - above
así (adv) *a-SI* - that way
asiento (m) *a-SIEN-to* - seat
azul (adj) *a-SUL* - blue
azul marino/a (adj) *a-SUL ma-RI-no/a* - navy blue
babero (m) *ba-BE-ro* - bib
bien (adv) *BIEN* - well
bienvenido/a (adj) *biem-be-NI-do/a* - welcome
blanco/a (adj) *BLAN-ko/a* - white
boca (f) *BO-ka* - mouth
bolsa (f) *BOL-sa* - bag
bolsita (f) *bol-SI-ta* - little bag
bonito/a (adj) *bo-NI-to/a* - pretty
botella (f) *bo-TE-ya* - bottle
buen/a (adj) *BWEN/BWE-na* - good
buen fin de semana (phrase) *BWEN FIN de se-MA-na* - good weekend
buena idea (phrase) *BWE-na i-DEA* - good idea
buenas noches (phrase) *BWE-nas NO-ches* - good night
buenas tardes (phrase) *BWEN-nas TAR-des* - good afternoon
bueno (adv) *BWE-no* - well
buenos días (phrase) *BWE-nos DI-as* - good morning
café (adj) *ka-FE* - brown
cepillo de dientes (m) *se-PI-yo de DIEN-tes* - toothbrush
champú (m) *cham-PU* - shampoo
cita (f) *SI-ta* - appointment
claro que sí (phrase) *KLA-ro KE SI* - of course
clase (f) *KLA-se* - class
clinica (f) *KLI-ni-ka* - clinic
color (m) *ko-LOR* - color
colorado/a (adj) *ko-lo-RA-do/a* - red, colored

cómo (adv) *KO-mo* - How?
con mucho gusto (phrase) *KON MU-cho GUS-to* - with pleasure
cosa (f) *KO-sa* - thing
cual (pro) *KWAL* - which
cuál (pro) *KWAL* - Which?
cuando (conj) *KWAN-do* - when
cuándo (adv) *KWAN-do* - When?
cuánto/a (adj) *KWAN-to/a* - How much? How many?
cuánto cuesta (phrase) *KWAN-to KWES-ta* - How much does it cost?
dental (adj) *den-TAL* - dental
día (m) *DI-a* - day
diente (m) *DIEN-te* - tooth
diferente (adj) *di-fe-REN-te* - different
dinero (m) *di-NE-ro* - money
doctor (m) *dok-TOR* - doctor
dólar (m) *DO-lar* - dollar
dolor (m) *do-LOR* - pain
dolor de cabeza (m) *do-LOR de ka-BE-sa* - headache
dolor de estómago (m) *do-LOR de es-TO-ma-go* - stomach ache
dolor de garganta (m) *do-LOR de gar-GAN-ta* - sore throat
dolor de muelas (m) *do-LOR de MWE-las* - toothache
domingo (m) *do-MIN-go* - Sunday
dormido/a (adj) *dor-MI-do/a* - asleep
efectivo (m) *e-fek-TI-bo* - cash
enfermera (f) *en-fer-ME-ra* - nurse
enjuage bucal (m) *en-HWA-ge bu-KAL* - mouthwash
entonces (adv) *en-TON-ses* - then, so
especial (adj) *es-pe-SIAL* - special
éste/ésta/esto (pro) *ES-te/ ES-ta/ ES-to* - him, her, this
excelente (adj) *e-se-LEN-te* - excellent
farmacia (f) *far-MA-sia* - pharmacy
fiebre (f) *FIE-bre* - fever
fruta (f) *FRU-ta* - fruit
fruta kiwi (f) *FRU-ta KI-wi* - kiwifruit
fuerte (adj) *FWER-te* - strong
ganga (f) *GAN-ga* - bargain
garganta (f) *gar-GAN-ta* - throat
gracias (f) *GRA-si-as* - thanks
grande (adj) *GRAN-de* - large
gratis (adv) *GRA-tis* - free
gripa (f) *GRI-pa* - flu
gris (adj) *GRIS* - gray
hace calor (phrase) *A-se ka-LOR* - it is warm

hace frío (phrase) *A-se FRI-o* - it is cold
hace sol (phrase) *A-se SOL* - it is sunny
hasta (prep) *A-sta* - until
hasta luego (phrase) *A-sta LWE-go* - See you later!
hasta mañana (phrase) *A-sta ma-NYA-na* - See you tomorrow!
higiene oral (f) *i-HIE-ne o-RAL* - oral hygiene
hilo dental (m) *I-lo den-TAL* - dental floss
hola (m) *O-la* - hi, hello
hora (f) *O-ra* - hour
hoy (adv) *OY* - today
importante (adj) *im-por-TAN-te* - important
infección (f) *in-fek-SION* - infection
inyección (f) *in-yek-SION* - injection
jueves (m) *HWE-bes* - Thursday
kilo (m) *KI-lo* - kilogram
lentes (m) *LEN-tes* - eyeglasses
limpio/a (adj) *LIM-pio/a* - clean
listo/a (adj) *LIS-to/a* - ready
lo siento (phrase) *LO SIEN-to* - I'm sorry.
lunes (m) *LU-nes* - Monday
luz (f) *LUS* - light
mañana (m) *ma-NYA-na* - tomorrow
mañana (f) *ma-NYA-na* - morning
manzana (f) *man-SA-na* - apple
martes (m) *MAR-tes* - Tuesday
más (adj) *MAS* - more
me (pro) *ME* - me (object)
me da igual (phrase) *ME DA i-GWAL* - It's all the same to me.
medicina (f) *me-di-SI-na* - medicine
Me llamo ___. (phrase) *ME YA-mo* - My name is ___.
me siento bien (phrase) *ME SIEN-to BIEN* - I feel good.
me siento mal (phrase) *ME SIEN-to MAL* - I feel bad.
menos (adj) *ME-nos* - less
mi (adj) *MI* - my
mí (pro) *MI* - me
miércoles (m) *MIER-ko-les* - Wednesday
morado/a (adj) *mo-RA-do/a* - purple
moreno/a (adj) *mo-RE-no/a* - dark-skinned
mucho/a (adj) *MU-cho/a* - much
mucho gusto (phrase) *MU-cho GUS-to* - It is a pleasure!
muela (f) *MWE-la* - molar
muy (adj) *MWI* - very
nada (adv) *NA-da* - nothing

naranja (f) *na-RAN-ha* - orange
náusea (f) *NAU-sea* - nausea
negro/a (adj) *NE-gro/a* - black
no (adv) *NO* - no, not
nos (pro) *NOS* - us (object)
nos vemos (phrase) - *NOS BE-mos* - See you.
nosotros (pro) *no-SO-tros* - we (subject)
nuestro/a (adj) *NWES-tro/a* - our
nuevo/a (adj) *NWE-bo/a* - new
oro (m) *O-ro* - gold
paciente (m) *pa-SIEN-te* - patient
papel higiénico (m) *pa-PEL i-HIE-ni-ko* - toilet paper
para (prep) *PA-ra* - for
pardo/a (adj) *PAR-do/a* - grayish-brown
pasado mañana (phrase) *pa-SA-do ma-NYA-na* - day after tomorrow
pasta de dientes (phrase) *PAS-ta de DIEN-tes* - toothpaste
pastilla para la tos (f) *pas-TI-ya PA-ra la TOS* - cough drop
pequeño/a (adj) *pe-KE-nyo/a* - little, small
pero (conj) *PE-ro* - but
perfecto/a (adj) *per-FEK-to/a* - perfect
peso (m) *PE-so* - Mexican money
plata (f) *PLA-ta* - silver
plátano (m) *PLA-ta-no* - banana
poco/a (adj) *PO-ko/a* - a little
por (prep) *POR* - for
por eso (phrase) *POR E-so* - that is why
por favor (phrase) *POR fa-BOR* - please
por qué (adv) *por KE* - Why?
por supuesto (adv) *POR su-PWES-to* - of course
porque (prep) *por-KE* - because
primero/a (adj) *pri-ME-ro/a* - first
problema (m) *pro-BLE-ma* - problem
profesor (m) *pro-fe-SOR* - professor
próximo/a (adj) *PROK-si-mo/a* - next
puro/a (adj) *PU-ro/a* - pure
que (pro) *KE* - that
qué (pro) *KE* - What?
¿Qué hora es? (phrase) *KE 0-ra ES* - What time is it?
¿Qué pasa? (phrase) *KE PA-sa* - What's going on?
¿Qué pasa, calabaza? (silly phrase) *KE PA-sa/ ka-la-BA-sa* - What's going on, squash?
¿Qué pasó? (phrase) *KE pa-SO* - What's up?
¿Qué tal? (phrase) *KE TAL* - How are you?
receta (f) *rre-SE-ta* - prescription

rojo/a (adj) *RRO-ho/a* - red
rollo (m) *RRO-yo* - roll
rosado/a (adj) *rro-SA-do/a* - pink
sábado (m) *SA-ba-do* - Saturday
segundo/a (adj) *se-GUN-do/a* - second
semana (f) *se-MA-na* - week
señor (m) *se-NYOR* - sir
señora (f) *se-NYO-ra* - madam
señorita (f) *se-nyo-RI-ta* - miss
si (conj) *SI* - if
sí (adv) *SI* - yes
su (adj) *SU* - his, her, its, their, your (formal)
también (adv) *tam-BIEN* - also, too
tarjeta de crédito (f) *tar-HE-ta de KRE-di-to* - credit card
temperatura (f) *tem-pe-ra-TU-ra* - temperature
total (m) *to-TAL* - total
todavía (adv) *to-da-BI-a* - still
todavía no (phrase) *to-da-BI-a NO* - not yet
tu (adj) *TU* - your (informal)
tú (pro) *TU* - you (subject informal)
usted (pro) *us-TED* - you (subject formal)
verdad (f) *ber-DAD* - truth
verde (adj) *BER-de* - green
viernes (m) *BIER-nes* - Friday
violeta (adj) *bio-LE-ta* - violet
vitamina (f) *bi-ta-MI-na* - vitamin
y (conj) *I* - and
ya (adv) *YA* - already
ya no (adv) *YA NO* - not any more
yo (pro) *YO* - I (subject)

Chapter 3 – Holidays – Lesson 1

JANUARY

"Thirty days has September, April, June and November. All the rest have thirty one except February which has twenty eight days and twenty nine in a leap year."

-- Enero es el primer mes del año y tiene treinta y un días.
   (January is the first month of the year and has 31 days.)
   e-**NE**-ro **ES** el pri-**MER MES** del **A**-nyo/ i **TIE**-ne **TREIN**-ta/ i un **DI**-as

-- Por término medio enero es el mes más frío del año en el hemisferio norte.
   (On average January is the coldest month of the year in the northern hemisphere.)
   POR TER-mi-no **ME**-dio e-**NE**-ro **ES** el **MES MAS FRI**-o del **A**-nyo en el
   e-mis-**FE**-rio **NOR**-te

-- Los continentes de Europa y de América del Norte están completamente en el hemisferio norte.
   (The continents of Europe and North America are completely in the northern hemisphere.)
   los kon-ti-**NEN**-tes de eu-**RO**-pa y de a-**ME**-ri-ka del **NOR**-te es-**TAN**
   kom-**PLE**-ta-men-te en el e-mis-**FE**-rio **NOR**-te

-- Por término medio enero es el mes más caliente del año en el hemisferio sur.
   (On average January is the warmest month of the year in the southern hemisphere.)
   POR TER-mi-no **ME**-dio e-**NE**-ro **ES** el **MES MAS** ka-**LIEN**-te del **A**-nyo en el
   e-mis-**FE**-rio **SUR**

-- Los continentes de Australia y de Antártida están completamente en el hemisferio sur.
   (The continents of Australia and Antarctica are completely in the southern hemisphere.)
   los kon-ti-**NEN**-tes de aus-**TRA**-lia/ i de an-**TAR**-ti-ta es-**TAN** kom-**PLE**-ta-men-te en
   el e-mis-**FE**-rio **SUR**

-- Hay partes de África, de Asia y de América del Sur en ambos hemisferios.
   (There are parts of Africa, Asia and South America in both hemispheres.)
   *AI PAR-tes de A-fri-ka/ de A-sia/ i de a-ME-ri-ka del SUR en AM-bos
   e-mis-FE-rios*

Example:

Por término medio enero es el mes más frío del año en el hemisferio norte.

Por término medio enero es el mes más caliente del año en el hemisferio sur.

Name three of the seven continents in Spanish for your partner. Ask your partner to name the other four. Then tell your partner which two continents are completely in the northern hemisphere. Ask your partner to tell you which two continents are completely in the southern hemisphere. Together name the three continents which are partly in both hemispheres.

THREE KINGS DAY

After the Three Wise Men followed the star, they arrived in Bethlehem on January 6 to deliver gifts of gold, frankincense and myrrh to the Baby Jesus. This day is known throughout the world as Three Kings Day or the Epiphany.

-- Se celebra el Día de los Reyes en Los Ángeles, en el sur de Texas, en Nuevo Orleans y en México.
   (Three Kings Day is celebrated in Los Angeles, in south Texas, in New Orleans and in Mexico.)
   SE se-LE-bra el DI-a de los RREI-es en los AN-he-les/ en el SUR de TE-has/ en NWE-bo OR-leans/ i en ME-hi-ko

-- Es un día festivo en Italia, en Suecia, en Finlandia, en Liechtenstein, en Eslovaquia, en Croacia y en partes de Alemania y Suiza.
   (It is public holiday in Italy, Sweden, Finland, Liechtenstein, Slovakia, Croatia and in parts of Germany and Switzerland.)
   ES un DI-a fes-TI-bo en i-TA-lia/ en SWE-sia/ en fin-LAN-dia/ en LICH-ten-stain/ en es-lo-BA-kia/ en kro-A-sia/ i en PAR-tes de a-le-MA-nia/ i SWI-sa

-- En México un pastel especial que se llama la Rosca de los Reyes tiene una pequeña muñeca del Niño Jesús adentro. La persona que recibe la muñeca tiene que organizar una fiesta el dos de febrero.
(A special cake known as the Kings Wreath in Mexico has a little Baby Jesus doll inside. The person who receives the doll has to organize a party on February 2.)
en **ME**-hi-ko un pas-**TEL** es-pe-**SIAL KE SE YA**-ma la **RROS**-ka de los **RREI**-es **TIE**-ne **U**-na pe-**KE**-nya mu-**NYE**-ka del ni-**NYO** he-**SUS** a-**DEN**-tro/ la per-**SO**-na **KE** rre-**SI**-be la mu-**NYE**-ka **TIE**-ne **KE** or-ga-ni-**SAR U**-na **FIES**-ta el **DOS** de fe-**BRE**-ro

-- En el sur de Texas y en Nuevo Orleans la Rosca de los Reyes está en venta en las panaderías desde el Día de los Reyes hasta Marti Gras. La persona que recibe la muñeca del Niño Jesús tiene que comprar el pastel el próximo año.
(In the south of Texas and in New Orleans the King Cake is on sale in bakeries from Three Kings Day until Mardi Gras. The person who receives the Baby Jesus doll has to buy the cake the following year.)
en el **SUR** de **TE**-has/ i en **NWE**-bo **OR**-leans la **RROS**-ka de los **RREI**-es e-**STA** en **BEN**-ta en las pa-na-de-**RI**-as **DES**-de el **DI**-a de los **RREI**-es **A**-sta **MAR**-ti **GRA**/ la per-**SO**-na **KE** rre-**SI**-be la mu-**NYE**-ka del ni-**NYO** he-**SUS TIE**-ne **KE** kom-**PRAR** el pas-**TEL** el **PROK**-si-mo **A**-nyo

-- En Francia y en Bélgica dentro del pastel hay una muñeca del Niño Jesús. La persona que tiene la muñeca es "el rey" o "la reina" por el día y recibe una corona de papel.
(In France and in Belgium inside the cake there is a Baby Jesus doll. The person who has the doll is the "king" or "queen" for the day and receives a paper crown.)
en **FRAN**-sia/ i en **BEL**-hi-ka **DEN**-tro del pas-**TEL AI U**-na mu-**NYE**-ka del ni-**NYO** he-**SUS**/ la per-**SO**-na **KE TIE**-ne la mu-**NYE**-ka **ES** el **RREI**/ o la **RREI**-na **POR** el **DI**-a/ i rre-**SI**-be **U**-na ko-**RO**-na de pa-**PEL**

-- En España y en Portugal dentro del pastel hay una muñeca del Niño Jesús y un frijol. La persona que recibe la muñeca es "el rey" o "la reina" por el día, pero la persona que recibe el frijol tiene que pagar lo que cuesta el pastel.
(In Spain and in Portugal inside the cake there is a Baby Jesus doll and a bean. The person who has the doll is the "king" or "queen" for the day, but the person who has the bean has to pay what the cake costs.)
en es-**PA**-nya/ i en por-tu-**GAL DEN**-tro del pas-**TEL AI U**-na mu-**NYE**-ka del ni-**NYO** he-**SUS**/ i un fri-**HOL**/ la per-**SO**-na **KE** rre-**SI**-be la mu-**NYE**-ka es el **RREI**/ o la **RREI**-na **POR** el **DI**-a/ **PE**-ro la per-**SO**-na **KE** rre-**SI**-be el fri-**HOL TIE**-ne **KE** pa-**GAR LO KE KWES**-ta el pas-**TEL**

Example:

El Día de los Reyes está celebrado en Los Ángeles, en el sur de Texas, en Nuevo Orleans y en México.

Es un día festivo en Italia, en Suecia, en Finlandia, en Liechtenstein, en Eslovaquia, en Croacia y en partes de Alemania y Suiza.

Ask your partner to name the cake that is baked on Three Kings Day in Los Angeles, in south Texas, in New Orleans and in Mexico. Then ask him or her to tell you what is inside the cake. Last but not least ask your partner to tell you what a person in France, Belgium, Spain and Portugal receives when he or she finds something special in the cake. Reverse the roles.

FEBRUARY

February is the only month of the year with a "leap" year, so named because it adds one day every four years. It occurs every fourth year to keep the Gregorian calendar synchronized with the solar year.

-- Febrero es el segundo mes del año y normalmente tiene veintiocho días.
 (February is the second month of the year and normally has 28 days.)
 fe-**BRE**-ro **ES** el se-**GUN**-do **MES** del **A**-nyo/ i nor-mal-**MEN**-te **TIE**-ne bein-ti-**O**-cho **DI**-as

-- Cada cuatro años febrero tiene veintinueve días.
 (Every 4 years February has 29 days.)
 KA-da **KWA**-tro **A**-nyos fe-**BRE**-ro **TIE**-ne bein-ti-**NWE**-be **DI**-as

-- El día extra cada cuatro años es necesario porque cada año tiene trescientos sesenta y cinco días más seis horas.
 (The extra day every 4 years is necessary because each year has 365 days plus 6 hours.)
 el **DI**-a **ES**-tra **KA**-da **KWA**-tro **A**-nyos **ES** ne-se-**SA**-rio por-**KE KA**-da **A**-nyo **TIE**-ne tre-**SIEN**-tos se-**SEN**-ta/ i **SIN**-ko **DI**-as **MAS SEIS O**-ras

-- Las seis horas más por cuatro años son veinticuatro horas en total.
 (The 6 hours more for 4 years are a total of 24 hours.)
 las **SEIS O**-ras **MAS POR KWA**-tro **A**-nyos **SON** bein-ti-**KWA**-tro **O**-ras en to-**TAL**

-- Las veinticuatro horas más cada cuatro años son el día extra en el mes de febrero.
(The 24 hours more every 4 years are the extra day in the month of February.)
*las bein-ti-**KWA**-tro **O**-ras **MAS KA**-da **KWA**-tro **A**-nyos **SON** el **DI**-a **ES**-tra en el **MES** de fe-**BRE**-ro*

Example:

El mes de febrero normalmente tiene veintiocho días.

Cada cuatro años febrero tiene veintinueve días.

Every calendar year contains three hundred sixty five days plus six hours. Ask your partner to explain why it is necessary to add an extra day to the calendar every four years. Reverse the roles.

VALENTINE'S DAY

Since the 15th century February 14 has been an occasion where friends and lovers have expressed their affection for each other through flowers, gifts and cards. You decide to follow the tradition today.

Ud.:	Mi amor, hoy es el Día de San Valentín. ¿Vas a ser mi valentín"? *(My Love, today is Valentine's Day. Are you going to be my valentine?)* mi a-MOR/ OY ES el DI-a de SAN ba-len-TIN/ BAS a SER mi ba-len-TIN
Tu amor:	Por supuesto, mi querido. Soy tu novia todos los días. *(Of course, my dear. I am your sweetheart every day.)* POR su-PWES-to/ mi ke-RI-do/ SOY tu NO-bia TO-dos los DI-as
Ud.:	Tengo una docena de rosas rojas y una caja de chocolates para ti. *(I have a dozen red roses and a box of chocolates for you.)* TEN-go U-na do-SE-na de RRO-sas RRO-has/ i U-na KA-ha de cho-ko-LA-tes PA-ra TI
Tu amor:	¡Qué pena! ¡No tengo nada para ti! *(How embarrassing! I have nothing for you!)* KE PE-na/ NO TEN-go NA-da PA-ra TI
Ud.:	Aquí está una tarjeta que describe mi amor por ti. No soy muy bueno para escribir poemas. *(Here is a card that describes my love for you. I am not very good at writing poems.)* a-KI e-STA U-na tar-HE-ta KE des-KRI-be mi a-MOR POR TI/ NO SOY MWI BWE-no PR-ra es-kri-BIR po-E-mas
Tu amor:	Tú no necesitas muchas palabras para hablar de tu amor por mi. *(You do not need many words to speak of your love for me.)* TU NO ne-se-SI-tas MU-chas pa-LA-bras PA-ra ab-LAR de tu a-MOR POR MI

Example:

Ud.: Tengo una docena de rosas rojas y una caja de chocolates para ti.

Tu amor: ¡Qué pena! ¡No tengo nada para ti!

You are the gentleman who decides to pamper his lady on Valentine's Day with flowers and chocolates. Your partner is the lady who loves her man very much but is empty-handed on this day. Use the words and phrases in **this lesson** to carry on your conversation. Reverse the roles.

Think back on January and February. Choose one of the months and talk about some of the things you learned in **this lesson**. Your partner will tell you some of the things he or she learned about the other month.

Chapter 3 – Holidays – Lesson 2

MARCH

March 15, the Ides of March, was a festive Roman day dedicated to the god Mars. It is believed that a seer warned Caesar that he would be harmed later in the day. Caesar joked that the Ides of March had already come; the seer replied that they had not yet gone.

-- En los tiempos de Julio César marzo era el primer mes del año.
  (In the era of Julius Caesar March was the first month of the year.)
  en los **TIEM**-pos de **HU**-lio **SE**-sar **MAR**-so **ERA** el pri-**MER MES** del **A**-nyo

-- Ahora marzo es el tercer mes del año y tiene treinta y un días.
  (Now March is the third month of the year and has 31 days.)
  a-**O**-ra **MAR**-so **ES** el ter-**SER MES** del **A**-nyo/ i **TIE**-ne **TREIN**-ta/ i un **DI**-as

-- Los otros seis meses que tienen treinta y un días son enero, mayo, julio, agosto, octubre y diciembre.
  (The other 6 months that have 31 days are January, May, July, August, October and December.)
  los **O**-tros **SEIS ME**-ses **KE TIE**-nen **TREIN**-ta/ i un **DI**-as **SON** e-**NE**-ro/ **MA**-yo/ **HU**-lio/ a-**GO**-sto/ ok-**TU**-bre/ i di-**SIEM**-bre

Example:
Enero es el primer mes del año.

En los tiempos de Julio César marzo era el primer mes del año.

Tell your partner what was the first month of the year in Julius Caesar's time. Ask him or her to name the seven months of the year that have thirty one days. Reverse the roles.

ST. PATRICK'S DAY

People in Ireland have been celebrating St. Patrick's Day since the 9th or 10th century, but the first actual St. Patrick's Day parade took place in New York City on March 17, 1762.

- -- Se celebra el Día de San Patricio en Irlanda y en los Estados Unidos.
  (Saint Patrick's Day is celebrated in Ireland and in the United States.)
  SE se-**LE**-bra el **DI**-a de **SAN** pa-**TRI**-sio en ir-**LAN**-da/ i en los es-**TA**-dos u-**NI**-dos

- -- Se dice que San Patricio nació en Gran Bretaña, pero llegó a Irlanda como esclavo a la edad de dieciséis años.
  (It is said that Saint Patrick was born in Great Britain but arrived in Ireland as a slave at the age of 16 years.)
  SE DI-se **KE SAN** pa-**TRI**-sio na-**SIO** en gram bre-**TA**-nya/ **PE**-ro ye-**GO** a ir-**LAN**-da **KO**-mo es-**KLA**-bo a la e-**DAD** de dies-i-**SEIS A**-nyos

- -- Se dice que San Patricio es importante porque explicó la Santa Trinidad a los irlandeses.
  (It is said that Saint Patrick is important because he explained the Holy Trinity to the Irish.)
  SE DI-se **KE SAN** pa-**TRI**-sio **ES** im-por-**TAN**-te por-**KE** es-pli-**KO** la **SAN**-ta tri-ni-**DAD** a los ir-lan-**DE**-ses

- -- San Patricio murió el diecisiete de marzo del año cuatrocientos sesenta y uno.
  (Saint Patrick died on March 17 of the year 461.)
  SAN pa-**TRI**-sio mu-**RIO** el dies-i-**SIE**-te de **MAR**-so del **A**-nyo kwa-tro-**SIEN**-tos se-**SEN**-ta/ i **U**-no

Example:
San Patricio llegó a Irlanda como esclavo a la edad de dieciséis años.

Murió el diecisiete de marzo del año cuatrocientos sesenta y uno.

Give your partner a short biography of Saint Patrick. Reverse the roles.

APRIL

April showers bring May flowers.

-- Por término medio abril es un mes con mucha lluvia en el hemisferio norte.
(On average April is a month with a lot of rain in the northern hemisphere.)
POR TER-mi-no **ME**-dio a-**BRIL ES** un **MES CON MU**-cha **YU**-bia en el e-mis-**FER**-rio **NOR**-te

-- Abril es el cuarto mes del año y tiene treinta días.
(April is the fourth month of the year and has 30 days.)
a-**BRIL ES** el **KWAR**-to **MES** del **A**-nyo/ i **TIE**-ne **TREIN**-ta **DI**-as

-- Los otros tres meses que tienen treinta días son junio, septiembre y noviembre.
(The other 3 months that have 30 days are June, September and November.)
los **O**-tros **TRES ME**-ses **KE TIE**-nen **TREIN**-ta **DI**-as **SON HU**-nio/ sep-**TIEM**-bre/ i no-**BIEM**-bre

-- Abril es un mes de la primavera.
(April is a spring month.)
a-**BRIL ES** un **MES** de la pri-ma-**BE**-ra

-- Cuando es la primavera en el hemisferio norte, es el otoño en el hemisferio sur.
(When it is spring in the northern hemisphere, it is fall in the southern hemisphere.)
KWAN-do **ES** la pri-ma-**BE**-ra en el e-mis-**FE**-rio **NOR**-te/ **ES** elo-**TO**-nyo en el e-mis-**FE**-rio **SUR**

Example:

Por término medio abril es un mes con mucha lluvia en el hemisferio norte.

Cuando es la primavera en el hemisferio norte, es el otoño en el hemisferio sur.

Tell your partner two facts about the month of April. Ask him or her to return the favor.

APRIL FOOL'S DAY

April Fool's Day is thought to date back to the Roman festival of "Hilaria" and the medieval "Feast of Fools". It was celebrated as far back as 536 B.C. in Iran and is the oldest prank-tradition in the world.

- Se celebra "April Fool's Day" el primero de abril en Gran Bretaña, en Francia, en Italia, en Bélgica, en Polonia, en Escocia, en Irán, en los Estados Unidos y en partes de Canadá.
  (April Fool's Day is celebrated on the first of April in Great Britain, France, Italy, Belgium, Poland, Scotland, Iran, the United States and parts of Canada.)

  SE se-**LE**-bra el pri-**ME**-ro de a-**BRIL** en gran bre-**TA**-nya/ en **FRAN**-sia/ en i-**TA**-lia/ en **BEL**-hi-ka/ en po-**LO**-nia/ en es-**KO**-sia/ en i-**RAN**/ en los es-**TA**-dos u-**NI**-dos/ i en **PAR**-tes de ka-na-**DA**

- En este día se hace muchas bromas a otras personas.
  (On this day many pranks are made on other people.)
  en **ES**-te **DI**-a **SE A**-se **MU**-chas **BRO**-mas a **O**-tras per-**SO**-nas

- Se celebra "el día de las bromas" el 28 de diciembre en los países donde se habla el español.
  ("Pranks Day" is celebrated on December 28 in the countries where Spanish is spoken.)
  SE se-**LE**-bra el **DI**-a de las **BRO**-mas el bein-ti-**O**-cho en los pa-**I**-ses **DON**-de **SE A**-bla el es-pa-**NYOL**

Example:

¿En qué países se celebra "April Fool's Day"?

Se celebra "el día de las bromas" el primero de abril en Gran Bretaña, en Francia, en Italia, en Bélgica, en Polonia, en Escocia, en Irán, en los Estados Unidos y en partes de Canadá.

Tell your partner two countries where April Fool's Day is celebrated on the first of April.

CHILDREN'S DAY

Children's Day: Celebrating Young Americans is a special day for children. It reminds us of the importance of investing in our children as the center of our families and our country's future generation.

-- ¿Cuándo se celebra el Día del Niño en México?
   (When is Children's Day celebrated in Mexico?)
   KWAN-do **SE** se-**LE**-bra el **DI**-a del **NI**-nyo en **ME**-hi-ko

-- En México se celebra el Día del Niño el treinta de abril.
   (In Mexico Children's Day is celebrated on April 30.)
   en **ME**-hi-ko **SE** se-**LE**-bra el **DI**-a del **NI**-nyo el **TREIN**-ta de a-**BRIL**

-- ¿En qué países se celebra el Día del Niño?
   (In what countries is Children's Day celebrated?)
   en **KE** pa-**I**-ses **SE** se-**LE**-bra el **DI**-a del **NI**-nyo

-- Se celebra el Día del Niño en México y en más de cien ciudades y treinta y cuatro estados de los Estados Unidos.
   (Children's Day is celebrated in Mexico and in more than 100 cities and 34 states in the United States.)
   SE se-**LE**-bra el **DI**-a del **NI**-nyo en **ME**-hi-ko/ i en **MAS** de si-**EN** siu-**DA**-des/ i **TREIN**-ta/ i **KWA**-tro es-**TA**-dos de los es-**TA**-dos u-**NI**-dos

Example:

¿En qué países se celebra el Día del Niño?

Se celebra el Día del Niño en México y en más de cien ciudades y treinta y cuatro estados de los Estados Unidos.

Ask your partner to translate Children's Day into Spanish. Tell your partner where it is celebrated.

Chapter 3 – Holidays – Lesson 3

<u>MAY</u>

The Roman poet Ovid thought the month of May was named for the *maiores*, Latin for "elders" or *mayores* in Spanish.

-- Mayo es un mes de la primavera en el hemisferio norte y un mes del otoño en el hemisferio sur.
(May is a spring month in the northern hemisphere and a fall month in the southern hemisphere.)
MA-yo **ES** un **MES** de la pri-ma **BE**-ra en el e-mis-**FE**-rio **NOR**-te/ i un **MES** del o-**TO**-nyo en el e-mis-**FE**-rio **SUR**

-- Mayo es el quinto mes del año y tiene treinta y un días.
(May is the fifth month of the year and has 31 days.)
MA-yo **ES** el **KIN**-to **MES** del **A**-nyo/ i **TIE**-ne **TREIN**-ta/ i un **DI**-as

-- Los otros seis meses que tienen treinta y un días son enero, marzo, julio, agosto, octubre y diciembre.
(The other 6 months that have 31 days are January, March, July, August, October and December.)
los **O**-tros **SEIS ME**-ses **KE TIE**-nen **TREIN**-ta/ i un **DI**-as **SON** e-**NE**-ro/ **MAR**-so/ **HU**-lio/ a-**GO**-sto/ ok-**TU**-bre/ i di-**SIEM**-bre

<u>Example:</u>

Mayo es un mes de la primavera en el hemisferio norte.

Es el otoño en el hemisferio sur.

Tell your partner three months of the year that have thirty one days. Ask him or her to name three more.

MAY DAY

Although the earliest May Day celebrated Flora, the Roman goddess of flowers, today it may be best known in Western Europe for its tradition of dancing around a tall and beautifully-decorated maypole.

-- ¿Qué quiere decir "maypole"?
   (What does Maypole mean?)
   KE KIE-re de-**SIR**

-- "Maypole" quiere decir palo de mayo.
   (Maypole means pole of May.)

   KIE-re de-**SIR PA**-lo de **MA**-yo

-- ¿Cómo es el "Maypole"?
   (What is the Maypole like?)

   KO-mo **ES** el

-- El "Maypole" es un baile popular en un círculo.
   (The Maypole is a folk dance in a circle.)

   el   **ES** un **BAI**-le po-pu-**LAR** en un **SIR**-ku-lo

-- ¿Dónde se celebra el "Maypole"?
   (Where is the Maypole celebrated?)

   DON-de **SE** se-**LE**-bra el

-- Se celebra el "Maypole" en Inglaterra, en Alemania, en Portugal, en Finlandia, en Suecia y en partes de España.
   (The Maypole is celebrated in England, Germany, Portugal, Finland, Sweden and in parts of Spain.)

   SE se-**LE**-bra el   en in-gla-**TE**-rra/ en a-le-**MA**-nya/ en por-tu-**GAL**/ en fin-**LAN**-dia/ en **SWE**-sia/ i en **PAR**-tes de es-**PA**-nya

Example:

¿Qué quiere decir "maypole"?

"Maypole" quiere decir palo de mayo.

Tell your partner two European countries where the Maypole is danced. Ask him or her to name two more.

CINCO DE MAYO

On May 5, 1862 an army of 4,000 Mexican soldiers defeated a French militia twice its size at Puebla, Mexico. After the Civil War the United States helped the Mexicans finally expel the French. Our party on this day celebrates freedom and liberty for the North Americans.

-- ¿Es el Cinco de Mayo una fiesta en los Estados Unidos?
(Is May fifth a day to party in the United States?)
ES el **SIN**-ko de **MA**-yo **U**-na **FIES**-ta en los e-**STA**-dos u-**NI**-dos

-- ¡Sí! Es una fiesta para celebrar la victoria de los mexicanos sobre los franceses.
(Yes! It is a party to celebrate the victory of the Mexicans over the French.)
SI/ ES U-na **FIES**-ta **PA**-ra se-le-**BRAR** la bik-**TO**-ria de los me-hi-**KA**-nos **SO**-bre los fran-**SE**-ses

-- ¿Cómo se celebra el Cinco de Mayo en los Estados Unidos?
(How is May fifth celebrated in the United States?)
KO-mo **SE** se-**LE**-bra el **SIN**-ko de **MA**-yo en los e-**STA**-dos u-**NI**-dos

-- Muchas veces se celebra el Cinco de Mayo con una margarita y comida mexicana.
(Many times May fifth is celebrated with a margarita and Mexican food.)
MU-chas **BE**-ses **SE** se-**LE**-bra el **SIN**-ko de **MA**-yo **KON U**-na mar-ga-**RI**-ta/ i ko-**MI**-da me-hi-**KA**-na

Example:

¿Es el Cinco de Mayo una fiesta en los Estados Unidos?

¡Sí! Es una fiesta para celebrar la victoria de los mexicanos sobre los franceses.

Ask your partner to tell you why Cinco de Mayo is celebrated in the United States. Tell him or her how it is often celebrated.

JUNE

June is thought to be named after the Roman goddess Juno, the goddess of marriage. The large number of marriages in that month may be due to the fact that some people consider it good luck to be married in June.

-- Junio es el sexto mes del año y tiene treinta días.
   (June is the sixth month of the year and has 30 days.)
   HU-nio **ES** el **SES**-to **MES** del **A**-nyo/ i **TIE**-ne **TREIN**-ta **DI**-as

-- En el hemisferio norte junio es el mes con los días más largos del año y las noches más cortas del año.
   (In the northern hemisphere June is the month with the longest days of the year and the shortest nights of the year.)
   en el e-mis-**FE**-rio **NOR**-te **HU**-nio **ES** el **MES KON** los **DI**-as **MAS LAR**-gos del **A**-nyo/ i las **NO**-ches **MAS KOR**-tas del **A**-nyo

-- En el hemisferio norte junio es el primer mes de verano.
   (In the northern hemisphere June is the first month of summer.)
   en el e-mis-**FE**-rio **NOR**-te **HU**-nio **ES** el pri-**MER MES** de be-**RA**-no

-- En el hemisferio sur junio es el mes con los días más cortos del año y las noches más largas del año.
   (In the southern hemisphere June is the month with the shortest days of the year and the longest nights of the year.)
   en el e-mis-**FE**-rio **SUR HU**-nio **ES** el **MES KON** los **DI**-as **MAS KOR**-tos del **A**-nyo/ i las **NO**-ches **MAS LAR**-gas del **A**-nyo

-- En el hemisferio sur junio es el primer mes de invierno.
   (In the southern hemisphere June is the first month of winter.)
   en el e-mis-FE-rio SUR HU-nio ES el pri-MER MES de in-BIER-no

Example:

En el hemisferio norte junio es el mes con los días más largos del año y las noches más cortas del año.

En el hemisferio sur junio es el mes con los días más cortos del año y las noches más largas del año.

Tell your partner which hemisphere has the longest days of the year in June. Ask him or her which hemisphere has the longest nights of the year in June.

FLAG DAY

The United States has celebrated Flag Day on June 14 since 1777. México has celebrated Flag Day on February 24 since 1937.

-- La bandera de los Estados Unidos es roja, blanca y azul. Tiene cincuenta estrellas en una caja arriba y a la izquierda. Tiene trece rayas horizontales rojas y blancas.
   (The flag of the United States is red, white and blue. It has 50 stars in a box in the upper left. It has 13 horizontal red and white stripes.)
   la ban-DE-ra de los es-TA-dos u-NI-dos ES RRO-ha/ BLAN-ka/ i a-SUL/ TIE-ne sin-KWEN-ta es-TRE-yas en U-na KA-ha a-RRI-ba/ i a la is-KIER-da/ TIE-ne TRE-se RRA-yas o-ri-son-TA-les RRO-has/ i BLAN-kas

-- La bandera de México es verde, blanca y roja. En la parte blanca tiene un águila con una serpiente en su pico. El águila está encima de un cactus. Debajo del cactus está una roca y un lago.
   (The flag of Mexico is green, white and red. In the white part it has an eagle with a snake in its beak. The eagle is on top of a cactus. Under the cactus is a rock and a lake.)
   la ban-DE-ra de ME-hi-ko ES BER-de/ BLAN-ka/ i RRO-ha/ en la PAR-te BLAN-ka TIE-ne un A-gi-la KON U-na ser-PIEN-te en su PI-ko/ el A-gi-la e-STA en-SI-ma de un KAK-tus/ de-BA-ho del KAK-tus e-STA U-na RRO-ka/ i un LA-go

-- Se ve la bandera de los Estados Unidos afuera de las casas el catorce de junio para celebrar el Día de la Bandera.
(The flag of the United States is seen outside of houses on June 14 to celebrate Flag Day.)
SE BE *la ban-***DE***-ra de los es-***TA***-dos u-***NI***-dos a-***FWE***-ra de las* **KA***-sas el ka-***TOR***-se de* **HU***-nio* **PA***-ra se-le-***BRAR** *el* **DI***-a de la ban-***DE***-ra*

-- En México se celebra el Día de la Bandera el veinticuatro de febrero.
(In Mexico Flag Day is celebrated on February 24.)
en **ME***-hi-ko* **SE** *se-***LE***-bra el* **DI***-a de la ban-***DE***-ra el bein-ti-***KWA***-tro de fe-***BRE***-ro*

-- En los Estados Unidos hay desfiles y eventos especiales para celebrar el Día de la Bandera.
(In the United States there are parades and special events to celebrate Flag Day.)
*en los es-***TA***-dos u-***NI***-dos* **AI** *des-***FI***-les/ i e-***BEN***-tos es-pe-***SIA***-les* **PA***-ra se-le-***BRAR** *el* **DI***-a de la ban-***DE***-ra*

-- En México el Día de la Bandera es un día festivo.
(In Mexico Flag Day is a public holiday.)
en **ME***-hi-ko el* **DI***-a de la ban-***DE***-ra* **ES** *un* **DI***-a fes-***TI***-bo*

Example:

En los Estados Unidos se celebra el Día de la Bandera el catorce de junio.

En México se celebra el Día de la Bandera el veinticuatro de febrero.

Describe the United States flag to your partner. Ask him or her to describe the Mexican flag to you.

Think back on **lessons 1, 2 and 3** of this chapter about the first six months of the year. Tell your partner something you find interesting about each of the months from January to June. Return the favor.

Chapter 3 – Holidays – Lesson 4

<u>JULY</u>

The July birthstone is the ruby which is said to guarantee health, wealth, wisdom and success in love. The July flower is the water lily which is thought to add mystique and grace to any garden.

-- El séptimo mes se llama julio por el gran general romano Julio César porque su cumpleaños fue el trece de julio del año cien BC.
   (The seventh month is named July for the great Roman general Julius Caesar because his birthday was July 13, 100 BC.)
   el **SEP**-ti-mo **MES SE YA**-ma **HU**-lio **POR** el **GRAN** he-ne-**RAL** rro-**MA**-no **HU**-lio **SE**-sar por-**KE** su kum-ple-**A**-nyos **FWE** el **TRE**-se de **HU**-lio del **A**-nyo si-**EN BE SE**

-- El mes de julio tiene treinta y un días.
   (The month of July has 31 days.)
   el **MES** de **HU**-lio **TIE**-ne **TREIN**-ta/ i un **DI**-as

-- Por término medio julio es el mes más caliente del año en el hemisferio norte.
   (On average July is the warmest month of the year in the northern hemisphere.)
   POR TER-mi-no **ME**-dio **HU**-lio **ES** el **MES MAS** ka-**LIEN**-te del **A**-nyo en el e-mis-**FE**-rio **NOR**-te

-- Por término medio julio es el mes más frío del año en el hemisferio sur.
   (On average July is the coldest month of the year in the southern hemisphere.)
   POR TER-mi-no **ME**-dio **HU**-lio **ES** el **MES MAS FRI**-o del **A**-nyo en el e-mis-**FE**-rio **SUR**

Example:

Por término medio ¿cuál es el mes más caliente del año en el hemisferio norte?

Julio es el mes más caliente del año en el hemisferio norte.

Ask your partner to tell you which month on average is the warmest month of the year in the northern hemisphere. Tell your partner that on average January is the coldest month of the year in the northern hemisphere.

FOURTH OF JULY

Many countries have their Independence Day in July. They include Somalia (7/1), Belarus (7/3), the United States of America (7/4), Algeria and Venezuela (7/5), Argentina and South Sudan (7/9), the Bahamas (7/10), France (7/14), Colombia (7/20), Belgium (7/21) and Peru (7/28).

-- El cuatro de julio es cuando los Estados Unidos celebra su independencia de Gran Bretaña.
(July 4 is when the United States celebrates its independence from Great Britain.)
el **KWA**-tro de **HU**-lio **ES KWAN**-do los es-**TA**-dos u-**NI**-dos se-**LE**-bra su in-de-pen-**DEN**-sia de gram bre-**TA**-nya

-- El Día de Independencia en los Estados Unidos es un día festivo.
(Independence Day in the United States is a public holiday.)
el **DI**-a de in-de-pen-**DEN**-sia en los es-**TA**-dos u-**NI**-dos **ES** un **DI**-a fes-**TI**-bo

-- Se celebra la adopción de la Declaración de Independencia el cuatro de julio de mil setecientos setenta y seis.
(It celebrates the adoption of the Declaration of Independence on July 4, 1776.)
SE se-**LE**-bra la a-dop-**SION** de la de-kla-ra-**SION** de in-de-pen-**DEN**-sia el **KWA**-tro de **HU**-lio de mil se-te-**SIEN**-tos se-**TEN**-ta i **SEIS**

-- En los Estados Unidos hay desfiles, discursos y fiestas para celebrar el Día de Independencia.
(In the United States there are parades, speeches and parties to celebrate Independence Day.)
en los es-**TA**-dos u-**NI**-dos **AI** des-**FI**-les/ dis-**KUR**-sos/ i **FIES**-tas **PA**-ra se-le-**BRAR** el **DI**-a de in-de-pen-**DEN**-sia

Example:

¿Por qué se celebra el cuatro de julio en los Estados Unidos de América?

Porque se celebra la adopción de la Declaración de Independencia.

Ask your partner to tell you why the Fourth of July is celebrated in the United States. Tell him or her how it is often celebrated.

AUGUST

The August birthstone is the peridot. The August flower is the gladiolus which means sincerity and symbolizes strength of character.

- -- El octavo mes se llama agosto por el emperador romano Augusto César porque unas de sus gran conquistas fueron en este mes.
  (The eighth month is named August for the Roman emperor Augustus Caesar because some of his great conquests were in this month.)
  el ok-**TA**-bo **MES SE YA**-ma a-**GOS**-to **POR** el pri-**MER** em-pe-ra-**DOR** rro-**MA**-no au-**GUS**-to **SE**-sar por-**KE U**-nas de sus **GRAN** kon-**KIS**-tas **FWE**-ron en **ES**-te **MES**

- -- Augusto César fue adoptado por su tío abuelo Julio César.
  (Augustus Caesar was adopted by his great uncle Julius Caesar.)
  au-**GUS**-to **SE**-sar **FWE** a-dop-**TA**-do **POR** su **TI**-o a-**BWE**-lo **HU**-lio **SE**-sar

- -- El mes de agosto tiene treinta y un días.
  (The month of August has 31 days.)
  el **MES** de a-**GOS**-to **TIE**-ne **TREIN**-ta/ i un **DI**-as

Example:

¿Por qué el octavo mes se llama agosto?

Porque Augusto César era un emperador romano.

Ask your partner how the seventh month got its name. Your partner will answer you and ask you how the eighth month got its name.

BACK TO SCHOOL

Although the traditional beginning of the school year in the fall has been shortly after Labor Day in September, many schools are now opening their doors to students in August.

- -- Por término medio los estudiantes en los Estados Unidos están en la escuela ciento ochenta días cada año escolar.
  (On average students in the United States are in school 180 days each school year.)
  POR TER-mi-no ME-dio los es-tu-DIAN-tes en los es-TA-dos u-NI-dos e-STAN en la es-KWE-la SIEN-to o-CHEN-ta DI-as KA-da A-nyo es-ko-LAR

- -- En muchos países los estudiantes están en la escuela un mes más que en los Estados Unidos.
  (In many countries students are in school 1 month more than in the United States.)
  en MU-chos pa-I-ses los es-tu-DIAN-tes e-STAN en la es-KWE-la un MES MAS KE en los es-TA-dos u-NI-dos

- -- En los Estados Unidos sólo siete de cada diez estudiantes reciben un diploma de la escuela secundaria.
  (In the United States only 7 of every 10 students receive a high school diploma.)
  en los es-TA-dos u-NI-dos SO-lo SIE-te de KA-da DIES es-tu-DIAN-tes rre-SI-ben un di-PLO-ma de la es-KWE-la se-kun-DA-ria

- -- Muchas personas dicen que el año escolar debe ser más largo.
  (Many people say that the school year should be longer.)
  MU-chas per-SO-nas DI-sen KE el A-nyo es-ko-LAR DE-be SER MAS LAR-go

Example:

En los Estados Unidos sólo siete de cada diez estudiantes reciben un diploma de la escuela secundaria.

Muchas personas dicen que el año escolar debe ser más largo.

Tell your partner if you think the school year in the United States should be longer (**más largo**) or shorter (**más corto**). See what your partner thinks.

Think back on **this lesson** and ask your partner to tell you how the months of July and August were named. Tell him or her what months are the coldest months of the year in the northern and southern hemispheres. Use the following pattern:

En el hemisferio norte _____ es el mes más frío del año.

En el hemisferio sur _____ es el mes más frío del año.

Chapter 3 – Holidays – Lesson 5

SEPTEMBER

In the days of the Roman calendar before 46 BC, September was the seventh month of the year. *Septem* **means "seven" in Latin.**

- -- En los tiempos antes de Julio César marzo era el primer mes del año y septiembre era el séptimo mes.
  (In the era before Julius Caesar March was the first month of the year, and September was the seventh month.)
  en los **TIEM**-pos **AN**-tes de **HU**-lio **SE**-sar **MAR**-so **ERA** el pri-**MER MES** del **A**-nyo/ i sep-**TIEM**-bre **ERA** el **SEP**-ti-mo **MES**

- -- Julio César cambió el calendario romano. El calendario juliano tiene dos meses más. Son enero y febrero.
  (Julius Caesar changed the Roman calendar. The Julian calendar has 2 more months. They are January and February.)
  HU-lio **SE**-sar kam-**BIO** el ka-len-**DA**-rio rro-**MA**-no/ el ka-len-**DA**-rio hu-li-**A**-no **TIE**-ne **DOS ME**-ses **MAS**/ **SON** e-**NE**-ro/ i fe-**BRE**-ro

- -- Ahora septiembre es el noveno mes del año y tiene treinta días.
  (Now September is the ninth month of the year and has 30 days.)
  a-**O**-ra sep-**TIEM**-bre **ES** el no-**BE**-no **MES** del **A**-nyo/ i **TIE**-ne **TREIN**-ta **DI**-as

- -- Los otros tres meses que tienen treinta días son abril, junio y noviembre.
  (The other 3 months that have 30 days are April, June and November.)
  los **O**-tros **TRES ME**-ses **KE TIE**-nen **TREIN**-ta **DI**-as **SON** a-**BRIL**/ **HU**-nio/ i no-**BIEM**-bre

Example:

¿Por qué el noveno mes se llama septiembre?

Porque en los tiempos de Julio César septiembre era el séptimo mes.

Tell your partner how September got its name. Ask your partner to name the three months of the year that have thirty days.

LABOR DAY

Labor Day is dedicated to the social and economic achievements of American workers. It is an annual tribute to the contributions workers have made to the strength, prosperity and well-being of our country.

-- En los Estados Unidos se celebra el Día del Trabajo el primer lunes de septiembre.
(In the United States Labor Day is celebrated the first Monday in September.)
en los es-**TA**-dos u-**NI**-dos **SE** se-**LE**-bra el **DI**-a del tra-**BA**-ho el pri-**MER LU**-nes de sep-**TIEM**-bre

-- El Día del Trabajo en los Estados Unidos es un día festivo.
(Labor Day in the United States is a public holiday.)
el **DI**-a del tra-**BA**-ho en los es-**TA**-dos u-**NI**-dos **ES** un el **DI**-a fes-**TI**-bo

-- En los Estados Unidos hay desfiles, discursos y fiestas para celebrar el Día del Trabajo.
(In the United States there are parades, speeches and parties to celebrate Labor Day.)
en los es-**TA**-dos u-**NI**-dos **AI** des-**FI**-les/ dis-**KUR**-sos/ i **FIES**-tas **PA**-ra se-le-**BRAR** el **DI**-a del tra-**BA**-ho

-- En más de ochenta países se celebra el Día Internacional del Trabajo el primero de mayo. Es un día festivo.
(In more than 80 countries International Worker's Day is celebrated on May 1. It is a public holiday.)
en **MAS** de o-**CHEN**-ta pa-**I**-ses **SE** se-**LE**-bra el **DI**-a in-ter-na-sio-**NAL** del tra-**BA**-ho el pri-**ME**-ro de **MA**-yo/ **ES** un **DI**-a fes-**TI**-bo

Example:

En los Estados Unidos se celebra el Día del Trabajo el primer lunes de septiembre.

En más de ochenta países se celebra el Día Internacional del Trabajo el primero de mayo.

Tell your partner when Labor Day is celebrated in the United States. Ask him or her when International Worker's Day is celebrated in more than eighty countries.

EL QUINCE DE SEPTIEMBRE

Although many countries have their Independence Day in July, Mexico celebrates its independence from Spain on September 15.

-- El Padre Miguel Hidalgo declaró la independencia de México el quince de septiembre de mil ochocientos diez en un pueblo llamado Dolores.
(Father Miguel Hidalgo declared Mexico's independence on September 15, 1810 in a village called Dolores.)
el **PA**-dre mi-**GEL** i-**DAL**-go de-kla-**RO** la in-de-pen-**DEN**-sia de **ME**-hi-ko el **KIN**-se de sep-**TIEM**-bre de **MIL** o-cho-**SIEN**-tos **DIES** en un **PWE**-blo ya-**MA**-do do-**LO**-res

-- Esta declaración se llama el Grito de Dolores.
(This declaration is called the Cry of Dolores.)
ES-ta de-kla-ra-**SION SE YA**-ma el **GRI**-to de do-**LO**-res

-- Cada año el Presidente de México suena la campana del Palacio Nacional en la Ciudad de México a las once de la noche del quince de septiembre y hace el Grito de Dolores.
(Each year the President of Mexico sounds the bell of the National Palace in Mexico City at 11 p.m. on September 15 and does the Cry of Dolores.)
KA-da **A**-nyo el pre-si-**DEN**-te de **ME**-hi-ko **SWE**-na la kam-**PA**-na del pa-**LA**-sio na-**SIO**-nal en la siu-**DAD** de **ME**-hi-ko a las **ON**-se de la **NO**-che del **KIN**-se de sep-**TIEM**-bre/ i **A**-se el **GRI**-to de do-**LO**-res

-- El Presidente grita "¡Viva México! ¡Viva México! ¡Viva México!"
(The President cries, "Long live Mexico! Long live Mexico! Long live Mexico!")
el pre-si-**DEN**-te **GRI**-ta/ **BI**-ba **ME**-hi-ko/ **BI**-ba **ME**-hi-ko/ **BI**-ba **ME**-hi-ko

Example:

El Padre Miguel Hidalgo declaró la independencia de México el quince de septiembre de mil ochocientos diez.

Cada año el Presidente de México hace el Grito de Dolores.

Give your partner a little history lesson about Mexican independence. Talk about the Mexican priest who first rang the bell announcing the independence of Mexico. Ask your partner when and where it took place.

OCTOBER

In the Roman calendar October was the eighth month of the year. *Octo* **means "eight" in Latin.**

-- En los tiempos antes de Julio César marzo era el primer mes del año y octubre era el octavo mes.
(In the era before Julius Caesar March was the first month of the year, and October was the eighth month.)
en los **TIEM**-pos **AN**-tes de **HU**-lio **SE**-sar **MAR**-so **ERA** el pri-**MER MES** del **A**-nyo/ i ok-**TU**-bre **ERA** el ok-**TA**-bo **MES**

-- Ahora octubre es el décimo mes del año y tiene treinta y un días.
(Now October is the tenth month of the year and has 31 days.)
a-**O**-ra ok-**TU**-bre **ES** el **DE**-si-mo **MES** del **A**-nyo/ i **TIE**-ne **TREIN**-ta/ i un **DI**-as

-- Los otros seis meses que tienen treinta y un días son enero, marzo, mayo, julio, agosto y diciembre.
(The other 6 months that have 31 days are January, March, May, July, August and December.)
los **O**-tros **SEIS ME**-ses **KE TIE**-nen **TREIN**-ta/ i un **DI**-as **SON** e-**NE**-ro/ **MAR**-so/ **MA**-yo/**HU**-lio/ a-**GO**-sto/ i di-**SIEM**-bre

-- Octubre es un mes del otoño.
(October is a fall month.)
ok-**TU**-bre **ES** un **MES** del o-**TO**-nyo

-- Cuando es el otoño en el hemisferio norte es la primavera en el hemisferio sur.
(When it is fall in the northern hemisphere, it is spring in the southern hemisphere.)
KWAN-do **ES** el o-**TO**-nyo en el e-mis-**FE**-rio **NOR**-te/ **ES** la pri-ma-**BE**-ra en el e-mis-**FE**-rio **SUR**

Example:

¿Por qué el décimo mes se llama octubre?

Porque en los tiempos de Julio César octubre era el octavo mes.

Tell your partner to explain how September and October got their names. Ask your partner to name the other six months of the year that have thirty one days.

COLUMBUS DAY

It is interesting to note that many countries celebrate the anniversary of Christopher Columbus' arrival in the Americas on October 12, 1492 in different ways. In English-speaking countries it may be known as Columbus Day or Native American Day.

- -- Muchos países latinoamericanos celebran el Día de la Raza el doce de octubre. Se refiere a la raza hispana.
  (Many Latin American countries celebrate the Day of the Race on October 12. It refers to the Hispanic race.)
  MU-chos pa-**I**ses la-ti-no-a-me-ri-**KA**-nos se-**LE**-bran el **DI**-a de la **RRA**-sa el **DO**-se de ok-**TU**bre/ **SE** rre-**FIE**-re a la **RRA**-sa is-**PA**-na

- -- En las Bahamas es el Día del Descubrimiento.
  (In the Bahamas it is Discovery Day.)
  en las ba-**A**-mas **ES** el **DI**-a del des-ku-bri-**MIEN**-to

- -- En España se llama el Día de la Hispanidad. Es un día festivo.
  (In Spain it is called Hispanic Day. It is a public holiday)
  en es-**PA**-nya **SE YA**-ma el **DI**-a de la is-pa-ni-**DAD**/ **ES** un **DI**-a fes-**TI**-bo

- -- En Argentina es el Día del Respeto a la Diversidad Cultural.
  (In Argentina it is the Day of Respect for Cultural Diversity.)
  en ar-hen-**TI**-na **ES** el **DI**-a del rres-**PE**-to a la di-ber-si-**DAD** kul-tu-**RAL**

- -- En Belice y en Uruguay se llama el Día de las Américas.
  (In Belize and in Uruguay it is called the Day of the Americas.)
  en **BE**-li-se/ i en u-ru-**GWAI SE YA**-ma el **DI**-a de las a-**ME**-ri-kas

Example:

Muchos países latinoamericanos celebran el Día de la Raza el doce de octubre.

Se refiere a la raza hispana.

Talk with your partner how Columbus Day is celebrated in the Americas. You each will tell about two countries.

Think back on **lessons 4 and 5** of this chapter with your partner. Talk about what you have learned about the ways some holidays are celebrated in the Americas and in Spain.

Chapter 3 – Holidays – Lesson 6

NOVEMBER

In the Roman calendar November was the ninth month of the year. *Novem* **means "nine" in Latin.**

-- En los tiempos antes de Julio César marzo era el primer mes del año y noviembre era el noveno mes.
(In the era before Julius Caesar March was the first month of the year, and November was the ninth month.)
en los **TIEM**-pos **AN**-tes de **HU**-lio **SE**-sar **MAR**-so **ERA** el pri-**MER MES** del **A**-nyo/ i no-**BIEM**-bre **ERA** el no-**BE**-no **MES**

-- Ahora noviembre es el onceavo mes del año y tiene treinta días.
(Now November is the eleventh month of the year and has 30 days.)
a-**O**-ra no-**BIEM**-bre **ES** el on-se-**A**-bo **MES** del **A**-nyo/ i **TIE**-ne **TREIN**-ta **DI**-as

-- Los otros tres meses que tienen treinta días son abril, junio y septiembre.
(The other 3 months that have 30 days are April, June and September.)
los **O**-tros **TRES ME**-ses **KE TIE**-nen **TREIN**-ta **DI**-as **SON** a-**BRIL**/ **HU**-nio/ i sep-**TIEM**-bre

Example:

¿Por qué el onceavo mes se llama noviembre?

Porque en los tiempos antes de Julio César noviembre era el noveno mes.

Tell your partner how September, October and November got their names. Ask your partner to name the other three months of the year that have thirty days.

VETERANS DAY

Each year on November 11 the Veterans Day National Ceremony is held at Arlington National Cemetery. The armistice to cease all hostilities between the Allied nations and Germany in World War I went into effect on the eleventh hour of the eleventh day of the eleventh month. November 11 was originally designated as Armistice Day in the United States, but it was changed to Veterans Day to honor veterans of all wars.

- -- El once de noviembre es cuando los Estados Unidos celebra el fin de la Primera Guerra Mundial.
  (November 11 is when the United States celebrates the end of World War I.)
  el **ON**-se de no-**BIEM**-bre **ES KWAN**-do los es-**TA**-dos u-**NI**-dos se-**LE**-bra el **FIN** de la pri-**ME**-ra **GE**-rra mun-**DIAL**

- -- El Día de los Veteranos en los Estados Unidos es un día festivo.
  (Veterans Day in the United States is a public holiday.)
  el **DI**-a de los be-te-**RA**-nos en los es-**TA**-dos u-**NI**-dos **ES** un **DI**-a fes-**TI**-bo

- -- Se celebra el fin de "la guerra para terminar todas las guerras".
  (It celebrates the end of the "war to end all wars".)
  SE se-**LE**-bra el **FIN** de la **GE**-rra **PA**-ra ter-mi-**NAR TO**-das las **GE**-rras

- -- En los Estados Unidos en este día hay desfiles, discursos y ceremonias para honrar a los veteranos de todas nuestras guerras.
  (In the United States on this day there are parades, speeches and ceremonies to honor the veterans of all wars.)
  en los es-**TA**-dos u-**NI**-dos en **ES**-te **DI**-a **AI** des-**FI**-les/ dis-**KUR**-sos/ i se-re-**MO**-nias **PA**-ra on-**RAR** a los be-te-**RA**-nos de **TO**-das las **GE**-rras

Example:

¿Por qué se celebra el once de noviembre en los Estados Unidos de América?

Para honrar a los veteranos de todas nuestras guerras.

Ask your partner to tell you why Veterans Day is celebrated in the United States. Tell him or her how it is often celebrated.

THANKSGIVING

Thanksgiving is a day set aside to celebrate the survival of the first settlers in the new world. They invited the Native Americans to join them in giving thanks for their good harvest.

- El Día de Acción de Gracias es un día festivo cuando la familia y los amigos se reúnen para dar gracias por todas sus bendiciones durante el año.
  (Thanksgiving is a public holiday when family and friends gather to give thanks for all their blessings during the year.)
  el **DI**-a de ak-**SION** de **GRA**-si-as **ES** un **DI**-a fes-**TI**-bo **KWAN**-do la fa-**MI**-lia/ i los a-**MI**-gos **SE** rre-**U**-nen **PA**-ra **DAR GRA**-si-as **POR TO**-das sus ben-di-**SIO**-nes du-**RAN**-te el **A**-nyo

- La comida tradicional del Día de Acción de Gracias puede incluir el pavo al horno y unos vegetales como papas, camotes, ejotes y guisantes.
  (A traditional Thanksgiving dinner may include roast turkey and some vegetables such as potatoes, sweet potatoes, string beans and peas.)
  la ko-**MI**-da tra-di-**SIO**-nal del **DI**-a de ak-**SION** de **GRA**-si-as **PWE**-de in-klu-**IR** el **PA**-bo al **OR**-no/ i **U**-nos be-he-**TA**-les **KO**-mo **PA**-pas/ ka-**MO**-tes/ e-**HO**-tes/ i gi-**SAN**-tes

- El postre del Día de Acción de Gracias tradicionalmente es el pay de calabaza.
  (The Thanksgiving dessert traditionally is pumpkin pie.)
  el **POS**-tre del **DI**-a de ak-**SION** de **GRA**-si-as tra-di-sio-nal-**MEN**-te **ES** el **PAI** de ka-la-**BA**-sa

Example:

¿Qué pasa cuando la familia y los amigos se reúnen en el Día de Acción de Gracias?

Ellos dan gracias por todas sus bendiciones durante el año.

Describe a traditional Thanksgiving dinner for your partner. Ask him or her to describe the dessert.

BLACK FRIDAY

Thanksgiving is the beginning of the holiday season in the United States. The day after Thanksgiving is known as Black Friday. Businesses hold major sales to promote gift-giving for Christmas, Hanukkah and Kwanzaa.

-- El Día de Acción de Gracias es el cuarto jueves de noviembre.
   (*Thanksgiving is the fourth Thursday in November.*)
   el **DI**-a de ak-**SION** de **GRA**-si-as **ES** el **KWAR**-to **HWE**-bays de no-**BIEM**-bre

-- El siguiente día se llama el Viernes Negro porque los negocios quieren ver la tinta negra en sus libros de contabilidad. Ya no quieren ver la tinta roja.
   (*The next day is called Black Friday because businesses want to see black ink in their account books. They do not want to see any more red ink.*)
   el si-**GIEN**-te **DI**-a **SE YA**-ma el **BIER**-nes **NE**-gro por-**KE** los ne-**GO**-sios **KIE**-ren **BER** la **TIN**-ta **NE**-gra en sus **LI**-bros de kon-ta-bi-li-**DAD**/ **YA NO KIE**-ren **BER** la **TIN**-ta **RRO**-ha

-- Las tiendas en los centros comerciales abren muy temprano para que sus clientes puedan hacer sus compras.
   (*The stores in the malls open very early so their clients can make their purchases.*)
   las **TIEN**-das en los **SEN**-tros ko-mer-**SIA**-les **A**-bren **MWI** tem-**PRA**-no **PA**-ra **KE** sus kli-**EN**-tes **PWE**-dan a-**SER** sus **KOM**-pras

-- Después del Viernes Negro los negocios tienen una idea si va a ser un buen año.
   (*After Black Friday the businesses have an idea if it is going to be a good year.*)
   des-**PWES** del **BIER**-nes **NE**-gro los ne-**GO**-sios **TIE**-nen **U**-na i-**DEA** si **BA** a **SER** un **BWEN A**-nyo

Example:

¿Por qué el día después del Día de Acción de Gracias se llama el Viernes Negro?

Porque los negocios quieren ver la tinta negra en sus libros de contabilidad.

Tell your partner how Black Friday got its name. Ask him or her to tell you what the stores want to do on this day.

CYBER MONDAY

The Monday after Thanksgiving is known as Cyber Monday. Over the weekend some working Americans go window shopping, then return to their computers at work on Monday and buy what they liked.

- -- El Día de Acción de Gracias es el cuarto jueves de noviembre.
  (Thanksgiving is the fourth Thursday in November.)
  el **DI**-a de ak-**SION** de **GRA**-si-as **ES** el **KWAR**-to **HWE**-bays de no-**BIEM**-bre

- -- El siguiente lunes se llama el Ciber Lunes porque la gente hace sus compras en el internet.
  (The following Monday is called Cyber Monday because people do their shopping on the Internet.)
  el si-**GIEN**-te **LU**-nes **SE YA**-ma el **SI**-ber **LU**-nes por-**KE** la **HEN**-te **A**-se sus **KOM**-pras en el in-ter-**NET**

- -- Las personas que tienen computadoras en su trabajo no hacen sus compras en las tiendas si no en el internet.
  (The people who have computers at work do not shop in the stores but rather on the Internet.)
  las per-**SO**-nas **KE TIE**-nen com-pu-ta-**DO**-ras en su tra-**BA**-ho **NO A**-sen sus **KOM**-pras en las **TIEN**-das **SI NO** en el in-ter-**NET**

- -- El primer Ciber Lunes fue el veintiocho de noviembre de dos mil cinco.
  (The first Cyber Monday was on November 28, 2005.)
  el pri-**MER SI**-ber **LU**-nes **FWE** el bein-ti-**O**-cho de no-**BIEM**-bre de **DOS MIL SIN**-ko

-- Ahora muchas personas hacen sus compras el Ciber Lunes en los Estados Unidos, en Canadá, en Gran Bretaña, en Portugal, en Alemania, en los Emiratos Árabes Unidos (EAU), en Egipto, en Chile, en Colombia y en Japón.
(Now many people do their shopping on Cyber Monday in the United States, Canada, Great Britain, Portugal, Germany, the United Arab Emirates (UAR), Egypt, Chile, Colombia and Japan.)
a-**O**-ra **MU**-chas per-**SO**-nas **A**-sen sus **KOM**-pras el **SI**-ber **LU**-nes en los es-**TA**-dos u-**NI**-dos/ en ka-na-**DA**/ en gram bre-**TA**-nya/ en por-tu-**GAL**/ en a-le-**MA**-nya/ en los e-mi-**RA**-tos **A**-ra-bes u-**NI**-dos/ en e-**HIP**-to/ en **CHI**-le/ en ko-**LOM**-bia/ i en ha-**PON**

Example:
¿Por qué el lunes después del Día de Acción de Gracias se llama el Ciber Lunes?

Porque la gente hace sus compras en el internet.

Tell your partner how Cyber Monday got its name. Ask him or her to tell you the date of the first Cyber Monday.

DECEMBER

In the Roman calendar December was the tenth month of the year. *Decem* **means "tenth" in Latin.**

-- En los tiempos antes de Julio César marzo era el primer mes del año y diciembre era el décimo mes.
(In the era before Julius Caesar March was the first month of the year, and December was the tenth month.)
en los **TIEM**-pos **AN**-tes de **HU**-lio **SE**-sar **MAR**-so **ERA** el pri-**MER MES** del **A**-nyo/ i di-**SIEM**-bre **ERA** el **DE**-si-mo **MES**

-- Ahora diciembre es el doceavo mes del año y tiene treinta y un días.
(Now December is the twelfth month of the year and has 31 days.)
a-**O**-ra di-**SIEM**-bre **ES** el do-se-**A**-bo **MES** del **A**-nyo/ i **TIE**-ne **TREIN**-ta i un **DI**-as

98 Susan Ann Roemer

There are many traditions around the world in December.

-- En los Estados Unidos se celebra la Noche Buena el veinticuatro de diciembre y la Navidad el veinticinco de diciembre.
(In the United States Christmas Eve is celebrated on December 24 and Christmas Day on December 25.)
en los es-**TA**-dos u-**NI**-dos **SE** se-**LE**-bra la **NO**-che **BWE**-na el bein-ti-**KWA**-tro de di-**SIEM**-bre/ i la na-bi-**DAD** el bein-ti-**SIN**-ko de di-**SIEM**-bre

-- En México se celebra la Navidad del dieciséis de diciembre al seis de enero.
(In Mexico Christmas is celebrated from December 16 to January 6.)
en **ME**-hi-ko **SE** se-**LE**-bra la na-bi-**DAD** del dies-i-**SEIS** de di-**SIEM**-bre al **SEIS** de e-**NE**-ro

-- Hanukah quiere decir "el festival de luces" en hebreo. En las comunidades judías se celebra Hanukah por ocho días y noches en noviembre o en diciembre.
(Hanukkah means "the festival of lights" in Hebrew. In Jewish communities it is celebrated for 8 days and nights in November or December.)
HA-nu-ka **KIE**-re de-**SIR** el fes-ti-**BAL** de **LU**-ses en e-**BREO**/ en las ko-mu-ni-**DA**-des hu-**DI**-as **SE** se-**LE**-bra **HA**-nu-ka **POR** **O**-cho **DI**-as/ i **NO**-ches en no-**BIEM**-bre/ o en di-**SIEM**-bre

-- Kwanzaa quiere decir "las primeras frutas" en swahili. En las comunidades afro-americanas se celebra Kwanzaa del veintiséis de diciembre al primero de enero.
(Kwanzaa means "first fruits" in Swahili. In Afro-American communities it is celebrated from December 26 to January 1.)
KWAN-sa **KIE**-re de-**SIR** las pri-**ME**-ras **FRU**-tas en swa-**HI**-li/ en las ko-mu-ni-**DA**-des **A**-fro a-me-ri-**KA**-nas **SE** se-**LE**-bra **KWAN**-sa del bein-ti-**SEIS** de di-**SIEM**-bre al pri-**ME**-ro de e-**NE**-ro

Example:
Hanukah quiere decir "el festival de luces" en hebreo.

Kwanzaa quiere decir "las primeras frutas" en swahili.

Tell your partner how Christmas is celebrated in the United States and Mexico. Ask him or her to tell you about Kwanzaa and Hanukkah.

PEARL HARBOR DAY

Pearl Harbor Day is observed annually on December 7 to remember and honor all those who died in the attack on Pearl Harbor.

-- El siete de diciembre de mil novecientos cuarenta y uno la base naval en Pearl Harbor, Hawaii fue atacada por las fuerzas navales japoneses.
(On December 7, 1941 the naval base in Pearl Harbor, Hawaii was attacked by the Japanese naval forces.)
el **SIE**-te de di-**SIEM**-bre de **MIL** no-be-**SIEN**-tos kwa-**REN**-ta/ i **U**-no la **BA**-se na-**BAL** en **FWE** a-ta-**KA**-da **POR** las **FWER**-sas na-**BA**-les ha-po-**NE**-ses

-- Se murieron más de dos mil cuatrocientos norteamericanos.
(More than 2,400 Americans died.)
SE mu-**RIE**-ron **MAS** de **DOS MIL** kwat-ro-**SIEN**-tos nor-te-a-me-ri-**KA**-nos

-- Se hirieron más de mil cien norteamericanos.
(More than 1,100 Americans were wounded.)
SE i-**RIE**-ron **MAS** de **MIL SIEN** nor-te-a-me-ri-**KA**-nos

-- Las banderas de los Estados Unidos están a media asta este día hasta la puesta del sol.
(The flags of the United States are at half mast this day until sunset.)
las ban-**DE**-ras de los es-**TA**-dos u-**NI**-dos es-**TAN** a **ME**-dia **A**-sta **ES**-te **DI**-a **AS**-ta la **PWES**-ta del **SOL**

-- El Día de Pearl Harbor no es un día festivo.
(Pearl Harbor Day is not a public holiday.)
el **DI**-a de **NO ES** un **DI**-a fes-**TI**-bo

Example:

La base naval en Pearl Harbor, Hawaii fue atacada por las fuerzas navales japoneses.

Se murieron más de dos mil cuatrocientos norteamericanos.

Se hirieron más de mil cien norteamericanos.

Explain to your partner why Pearl Harbor Day is observed every year on December 7. Ask him or her if it is a public holiday.

BOXING DAY

December 26 is known in many Commonwealth countries as Boxing Day because traditionally servants and tradesmen would receive gifts from their employers the day after Christmas.

-- Según la tradición inglesa los sirvientes de la ama de la casa tenían que trabajar en sus casas en la Navidad.
(According to English tradition the servants of the lady of the house had to work in their houses at Christmas.)
se-**GUN** la tra-di-**SION** in-**GLE**-sa los sir-**BIEN**-tes de la **A**-ma de la **KA**-sa te-**NI**-an **KE** tra-ba-**HAR** en sus **KA**-sas en la na-bi-**DAD**

-- Por eso la ama de la casa les daba a sus sirvientes el día siguiente para visitar a sus familias.
(Therefore the lady of the house gave their servants the next day off to visit their families.)
POR ESO la **A**-ma de la **KA**-sa les **DA**-ba a sus sir-**BIEN**-tes el **DI**-a si-**GIEN**-te **PA**-ra bi-si-**TAR** a sus fa-**MI**-li-as

-- La ama de la casa también les daba a sus sirvientes una caja con regalos, dinero y comida.
(The Lady of the house also gave their servants a box with gifts, money and food.)
la **A**-ma de la **KA**-sa tam-**BIEN** les **DA**-ba a sus sir-**BIEN**-tes **U**-na **KA**-ha **KON** rre-**GA**-los/ di-**NE**-ro/ i ko-**MI**-da

-- Hoy día El Día de las Cajas es un día festivo en Gran Bretaña, en Hong Kong, en Australia, en Canadá, en Malasia, en Nueva Zelanda y en otros países.
(Nowadays Boxing Day is a public holiday in Great Britain, Hong Kong, Australia, Canada, Malaysia, New Zealand and other countries.)
OY DI-a el **DI**-a de las **KA**-has **ES** un **DI**-a fes-**TI**-bo en gram bre-**TA**-nya/ en hon **KON**/ en aus-**TRA**-lia/ en ka-na-**DA**/ en ma-**LA**-sia/ en nwe-ba-se-**LAN**-da/ i en **O**-tros pa-**I**-ses

Example:

Los sirvientes inglesas tenían que trabajar en sus casas en la Navidad.

La ama de la casa les daba a sus sirvientes el día siguiente para visitar a sus familias.

Explain to your partner how Boxing Day came about in Great Britain, Hong Kong, Australia, Canada, Malaysia, New Zealand and other countries.

Think back on **lessons 5 and 6** of this chapter. Explain to your partner which special day in September, October, November and December you think is most interesting and why. Your partner will return the favor.

Chapter 3 -- Word List

a media asta (phrase) *a ME-dia A-sta* - at half mast
abril (m) *a-BRIL* - April
acción (f) *ak-SION* - action
adentro (adv) *a-DEN-tro* - inside
adopción (f) *a-dop-SION* - adoption
adoptado/a (adj) *a-dop-TA-do/a* - adopted
afro-americano/a (adj) *A-fro a-me-ri-KA-no/a* - Afro-American
afuera (adv) *a-FWE-ra* - outside
agosto (m) *a-GOS-to* - August
aguila (m) *A-gi-la* - eagle
al (prep) *AL* - to the
al horno (phrase) *al OR-no* - baked
ambos/as (adj) *AM-bos/as* - both
ama de la casa (m) *A-ma de la KA-sa* - lady of the house
amor (m) *a-MOR* - love
antes (adv) *AN-tes* - before
año (m) *A-nyo* - year
atacado/a (adj) *a-ta-KA-do/a* - attacked
Augusto César (m) *au-GUS-to SE-sar* - Augustus Caesar
baile (m) *BAI-le* - dance
bandera (f) *ban-DE-ra* - flag
base (f) *BA-se* - base
bendición (f) *ben-di-SION* - blessing
broma (f) *BRO-ma* - prank
cactus (m) *KAK-tus* - cactus
cada (adj) *KA-da* - each
caja (f) *KA-ha* - box
calendario (m) *ka-len-DA-rio* - calendar
caliente (adj) *ka-LIEN-te* - warm
camote (m) *ka-MO-te* - sweet potato
campana (f) *kam-PA-na* - bell
casa (f) *KA-sa* - house
centro comercial (m) *SEN-tro ko-mer-SIAL* - mall
ceremonia (f) *se-re-MO-nia* - ceremony
chocolate (m) *cho-ko-LA-te* - chocolate
Ciber Lunes (m) *SI-ber LU-nes* - Cyber Monday
Cinco de Mayo (m) *SIN-ko de MA-yo* - May fifth
círculo (m) *SIR-ku-lo* - circle
ciudad (f) *siu-DAD* - city
Ciudad de México (f) *siu-DAD de ME-hi-ko* - Mexico City
cliente (m) *KLIEN-te* - client

comida (f) *ko-MI-da* - food, dinner
como (adv) *KO-mo* - as, like
completamente (adv) *kom-ple-ta-MEN-te* - completely
compra (f) *KOM-pra* - purchase
comunidad (f) *ko-mu-ni-DAD* - community
con (prep) *KON* - with
conquista (f) *kon-KIS-ta* - conquest
continente (m) *kon-ti-NEN-te* - continent
corona (f) *ko-RO-na* - crown
corto/a (adj) *KOR-to/a* - short
cuarto/a (adj) *KWAR-to/a* - fourth
cultural (adj) *kul-tu-RAL* - cultural
cumpleaños (m) *kum-ple-A-nyos* - birthday
de (prep) *DE* - of, from
de nada (phrase) *de NA-da* - You are welcome.
debajo (adv) *de-BA-ho* - under
décimo/a (adj) *DE-si-mo/a* - tenth
declaración (f) *de-kla-ra-SION* - declaration
Declaración de Independencia (f) *de-kla-ra-SION de in-de-pen-DEN-sia* – Declaration of Independence
del (prep) *DEL* - of the, from the
dentro (adv) *DEN-tro* - inside
descubrimiento (m) *des-ku-bri-MIEN-to* - discovery
desde (prep) *DES-de* - since, from
desfile (m) *des-FI-le* - parade
después (adv) *des-PWES* - after, then
Día de Acción de Gracias (m) *DI-a de ak-SION de GRA-si-as* - Thanksgiving
Día de la Bandera (m) *DI-a de la ban-DE-ra* - Flag Day
Día de la Hispanidad (m) *DI-a de la is-pa-ni-DAD* - Hispanic Day
Día de la Independencia (m) *DI-a de la in-de-pen-DEN-sia* - Independence Day
Día de la Raza (m) *DI-a de la RRA-sa* - Day of the Race (hispanic)
Día de las Américas (m) *DI-a de las a-ME-ri-kas* - Day of the Americas
Día de las Bromas (m) *DI-a de las BRO-mas* - Pranks Day
Día de las Cajas (m) *DI-a de las KA-has* - Boxing Day
Día de los Reyes (m) *DI-a de los RREI-es* - Three Kings Day
Día de los Veteranos (m) *DI-a de los be-te-RA-nos* - Veterans Day
Día de San Patricio (m) *DI-a de SAN pa-TRI-sio* - Saint Patrick's Day
Día de Trabajo (m) *DI-a del tra-BA-ho* - Labor Day
Día del Descubrimiento (m) *DI-a del des-ku-bri-MIEN-to* - Discovery Day
Día del Niño (m) *DI-a del NI-nyo* - Children's Day
Día del Respeto a la Diversidad Cultural (m) *DI-a del rres-PE-to a la di-ber-si-DAD kul-tu-RAL* - Day of Respect for Cultural Diversity
día festivo (m) *DI-a fes-TI-bo* - public holiday

Día Internacional del Trabajo (m) *DI-a in-ter-na-sio-NAL del tra-BA-ho* - International Workers Day
diciembre (m) *di-SIEM-bre* - December
diploma (m) *di-PLO-ma* - diploma
discurso (m) *dis-KUR-so* - speech
diversidad (f) *di-ver-si-DAD* - diversity
doceavo/a (adj) *do-se-A-bo/a* - twelfth
docena (f) *do-SE-na* - dozen
donde (adv) *DON-de* - where
dónde (adv) *DON-de* - Where?
durante (prep) *du-RAN-te* - during
edad (f) *e-DAD* - age
ejote (m) *e-HO-te* - string bean
emperador (m) *em-pe-ra-DOR* - emperor
en (prep) *EN* - in
en venta (phrase) *en BEN-ta* - on sale
encima (adv) *en-SI-ma* - on top
enero (m) *e-NE-ro* - January
esclavo (m) *es-KLA-bo* - slave
escolar (adj) *es-ko-LAR* - school, academic
escuela (f) *es-KWE-la* - school
eso (adv) *E-so* - that
español (m) *es-pa-NYOL* - Spanish
estación (f) *e-sta-SION* - season
este (m) *ES-te* - east
estrella (f) *es-TRE-ya* - star
estudiante (m) *es-tu-DIAN-te* - student
evento (m) *e-BEN-to* - event
extra (adj) *ES-tra* - extra
familia (f) *fa-MI-lia* - family
febrero (m) *fe-BRE-ro* - February
festival (m) *fes-ti-BAL* - festival
fiesta (f) *FIES-ta* - party
fin (m) *FIN* - end
frijol (m) *fri-HOL* - bean
frío/a (adj) *FRI-o/a* - cold
fuerza (f) *FWER-sa* - force
general (m) *he-ne-RAL* - general
gran (adj) *GRAN* - great
grito (m) *GRI-to* - cry
Grito de Dolores (m) *GRI-to de do-LO-res* - Cry of Dolores
guerra (f) *GE-rra* - war
guisante (m) *gi-SAN-te* - pea

Hanukah (m) *HA-nu-ka* - Hanukkah, the festival of lights
hasta (prep) *AS-ta* - until
hebreo (m) *e-BREO* - Hebrew
hemisferio (m) *e-mis-FE-rio* - hemisphere
hispanidad (f) *is-pa-ni-DAD* - Spanishness
hispano/a (adj) *is-PA-no/a* - Hispanic
horizontal (adj) *o-ri-son-TAL* - horizontal
hoy día (phrase) *OY DI-a* - nowadays
idea (f) *i-DEA* - idea
independencia (f) *in-de-pen-DEN-sia* - independence
inglés (m) *in-GLES* - English
internacional (adj) *in-ter-na-sio-NAL* - international
invierno (m) *im-BIER-no* - winter
judío/a (adj) *hu-DI-o/a* - Jewish
juliano/a (adj) *hu-LIA-no/a* - Julian
julio (m) *HU-lio* - July
Julio César (m) *HU-lio SE-sar* - Julius Caesar
junio (m) *HU-nio* - June
Kwanzaa (m) *KWAN-sa* - Kwanzaa, first fruits
lago (m) *LA-go* - lake
largo/a (adj) *LAR-go/a* - long
latinoamericano/a (adj) *la-ti-no-a-me-ri-KA-no/a* - Latin American
libro (m) *LI-bro* - book
libro de contabilidad (phrase) *LI-bro de kon-ta-bi-li-DAD* - account book
llamado/a (adj) *ya-MA-do/a* - called
lluvia (f) *YU-bia* - rain
Marti Gras (m) *MAR-ti GRA* - Mardi Gras
margarita (f) *mar-ga-RI-ta* - margarita
marzo (m) *MAR-so* - March
mayo (m) *MA-yo* - May
mes (m) *MES* - month
mundial (adj) *mun-DIAL* - world
muñeca (f) *mu-NYE-ka* - doll
nacional (adj) *na-sio-NAL* - national
naval (adj) *na-BAL* - naval
Navidad (f) *na-bi-DAD* - Christmas
necesario/a (adj) *ne-se-SA-rio/a* - necessary
negocio (m) *ne-GO-sio* - business
niña (f) *NI-nya* - girl
niño (m) *NI-nyo* - boy
Niño Jesus (m) *ni-NYO he-SUS* - Baby Jesus
noche (f) *NO-che* - night
Noche Buena (f) *NO-che BWE-na* - Christmas Eve

novio (m) *NO-bio* - sweetheart
normalmente (adv) *nor-mal-MEN-te* - normally
norte (m) *NOR-te* - north
noveno/a (adj) *no-BE-no/a* - ninth
noviembre (m) *no-BIEM-bre* - November
octavo/a (adj) *ok-TA-bo/a* - eighth
octubre (m) *ok-TU-bre* - October
oeste (m) *o-ES-te* - west
onceavo/a (adj) *on-se-A-bo/a* - eleventh
otoño (m) *o-TO-nyo* - fall, autumn
otro/a (adj) *O-tro/a* - other
padre (m) *PA-dre* - father
Padre Miguel Hidalgo (m) *PA-dre mi-GEL i-DAL-go* - Father Miguel Hidalgo
país (m) *pa-IS* - country
palabra (f) *pa-LA-bra* - word
palacio (m) *pa-LA-sio* - palace
Palacio Nacional (m) *pa-LA-sio na-sio-NAL* - National Palace
palo (m) *PA-lo* - pole
papa (f) *PA-pa* - potato
parte (f) *PAR-te* - part
panadería (f) *pa-na-de-RI-a* - bakery
papel (m) *pa-PEL* - paper
pastel (m) *pas-TEL* - cake
pavo (m) *PA-bo* - turkey
pay (m) *PAI* - pie
pay de calabaza (phrase) *PAI de ka-la-BA-sa* - pumpkin pie
pequeño/a (adj) *pe-KE-nyo/a* - little, small
persona (f) *per-SO-na* - person
pico (m) *PI-ko* - beak
poema (f) *po-E-ma* - poem
popular (adj) *po-pu-LAR* - folk, popular
por término medio (phrase) *POR TER-mi-no ME-dio* - on average
postre (m) *POS-tre* - dessert
presidente (m) *pre-si-DEN-te* - president
primario/a (adj) *pri-MA-rio/a* - primary
primavera (f) *pri-ma-BE-ra* - spring
Primera Guerra Mundial (f) *pri-ME-ra GE-rra mun-DIAL* - World War I
próximo/a (adj) *PROK-si-mo/a* - next
pueblo (m) *PWE-blo* - village
puesta del sol (f) *PWES-ta del SOL* - sunset
¡Qué pena! (phrase) *KE PE-na* - How embarrassing!
querido (m) *ke-RI-do* - dear
quinto/a (adj) *KIN-to/a* - fifth

raya (f) *RRA-ya* - stripe
raza (f) *RRA-sa* - race
regalo (m) *rre-GA-lo* - present, gift
reina (f) *RREI-na* - queen
respeto (m) *rres-PE-to* - respect
rey (m) *RREI* - king
roca (f) *RRO-ka* - rock
romano/a (adj) *rro-MA-no/a* - Roman
rosa (f) *RRO-sa* - rose
Rosca de los Reyes (f) *RROS-ka de los RREI-es* - King's Wreath
San Patricio (m) *SAN pa-TRI-sio* - Saint Patrick
Santa Trinidad (f) *SAN-ta tri-ni-DAD* - Holy Trinity
se (pro) *SE* - you (object formal)
secundario/a (adj) *se-kun-DA-rio/a* - secondary
según (prep) *se-GUN* - according to
septiembre (m) *sep-TIEM-bre* - September
séptimo/a (adj) *SEP-ti-mo/a* - seventh
serpiente (f) *ser-PIEN-te* - snake
sexto/a (adj) *SES-to/a* - sixth
siguiente (adj) *si-GIEN-te* - next, following
sin (prep) *SIN* - without
sirviente (m) *sir-BIEN-te* - servant
sobre (prep) *SO-bre* - over
solo/a (adj) *SO-lo/a* - alone
sólo (adv) *SO-lo* - only
sur (m) *SUR* - south
swahili (m) *swa-HI-li* - Swahili
tarjeta (f) *tar-HE-ta* - card
te (pro) *TE* - you (object informal)
temprano (adv) *tem-PRA-no* - early
tercer/a (adj) *ter-SER/SE-ra* - third
ti (pro) *TI* - you (informal)
tía abuela (f) *TI-a a-BWE-la* - great aunt
tiempo (m) *TIEM-po* - time, era
tienda (f) *TIEN-da* - store, shop
tinta (f) *TIN-ta* - ink
tío abuelo (m) *TI-o a-BWE-lo* - great uncle
todo/a (adj) *TO-do/a* - all
trabajo (m) *tra-BA-ho* - labor, work
tradición (f) *tra-di-SION* - tradicion
tradicional (adj) *tra-di-SIO-nal* - traditional
tradicionalmente (adv) *tra-di-sio-nal-MEN-te* - traditionally
valentín (m) *ba-len-TIN* - valentine

vegetal (m) *be-he-TAL* - vegetable
verano (m) *be-RA-no* - summer
veterano (m) *be-te-RA-no* - veteran
vez (f) *BES* - time
victoria (f) *bik-TO-ria* - victory
Viernes Negro (m) *BIER-nes NE-gro* - Black Friday
Viva México (phrase) *BI-ba ME-hi-ko* - Long live Mexico!

Chapter 4 – Family – Lesson 1

YOUR FAMILY TREE

Sometimes it is fun to make a family tree. It shows the people who compose your unique family and their stories. It is also an invaluable family history.

- ¿Dónde nacieron los miembros de su familia?
  (Where were your family members born?)
  DON-de na-SIE-ron los MIEM-bros de su fa-MI-lia

- Mi padre nació en Minnesota.
  (My father was born in Minnesota.)
  mi PA-dre na-SIO en mi-ne-SO-ta

- Mi madre nació en Dakota del Norte.
  (My mother was born in North Dakota.)
  mi MA-dre na-SIO en da-KO-ta del NOR-te

Example:

¿De dónde es su familia?

Mi familia es de Minnesota.

Tell your partner where your parents were born. Ask where his or her parents were born.

SOME BRANCHES OF THE FAMILY TREE

You can begin your family tree with yourself, your parents and your grandparents.

-- El padre de su padre es su abuelo paterno.
(Your father's father is your paternal grandfather.)
*el **PA**-dre de su **PA**-dre **ES** su a-**BWE**-lo pa-**TER**-no*

-- La madre de su padre es su abuela paterna.
(Your father's mother is your paternal grandmother.)
*la **MA**-dre de su **PA**-dre **ES** su a-**BWE**-la pa-**TER**-na*

-- El padre de su madre es su abuelo materno.
(Your mother's father is your maternal grandfather.)
*el **PA**-dre de su **MA**-dre **ES** su a-**BWE**-lo ma-**TER**-no*

-- La madre de su madre es su abuela materna.
(Your mother's mother is your maternal grandmother.)
*la **MA**-dre de su **MA**-dre **ES** su a-**BWE**-la ma-**TER**-na*

Example:
¿Cómo se llaman sus abuelos?

Mi abuelo paterno se llama Francisco y mi abuelo materno se llama Simón.

Tell your partner the names of your paternal grandfather and grandmother. Ask for the names of his or her maternal grandfather and grandmother.

MORE BRANCHES OF THE FAMILY TREE

You can add your great-grandparents.

-- El padre de su abuelo paterno es su bisabuelo paterno.
(Your paternal grandfather's father is your paternal great-grandfather.)
*el **PA**-dre de su a-**BWE**-lo pa-**TER**-no **ES** su bis-a-**BWE**-lo pa-**TER**-no*

-- La madre de su abuelo paterno es su bisabuela paterna.
   (Your paternal grandfather's mother is your paternal great-grandmother.)
   la **MA**-dre de su a-**BWE**-lo pa-**TER**-no **ES** su bis-a-**BWE**-la pa-**TER**-na

-- El padre de su abuela materna es su bisabuelo materno.
   (Your maternal grandmother's father is your maternal great-grandfather.)
   el **PA**-dre de su a-**BWE**-la ma-**TER**-na **ES** su bis-a-**BWE**-lo ma-**TER**-no

-- La madre de su abuela materna es su bisabuela materna.
   (Your maternal grandmother's mother is your maternal great-grandmother.)
   la **MA**-dre de su a-**BWE**-la ma-**TER**-na **ES** su bis-a-**BWE**-la ma-**TER**-na

Example:

¿De dónde son sus bisabuelos?

Mis bisabuelos paternos son de Minnesota y mis bisabuelos maternos son de Dakota del Norte.

Tell your partner where your great-grandparents were from. Ask where his or her great-grandparents were from.

THE FAMILY TREE HAS OTHER ROOTS

You may have grandchildren. Their children are your great-grandchildren.

-- El hijo de su hijo o de su hija es su nieto.
   (Your son's or daughter's son is your grandson.)
   el **I**-ho de su **I**-ho/ o de su **I**-ha **ES** su **NIE**-to

-- La hija de su hijo o de su hija es su nieta.
   (Your son's or daughter's daughter is your granddaughter.)
   la **I**-ha de su **I**-ho/ o de su **I**-ha **ES** su **NIE**-ta

-- El hijo de su nieto o de su nieta es su bisnieto.
   (Your grandson's or granddaughter's son is your great-grandson.)
   el **I**-ho de su **NIE**-to/ o de su **NIE**-ta **ES** su bis-**NIE**-to

-- La hija de su nieto o de su nieta es su bisnieta.
   (Your grandson's or granddaughter's daughter is your great-granddaughter.)
   la **I**-ha de su **NIE**-to/ o de su **NIE**-ta **ES** su bis-**NIE**-ta

Example:

¿Cómo se llaman sus nietos?

Mis nietos se llaman Ariel, Jack, Alexsandra y Alberto. No tengo bisnietos.

Tell your partner the names of your grandchildren. Ask for the names of his or her grandchildren.

THE FAMILY TREE HAS MORE ROOTS

Your parents may have brothers and sisters so you may have aunts and uncles. Their children will be your first cousins.

-- El hijo de su tío o de su tía es su primo hermano.
   (You uncle's or aunt's son is your male first cousin.)
   el **I**-ho de su **TI**-o/ o de su **TI**-a **ES** su **PRI**-mo er-**MA**-no

-- La hija de su tío o de su tía es su prima hermana.
   (Your uncle's or aunt's daughter is your female first cousin.)
   la **I**-ha de su **TI**-o/ o de su **TI**-a **ES** su **PRI**-ma er-**MA**-na

-- El hijo de su primo hermano o de su prima hermana es su primo segundo.
   (Your first cousin's son is your male second cousin.)
   el **I**-ho de su **PRI**-mo er-**MA**-no/ o de su **PRI**-ma er-**MA**-na **ES** su **PRI**-mo se-**GUN**-do

-- La hija de su primo hermano o de su prima hermana es su prima segunda.
   (Your first cousin's daughter is your female second cousin.)
   la **I**-ha de su **PRI**-mo er-**MA**-no/ o de su **PRI**-ma er-**MA**-na **ES** su **PRI**-ma se-**GUN**-da

Example:

¿Cómo se llaman sus primos hermanos?

Mis primos hermanos se llaman Diana, Darlene, Katia, Bárbara, Hal y Jaime.

Tell your partner the names of your first cousins. Ask for the names of his or her first cousins.

YOURS, MINE AND OURS

Sometimes a man and woman enter into a marriage with children from previous marriages. They form a new "blended" family.

-- El novio puede ser un padrastro.
   (The groom may be a stepfather.)
   el **NO**-bio **PWE**-de **SER** un pa-**DRAS**-tro

-- La novia puede ser una madrastra.
   (The bride may be a stepmother.)
   La **NO**-bia **PWE**-de **SER** **U**-na ma-**DRAS**-tra

-- El padrastro o la madrastra puede tener un hijastro.
   (The stepfather or the stepmother may have a stepson.)
   el pa-**DRAS**-tro/ o la ma-**DRAS**-tra **PWE**-de te-**NER** un i-**HAS**-tro

-- El padrastro o la madrastra puede tener una hijastra.
   (The stepfather or the stepmother may have a stepdaughter.)
   el pa-**DRAS**-tro/ o la ma-**DRAS**-tra **PWE**-de te-**NER** **U**-na i-**HAS**-tra

Example:

¿Tienes un hijastro o una hijastra?

No, porque no soy una madrastra.

Tell your partner the names of any parents you know in a blended family. Ask your partner to do the same.

The children now have more brothers and sisters.

-- Los nuevos hermanos y hermanas son hermanastros.
  (The new brothers and sisters are stepchildren.)
  los **NWE**-bos er-**MA**-nos/ i er-**MA**-nas **SON** er-ma-**NAS**-tros

-- El nuevo hermano es un hermanastro.
  (The new brother is a stepbrother.)
  el **NWE**-bo er-**MA**-no **ES** un er-ma-**NAS**-tro

-- La nueva hermana es una hermanastra.
  (The new sister is a stepsister.)
  la **NWE**-ba er-**MA**-na **ES** **U**-na er-ma-**NAS**-tra

Example:

¿Tienes un hermanastro o una hermanastra?

No, porque mis padres no son padrastros.

Tell your partner the names of any stepchildren you know. Ask your partner to do the same.

Think back on **Lesson 1** and fill in the names to make a family tree as best you can recall.

```
                    _____      _____
                     (usted)        (su esposo/a)
      ____  ____  ____  ____  ____  ____

____  ____  ____  ____  ____  ____
(sus hijos/as)
____  ____  ____  ____  ____  ____
(los abuelos)
____  ____  ____  ____  ____  ____

____  ____  ____  ____  ____  ____
(los bisabuelos)
```

Chapter 4 – Family– Lesson 2

THE HUMAN BODY

It's easy to name the main parts of the human body: the head, trunk, arms and legs.

-- La cabeza tiene la cara, el cerebro, los oídos y el cuello.
   (The head has the face, brain, ears and neck.)
   la ka-**BE**-sa **TIE**-ne la **KA**-ra/ el se-**RE**-bro/ los o-**I**-dos/ i el **KWE**-yo

-- La cara tiene la frente, las cejas, los ojos, la nariz, las mejillas, la boca y la barbilla.
   (The face has the forehead, eyebrows, eyes, nose, cheeks, mouth and chin.)
   la **KA**-ra **TIE**-ne la **FREN**-te/ las **SE**-has/ los **O**-hos/ la na-**RIS**/ las me-**HI**-yas/ la **BO**-ka/ i la bar-**BI**-ya

-- La boca tiene los labios, los dientes y la lengua.
   (The mouth has the lips, teeth and tongue.)
   la **BO**-ka **TIE**-ne los **LA**-bios/ los **DIEN**-tes/ i la **LEN**-gwa

Example:
¿Cuáles son las partes de la cabeza?

Las partes de la cabeza son la cara, el cerebro, los oídos y el cuello.

Ask your partner to tell you the parts of the face. He or she will ask you the parts of the mouth.

The trunk of the body has the chest, shoulders, abdomen and back.

-- El corazón y los pulmones son órganos que están en el pecho.
   (The heart and the lungs are organs that are in the chest.)
   el ko-ra-**SON**/ i los pul-**MO**-nes **SON OR**-ga-nos **KE** e-**STAN** en el **PE**-cho

-- Los riñones, el hígado, el estómago y los intestinos son órganos que están en el abdómen.
(The kidneys, liver, stomach and intestines are organs that are in the abdomen.)
los rri-**NYO**-nes/ el **I**-ga-do/ el es-**TO**-ma-go/ i los in-tes-**TI**-nos **SON OR**-ga-nos **KE** e-**STAN** en el ab-**DO**-men

-- Los hombros, las costillas, la espalda y las caderas son huesos importantes del cuerpo humano.
(The shoulders, ribs, back and hips are important bones in the human body.)
los **OM**-bros/ las kos-**TI**-yas/ la es-**PAL**-da/ i las ka-**DE**-ras **SON WE**-sos im-por-**TAN**-tes del **KWER**-po u-**MA**-no

Example:

¿Cuáles son los órganos en el pecho?

El corazón y los pulmones son órganos en el pecho.

Ask your partner to tell you the organs of the abdomen. He or she will ask you to name some important bones in the human body.

The upper extremities of the human body are the arms.

-- Los brazos tienen codos, muñecas, manos y dedos.
(The arms have elbows, wrists, hands and fingers.)
los **BRA**-sos **TIE**-nen **KO**-dos/ mu-**NYE**-kas/ **MA**-nos/ i **DE**-dos

-- El "dedo gordo" se llama el pulgar. Los dedos tienen uñas.
(The "fat" finger" is called the thumb. The fingers have fingernails.)
el **DE**-do **GOR**-do **SE YA**-ma el pul-**GAR**/ los **DE**-dos **TIE**-nen **U**-nyas

-- Los brazos tienen muchos músculos.
(The arms have many muscles.)
los **BRA**-sos **TIE**-nen **MU**-chos **MUS**-ku-los

Example:

¿Cómo se llaman "muscles" en español?

Se llaman músculos.

Ask your partner to tell you the parts of the arms. He or she will ask you the word for thumb in Spanish.

The lower extremities of the human body are the legs.

-- Las piernas tienen rodillas, tobillos, pies y dedos del pie.
   (The legs have knees, ankles, feet and toes.)
   las **PIER**-*nas* **TIE**-*nen rro-***DI**-*yas/ to-***BI**-*yos/* **PIES***/ i* **DE**-*dos del* **PIE**

-- Los dedos del pie tienen uñas del pie.
   (The toes have toenails.)
   los **DE**-*dos del* **PIE TIE**-*nen* **U**-*nyas del* **PIE**

-- Las piernas tienen muchos músculos.
   (The legs have many muscles.)
   las **PIER**-*nas* **TIE**-*nen* **MU**-*chos* **MUS**-*ku-los*

Example:
¿Cuáles son las partes de las piernas?

Las partes de las piernas son las rodillas, los tobillos, los pies y los dedos del pie.

Tell your partner that the arms and legs have muscles. He or she will tell you that the hands and feet have fingernails and toenails, too.

Think back on **Lesson 2** and draw a stick figure. Put in all the parts of the body you can remember. Compare it with your partner and fill in the missing parts.

Susan Ann Roemer

HEAD, SHOULDERS, KNEES AND TOES

We can sing this traditional English tune in Spanish.

Cabeza, hombros, rodillas y dedos,
(Head, shoulders, knees and toes)
ka-**BE**-sa/ **OM**-bros/ rro-**DI**-yas/ i **DE**-dos

Rodillas y dedos;
(Knees and toes)
rro-**DI**-yas/ i **DE**-dos

Cabeza, hombros, rodillas y dedos,
(Head, shoulders, knees and toes)
ka-**BE**-sa/ **OM**-bros/ rro-**DI**-yas/ i **DE**-dos

Rodillas y dedos;
(Knees and toes)
rro-**DI**-yas/ i **DE**-dos

Y ojos y oídos y boca y nariz,
(And eyes and ears and mouth and nose)
i **O**-hos/ i o-**I**-dos/ i **BO**-ka/ i na-**RIS**

Cabeza, hombros, rodillas y dedos,
(Head, shoulders, knees and toes)
ka-**BE**-sa/ **OM**-bros/ rro-**DI**-yas/ i **DE**-dos

Rodillas y dedos.
(Knees and toes)
rro-**DI**-yas/ i **DE**-dos

THE HUMAN BODY

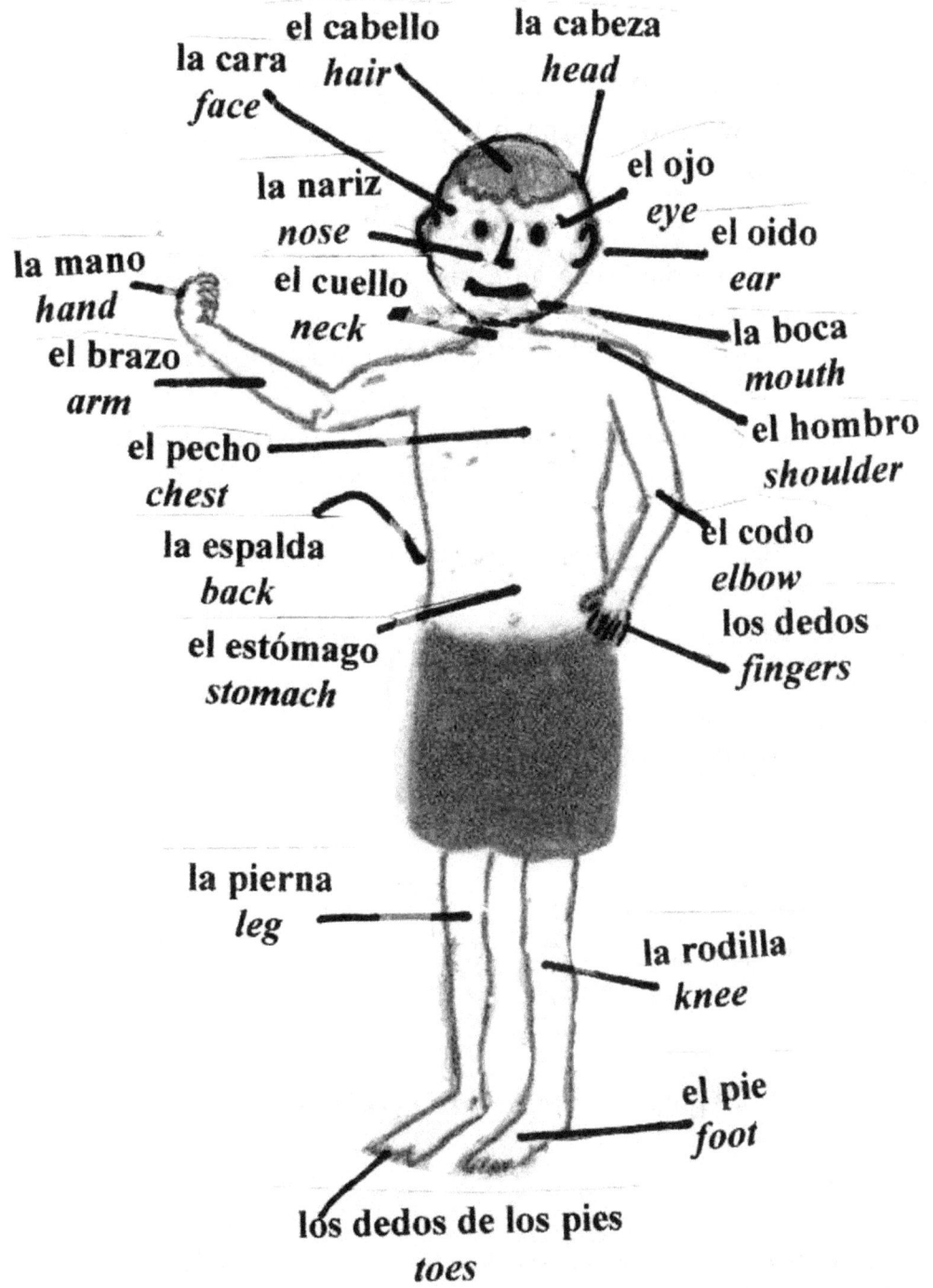

Chapter 4 – Family– Lesson 3

A TYPICAL DAY

You're being interviewed by a lifestyle magazine, "Mi Vida", about your daily routine. They want to compare the weekday and weekend activities of the average adult.

Mi Vida: ¡Buenos días! señorita. Quisiéramos hacerle unas preguntas sobre su rutina diaria. ¿Está bien?
(Good morning, Miss. We would like to ask you some questions about your daily routine. Is that all right?)
BWE-nos **DI**-as/ se-nyo-**RI**-ta/ ki-**SIE**-ra-mos a-**SER**-le **U**-nas pre-**GUN**-tas **SO**-bre su rru-**TI**-na di-**A**-ria/ e-**STA BIEN**

Ud.: Claro que sí, señor. Tome asiento, por favor.
(Of course, Sir. Take a seat, please.)
KLA-ro **KE SI**/ se-**NYOR**/ **TO**-me a-**SIEN**-to **POR** fa-**BOR**

Mi Vida: Gracias, señorita. ¿Empezamos?
(Thank you, Miss. Shall we begin?)
GRA-si-as/ se-nyo-**RI**-ta/ em-pe-**SA**-mos

Ud.: Sí ¿cómo no?
(Sure, why not?)
SI/ **KO**-mo **NO**

Example:

Queremos hacerle unas preguntas sobre su rutina diaria.

Claro que sí, señor.

You are the interviewer who wants to ask your partner some questions about his or her daily routine. He or she says it's OK and asks you to sit down.

FIRST THING IN THE MORNING

How do you start your day?

Mi Vida: ¿Qué es la primera cosa que usted hace por la mañana?
(What is the first thing that you do in the morning?)
KE ES la pri-**ME**-ra **KO**-sa **KE** us-**TED A**-se **POR** la ma-**NYA**-na

Ud.: Me despierto.
(I wake up.)
ME des-**PIER**-to

Mi Vida: ¿Cómo se despierta usted?
(How do you wake up?)
KO-mo **SE** des-**PIER**-ta us-**TED**

Ud.: Me despierto con mi despertador.
(I wake up with my alarm clock.)
ME des-**PIER**-to **KON** mi des-per-ta-**DOR**

Mi Vida: ¿Se despierta usted con el despertador los fines de semana o solamente entre semana?
(Do you wake up with the alarm clock on weekends or only during the week?)
SE des-**PIER**-ta us-**TED KON** el des-per-ta-**DOR** los **FI**-nes de se-**MA**-na/ o so-la-**MEN**-te **EN**-tre se-**MA**-na

Ud.: Solamente entre semana.
(Only during the week.)
so-la-**MEN**-te **EN**-tre se-**MA**-na

Mi Vida: ¿A qué hora se despierta usted entre semana?
(At what time do you wake up during the week?)
a **KE O**-ra **SE** des-**PIER**-ta us-**TED EN**-tre se-**MA**-na

Ud.: Me despierto a las seis de la mañana entre semana.
(I wake up at 6 a.m. during the week.)
ME des-**PIER**-to a las **SEIS** de la ma-**NYA**-na **EN**-tre se-**MA**-na

Mi Vida:	¿A qué hora se despierta los fines de semana? *(At what time do you wake up on weekends?)* a **KE O**-ra **SE** des-**PIER**-ta los **FI**-nes de se-**MA**-na
Ud.:	Me despierto a las diez de la mañana los fines de semana. *(I wake up at 10 a.m. on weekends.)* **ME** des-**PIER**-to a las **DIES** de la ma-**NYA**-na los **FI**-nes de se-**MA**-na

Example:

¿Se despierta usted con el despertador los fines de semana o solamente entre semana?

Solamente entre semana.

Find out if your partner uses an alarm clock to wake up during the week. He or she will ask you the same thing.

YOU'RE AWAKE NOW!

Whether it was that loud alarm clock that got you up or that alarm on your cell phone that sounds like a raging rooster, you're finally awake.

Mi Vida:	¿Qué hace usted después de despertarse? *(What do you do after you wake up?)* **KE A**-se us-**TED** des-**PWES** de des-per-**TAR**-se
Ud.:	Me levanto y me cepillo los dientes. *(I get up and I brush my teeth.)* **ME** le-**BAN**-to/ i **ME** se-**PI**-yo los **DIEN**-tes
Mi Vida:	¿Se ducha o se baña en la tina? *(Do you take a shower or do you take a tub bath?)* **SE DU**-cha/ o **SE BA**-nya en la **TI**-na

| Ud.: | Me ducho. También me lavo el pelo con champú y me afeito las piernas.
(I take a shower. I also wash my hair with shampoo, and I shave my legs.)
ME DU-cho/ tam-**BIEN ME LA**-bo el **PE**-lo **KON** cham-**PU**/ i **ME** a-**FEI**-to las **PIER**-nas |

| Mi Vida: | ¿También se lava el pelo y se afeita las piernas los fines de semana?
(Do you also wash your hair and shave your legs on weekends?)
tam-**BIEN SE LA**-ba el **PE**-lo/ i **SE** a-**FEI**-ta las **PIER**-nas los **FI**-nes de se-**MA**-na |

| Ud.: | No. Los fines de semana voy directamente a la cocina. Me siento en la mesa para desayunar porque ya es tarde y tengo mucha hambre.
(No. On weekends I go directly to the kitchen. I sit down at the table to have breakfast because it is already late, and I am very hungry.)
NO/ los **FI**-nes de se-**MA**-na **BOY** di-rek-ta-**MEN**-te a la ko-**SI**-na/ **ME SIEN**-to en la **ME**-sa **PA**-ra de-sa-yu-**NAR** por-**KE YA ES TAR**-de/ i **TEN**-go **MU**-cha **AM**-bre |

| Mi Vida: | ¿Se seca el pelo con una secadora de pelo o con una toalla?
(Do you dry your hair with a hair dryer or with a towel?)
SE SE-ka el **PE**-lo **KON U**-na se-ka-**DO**-ra de **PE**-lo/ o **KON U**-na to-**A**-ya |

| Ud.: | Siempre me seco el pelo con una secadora de pelo y después me peino.
(I always dry my hair with a hair dryer, and then I comb my hair.)
SIEM-pre **ME SE**-ko el **PE**-lo **KON U**-na se-ka-**DO**-ra de **PE**-lo/ i des-**PWES ME PEI**-no |

Example:

¿Se ducha o se baño en la tina?

Me ducho. También me lavo el pelo con champú y me afeito las piernas.

Find out if your partner takes a bath or showers and washes his or her hair at the same time. A lady may or may not shave her legs (<u>afeitarse</u> <u>las</u> <u>piernas</u>) whereas a gentlemen may or may not shave his face (<u>afeitarse</u> <u>la</u> <u>cara</u>) in the bath or shower.

DRESSY OR CASUAL?

We generally spend more time getting ready when we're going to work or to a meeting during the week. On weekends we might throw on a pair of jeans and a T-shirt.

Mi Vida: ¿Cuánto tiempo necesita usted para vestirse entre semana?
(How long do you need to get dressed during the week?)
KWAN-to **TIEM**-po ne-se-**SI**-ta us-**TED PA**-ra bes-**TIR**-se **EN**-tre se-**MA**-na

Ud.: Me visto en quince minutos más o menos.
(I get dressed in 15 minutes more or less.)
ME BIS-to en **KIN**-se mi-**NU**-tos **MAS**/ o **ME**-nos

Mi Vida: ¿Y los fines de semana?
(And on weekends?)
i los **FI**-nes de se-**MA**-na

Ud.: Me visto en cinco minutos.
(I get dressed in 5 minutes.)
ME BIS-to en **SIN**-ko mi-**NU**-tos

Mi Vida: ¿Se mira en el espejo antes de salir?
(Do you look at yourself in the mirror before leaving?)
SE MI-ra en el es-**PE**-ho **AN**-tes de sa-**LIR**

Ud.: Entre semana ¡sí! me miro en el espejo, pero los fines de semana ¡no! no me miro en el espejo para nada.
(During the week yes! I look at myself in the mirror, but on weekends no! I don't look at myself in the mirror at all.)
EN-tre se-**MA**-na/ **SI**/ **ME MI**-ro en el es-**PE**-ho/ **PE**-ro los **FI**-nes de se-**MA**-na/ **NO**/ **NO ME MI**-ro en el es-**PE**-ho **PA**-ra **NA**-da

Example:

¿Se seca el pelo con la secadora de pelo o con una toalla?

Siempre me seco el pelo con la secadora de pelo.

Find out how long your partner takes to get dressed during the week and on weekends. You might also ask if he or she looks in the mirror before leaving the house.

GOOD NIGHT, SWEET DREAMS!

During the week we follow the old adage, "Early to bed, early to rise makes a (wo)man healthy, wealthy and wise," but on the weekend anything goes!

Mi Vida: ¿A qué hora se acuesta entre semana?
(At what time do you go to bed during the week?)
a **KE O**-ra **SE** a-**KWES**-ta **EN**-tre se-**MA**-na

Ud.: Entre semana me acuesto más o menos a las nueve de la noche.
(During the week I go to bed more or less at 9 p.m.)
EN-tre se-**MA**-na **ME** a-**KWES**-to **MAS**/ o **ME**-nos a las **NWE**-be de la **NO**-che

Mi Vida: ¿Y los fines de semana?
(And on weekends?)
i los **FI**-nes de se-**MA**-na

Ud.: No sé. Depende de mis actividades.
(I don't know. It depends on my activities.)
NO SE/ de-**PEN**-de de mis ak-ti-bi-**DA**-des

Mi Vida: ¿Quiere decir que se duerme más horas entre semana que los fines de semana?
(Does that mean that you sleep more hours during the week than on weekends?)
KIE-re de-**SIR KE SE DWER**-me **MAS O**-ras **EN**-tre se-**MA**-na **KE** los **FI**-nes de se-**MA**-na

Ud.:	Así es. *(That's right.)* a-**SI ES**
Mi Vida:	Bueno, señorita, muchas gracias por la entrevista. ¡Buenas tardes! *(Well, Miss, thank you very much for the interview. Good afternoon!)* **BWE**-no/ se-nyo-**RI**-ta/ **MU**-chas **GRA**-si-as **POR** la en-tre-**BIS**-ta/ **BWE**-nas **TAR**-des
Ud.:	De nada, señor. ¡Buenas tardes! *(You are welcome, Sir. Good afternoon!)* de **NA**-da se-**NYOR**/ **BWE**-nas **TAR**-des

Example:

Se duerme más horas entre semana que los fines de semana.

Así es.

Find out what time your partner goes to bed during the week. Ask him or her if it is different from the time he or she goes to bed on weekends.

Think back on **lesson 3** of this chapter. Imagine you are a newspaper reporter doing an interview about your partner who is a rich and famous celebrity. Ask your partner questions about his or her daily routine during the week and on the weekends. He or she will need to give you lots of information for your article.

THE REFLEXIVE VERBS

A reflexive verb is a verb in which the action reflects back on the subject. The infinitives of reflexive verbs have the reflexive pronoun **SE** attached to them. In conversation or writing the pronoun is placed in front of the verb and agrees with the subject in person and number.

ACOSTARSE *(to lie oneself down) a-kos-TAR-se*

yo (I) YO	me acuesto (I lie down) ME a-KWES-to
tú (You to family and friends) TU	te acuestas (You lie down) TE a-KWES-tas
él, ella, usted (He, she, you to acquaintances) EL/ E-ya/ u-STED	se acuesta (He lies down, she lies down, you lie down) SE a-KWES-ta
nosotros/nosotras (We masculine or mixed gender, We feminine) no-SO-tros/ no-SO-tras	nos acostamos (We lie down) NOS a-kos-TA-mos
ellos, ellas, ustedes (They masculine or mixed gender, they feminine, You plural to family, friends and acquaintances) E-yos/ E-yas/ u-STE-des	se acuestan (They lie down) (You lie down) SE a-KWES-tan

Me acuesto *a las diez de la noche entre semana.*
Te acuestas *muy tarde los fines de semana.*
Se acuesta *cuando está cansado.*
Nos acostamos *temprano cuando estamos enfermos.*
Se acuestan *en su nueva cama de matrimonio extra grande.*

Complete the following sentences using each of the forms of the verb **ACOSTARSE**. Be ready to tell them to the class when it's your turn.

Me acuesto _____
Te acuestas _____
Se acuesta _____
Nos acostamos _____
Se acuestan _____

AFEITARSE *(to shave oneself) a-fei-TAR-se*

yo *(I)* YO	me afeito *(I shave)* ME a-FEI-to
tú *(You to family and friends)* TU	te afeitas *(You shave)* TE a-FEI-tas
él, ella, usted *(He, she, you to acquaintances)* EL/ E-ya/ u-STED	se afeita *(He shaves, she shaves, you shave)* SE a-FEI-ta
nosotros/nosotras *(We masculine or mixed gender,* *We feminine)* no-SO-tros/ no-SO-tras	nos afeitamos *(We shave)* NOS a-fei-TA-mos
ellos, ellas, ustedes *(They masculine or mixed gender,* *They feminine,* *You plural to family, friends and* *acquaintances)* E-yos/ E-yas/ u-STE-des	se afeitan *(They shave)* *(You shave)* SE a-FEI-tan

In the reflexive verb **AFEITARSE** the action reflects back on the subject. However, the verb **AFEITAR** is not reflexive. It may be used in the context of a barbershop "to shave a client" (<u>**afeitar el cliente**</u>).

Me afeito <u>*a las siete de la mañana entre semana.*</u>
Te afeitas <u>*muy tarde los fines de semana.*</u>
Se afeita <u>*porque tiene mucho pelo en la cara.*</u>
Nos afeitamos <u>*antes de salir.*</u>
Se afeitan <u>*cuando se miran en el espejo.*</u>

Complete the following sentences using each of the forms of the verb **AFEITARSE**. Be ready to tell them to the class when it's your turn.

Me afeito _____
Te afeitas _____
Se afeita _____
Nos afeitamos _____
Se afeitan _____

BAÑARSE *(to take a bath, to bathe oneself) ba-NYAR-se*

yo (I) YO	me baño (I take a bath) ME BA-nyo
tú (You to family and friends) TU	te bañas (You take a bath) TE BA-nyas
él, ella, usted (He, she, you to acquaintances) EL/ E-ya/ u-STED	se baña (He takes a bath, she takes a bath, you take a bath) SE BA-nya
nosotros/nosotras (We masculine or mixed gender, We feminine) no-SO-tros/ no-SO-tras	nos bañamos (We take a bath) NOS ba-NYA-mos
ellos, ellas, ustedes (They masculine or mixed gender, They feminine, You plural to family, friends and acquaintances) E-yos/ E-yas/ u-STE-des	se bañan (They take a bath) (You take a bath) SE BA-nyan

In the reflexive verb **BAÑARSE** the action reflects back on the subject. However, the verb **BAÑAR** is not reflexive. It may be used in the context of "to bathe the dog" (**bañar el perro**).

Me baño *a las siete de la mañana entre semana.*
Te bañas *muy tarde los fines de semana.*
Se baña *en la tina.*
Nos bañamos *porque estamos sucios.*
Se bañan *antes de salir.*

Complete the following sentences using each of the forms of the verb **BAÑARSE**. Be ready to tell them to the class when it's your turn.

Me baño _____
Te bañas _____
Se baña _____
Nos bañamos _____
Se bañan _____

CEPILLARSE *(to brush oneself) se-pi-YAR-se*

yo *(I)* YO	me cepillo *(I brush myself)* ME se-PI-yo
tú *(You to family and friends)* TU	te cepillas *(You brush yourself)* TE se-PI-yas
él, ella, usted *(He, she, you to acquaintances)* EL/ E-ya/ u-STED	se cepilla *(He brushes himself, she brushes herself, you brush yourself)* SE se-PI-ya
nosotros/nosotras *(We masculine or mixed gender, We feminine)* no-SO-tros/ no-SO-tras	nos cepillamos *(We brush ourselves)* NOS se-pi-YA-mos
ellos, ellas, ustedes *(They masculine or mixed gender, they feminine, You plural to family, friends and acquaintances)* E-yos/ E-yas/ u-STE-des	se cepillan *(They brush themselves)* *(You brush yourselves.)* SE se-PI-yan

The reflexive verb **CEPILLARSE** may be used either in the context of "to brush one's hair" or "to brush one's teeth". In both cases the action reflects back on the subject. Think of the reflexive pronoun **SE** as referring to "self".

Complete the following sentences using each of the forms of the verb **CEPILLARSE**. Be ready to tell them to the class when it's your turn.

Me cepillo los dientes _____
Te cepillas los dientes _____
Se cepilla los dientes _____
Nos cepillamos los dientes _____
Se cepillan los dientes _____

Me cepillo el pelo _____
Te cepillas el pelo _____
Se cepilla el pelo _____
Nos cepillamos el pelo _____
Se cepillan el pelo _____

DESPERTARSE *(to wake oneself up)* des-per-TAR-se

yo *(I)* YO	me despierto *(I wake up)* ME des-**PIER**-to
tú *(You to family and friends)* TU	te despiertas *(You wake up)* TE des-**PIER**-tas
él, ella, usted *(He, she, you to acquaintances)* EL/ E-ya/ u-**STED**	se despierta *(He wakes up, she wakes up, you wake up)* SE des-**PIER**-ta
nosotros/nosotras *(We masculine or mixed gender, We feminine)* no-**SO**-tros/ no-**SO**-tras	nos despertamos *(We wake up)* NOS des-per-**TA**-mos
ellos, ellas, ustedes *(They masculine or mixed gender, They feminine, You plural to family, friends and acquaintances)* E-yos/ E-yas/ u-**STE**-des	se despiertan *(They wake up)* *(You wake up)* SE des-**PIER**-tan

In the reflexive verb **DESPERTARSE** the action reflects back on the subject. However, the verb **DESPERTAR** is not reflexive. It may be used in the context of "to wake up the child" (**despertar el niño**).

Me despierto <u>muy temprano entre semana.</u>
Te despiertas <u>a las seis de la mañana entre semana.</u>
Se despierta <u>con el despertador entre semana.</u>
Nos despertamos <u>muy tarde los fines de semana.</u>
Se despiertan <u>a las diez de la mañana los fines de semana.</u>

Complete the following sentences using each of the forms of the verb **DESPERTARSE**. Be ready to tell them to the class when it's your turn.

Me despierto _____
Te despiertas _____
Se despierta _____
Nos despertamos _____
Se despiertan _____

DORMIRSE *(to fall asleep)* dor-MIR-*se*

yo *(I)* YO	me duermo *(I fall asleep)* ME DWER-*mo*
tú *(You to family and friends)* TU	te duermes *(You fall asleep)* TE DWER-*mes*
él, ella, usted *(He, she, you to acquaintances)* EL/ E-*ya*/ u-STED	se duerme *(He falls asleep, she falls asleep, you fall asleep)* SE DWER-*me*
nosotros/nosotras *(We masculine or mixed gender, We feminine)* no-SO-*tros*/ no-SO-*tras*	nos dormimos *(We fall asleep)* NOS dor-MI-*mos*
ellos, ellas, ustedes *(They masculine or mixed gender, They feminine, You plural to family, friends and acquaintances)* E-*yos*/ E-*yas*/ u-STE-*des*	se duermen *(They fall asleep)* *(You fall asleep)* SE DWER-*men*

In the reflexive verb **DORMIRSE** the action reflects back on the subject. However, the verb **DORMIR** is not reflexive. It may be used in the context of "to put the baby to sleep" (**dormir el bebé**).

Me duermo <u>toda la noche.</u>
Te duermes <u>en tu cama.</u>
Se duerme <u>en el sofá.</u>
Nos dormimos <u>menos horas entre semana.</u>
Se duermen <u>más horas los fines de semana.</u>

Complete the following sentences using each of the forms of the verb **DORMIRSE**. Be ready to tell them to the class when it's your turn.

Me duermo _____
Te duermes _____
Se duerme _____
Nos dormimos _____
Se duermen _____

DUCHARSE *(to take a shower, to shower oneself)* du-**CHAR**-se

yo (I) YO	me ducho (I shower) ME DU-cho
tú (You to family and friends) TU	te duchas (You shower) TE DU-chas
él, ella, usted (He, she, you to acquaintances) EL/ E-ya/ u-STED	se ducha (He showers, she showers, you shower) SE DU-cha
nosotros/nosotras (We masculine or mixed gender, We feminine) no-**SO**-tros/ no-**SO**-tras	nos duchamos (We shower) NOS du-CHA-mos
ellos, ellas, ustedes (They masculine or mixed gender, They feminine, You plural to family, friends and acquaintances) E-yos/ E-yas/ u-STE-des	se duchan (They shower) (You shower) SE DU-chan

Remember that in a reflexive verb the action reflects back on the subject. Think of the reflexive pronoun **SE** as referring to "self".

Me ducho *cuando me despierto.*
Te duchas *cuando te despiertas.*
Se ducha *cuando se despierta.*
Nos duchamos *cuando nos despertamos.*
Se duchan *cuando se despiertan.*

Complete the following sentences using each of the forms of the verb **DUCHARSE**. Be ready to tell them to the class when it's your turn.

Me ducho _____
Te duchas _____
Se ducha _____
Nos duchamos _____
Se duchan _____

LAVARSE *(to wash oneself) la-BAR-se*

yo (I) YO	me lavo (I wash myself) ME LA-bo
tú (You to family and friends) TU	te lavas (You wash yourself) TE LA-bas
él, ella, usted (He, she, you to acquaintances) EL/ E-ya/ u-STED	se lava (He washes himself, she washes herself, you wash yourself) SE LA-ba
nosotros/nosotras (We masculine or mixed gender, We feminine) no-SO-tros/ no-SO-tras	nos lavamos (We wash ourselves) NOS la-BA-mos
ellos, ellas, ustedes (They masculine or mixed gender, They feminine, You plural to family, friends and acquaintances) E-yos/ E-yas/ u-STE-des	se lavan (They wash themselves) (You wash yourselves) SE LA-ban

The reflexive verb **LAVARSE** may be used in the context of "to wash oneself," but the verb **LAVAR** is not reflexive: "to wash the clothes" or "to wash the dishes." (A clothes washer is <u>una lavadora</u>, and a dishwasher is <u>un lavaplatos</u>.)

Me lavo *cuando me despierto,*
Te lavas *cuando te despiertas.*
Se lava *cuando se despierta.*
Nos lavamos *cuando nos despertamos.*
Se lavan *cuando se despiertan.*

Complete the following sentences using each of the forms of the verb **LAVARSE**. Be ready to tell them to the class when it's your turn.

Me lavo el pelo _____
Te lavas el pelo _____
Se lava el pelo _____
Nos lavamos el pelo _____
Se lavan el pelo _____

LEVANTARSE *(to get onself up) le-ban-TAR-se*

yo (I) YO	me levanto (I get myself up) ME le-BAN-to
tú (You to family and friends) TU	te levantas (You get yourself up) TE le-BAN-tas
él, ella, usted (He, she, you to acquaintances) EL/ E-ya/ u-STED	se levanta (He gets himself up, she gets himself up, you get yourself up) SE le-BAN-ta
nosotros/nosotras (We masculine or mixed gender, We feminine) no-SO-tros/ no-SO-tras	nos levantamos (We get ourselves up) NOS le-ban-TA-mos
ellos, ellas, ustedes (They masculine or mixed gender, They feminine, You plural to family, friends and acquaintances) E-yos/ E-yas/ u-STE-des	se levantan (They get themselves up) (You get yourself up) SE le-BAN-tan

In the reflexive verb **LEVANTARSE** the action reflects back on the subject. However, the verb **LEVANTAR** is not reflexive. It may be used in the context of "to lift weights" (**levantar pesas**).

Me levanto *temprano entre semana.*
Te levantas *a las seis de la mañana entre semana.*
Se levanta *de la cama con mucho trabajo.*
Nos levantamos *tarde los fines de semana.*
Se levantan *a las diez de la mañana los fines de semana.*

Complete the following sentences using each of the forms of the verb **LEVANTARSE**. Be ready to tell them to the class when it's your turn.

Me levanto _____
Te levantas _____
Se levanta _____
Nos levantamos _____
Se levantan _____

MIRARSE *(to look at oneself)* mi-*RAR*-se

yo *(I)* YO	me miro *(I look at myself)* ME *MI*-ro
tú *(You to family and friends)* TU	te miras *(You look at yourself)* TE *MI*-ras
él, ella, usted *(He, she, you to acquaintances)* EL/ E-ya/ u-STED	se mira *(He looks at himself, she looks at herself, you look at yourself)* SE *MI*-ra
nosotros/nosotras *(We masculine or mixed gender, We feminine)* no-*SO*-tros/ no-*SO*-tras	nos miramos *(We look at ourselves)* NOS mi-*RA*-mos
ellos, ellas, ustedes *(They masculine or mixed gender, They feminine, You plural to family, friends and acquaintances)* E-yos/ E-yas/ u-*STE*-des	se miran *(They look at themselves)* *(You look at yourselves)* SE *MI*-ran

In the reflexive verb **MIRARSE** the action reflects back on the subject. However, the verb **MIRAR** is not reflexive. It may be used in the context of "to watch TV" (<u>**mirar** la tele</u>).

Me miro <u>en el espejo cuando me cepillo los dientes.</u>
Te miras <u>en el espejo cuando te cepillas el pelo.</u>
Se mira <u>en el espejo cuando se peina.</u>
Nos miramos <u>en el espejo cuando nos vestimos.</u>
Se miran <u>en el espejo cuando se afeitan.</u>

Complete the following sentences using each of the forms of the verb **MIRARSE**. Be ready to tell them to the class when it's your turn.

Me miro _____
Te miras _____
Se mira _____
Nos miramos _____
Se miran _____

PEINARSE *(to comb one's hair) pei-NAR-se*

yo (I) YO	me peino (I comb my hair) ME PEI-no
tú (You to family and friends) TU	te peinas (You comb your hair) TE PEI-nas
él, ella, usted (He, she, you to acquaintances) EL/ E-ya/ u-STED	se peina (He combs his hair, she combs her hair, you comb your hair) SE PEI-na
nosotros/nosotras (We masculine or mixed gender, We feminine) no-SO-tros/ no-SO-tras	nos peinamos (We comb our hair) NOS pei-NA-mos
ellos, ellas, ustedes (They masculine or mixed gender, They feminine, You plural to family, friends and acquaintances) E-yos/ E-yas/ u-STE-des	se peinan (They comb their hair) (You comb your hair) SE SE-kan

In the reflexive verb **PEINARSE** the action reflects back on the subject. However, the verb **PEINAR** is not reflexive. It may be used in the context of a beauty shop "to comb the hair of a client" (<u>**peinar** la cliente</u>).

Me peino <u>en la mañana.</u>
Te peinas <u>en la tarde.</u>
Se peina <u>en la noche.</u>
Nos peinamos <u>cuando nos levantamos.</u>
Se peinan <u>cuando se miran en el espejo.</u>

Complete the following sentences using each of the forms of the verb **PEINARSE**. Be ready to tell them to the class when it's your turn.

Me peino _____
Te peinas _____
Se peina _____
Nos peinamos _____
Se peinan _____

SECARSE *(to dry oneself) se-KAR-se*

yo *(I)* YO	me seco *(I dry myself)* ME SE-ko
tú *(You to family and friends)* TU	te secas *(You dry yourself)* TE SE-kas
él, ella, usted *(He, she, you to acquaintances)* EL/ E-ya/ u-STED	se seca *(He dries himself, she dries herself, you dry yourself)* SE SE-ka
nosotros/nosotras *(We masculine or mixed gender, We feminine)* no-SO-tros/ no-SO-tras	nos secamos *(We dry ourselves)* NOS se-KA-mos
ellos, ellas, ustedes *(They masculine or mixed gender, They feminine, You plural to family, friends and acquaintances)* E-yos/ E-yas/ u-STE-des	se secan *(They dry themselves)* *(You dry yourselves)* SE SE-kan

In the reflexive verb **SECARSE** the action reflects back on the subject. However, the verb **SECAR** is not reflexive. It may be used in the context of "to dry the clothes". (A clothes dryer is <u>una secadora</u>.)

Me seco <u>después de bañarme.</u>
Te secas <u>después de ducharte.</u>
Se seca <u>con una toalla.</u>
Nos secamos <u>cuando nos bañamos.</u>
Se secan <u>cuando se duchan.</u>

Complete the following sentences using each of the forms of the verb **SECARSE**. Be ready to tell them to the class when it's your turn.

Me seca _____
Te secas _____
Se seca _____
Nos secamos _____
Se secan _____

SENTARSE *(to sit down)* sen-*TAR*-se

yo *(I)* YO	me siento *(I sit down)* ME SIEN-to
tú *(You to family and friends)* TU	te sientas *(You sit down)* TE SIEN-tas
él, ella, usted *(He, she, you to acquaintances)* EL/ E-ya/ u-STED	se sienta *(He sits down, she sits down, you sit down)* SE SIEN-ta
nosotros/nosotras *(We masculine or mixed gender, We feminine)* no-SO-tros/ no-SO-tras	nos sentamos *(We sit down)* NOS sen-TA-mos
ellos, ellas, ustedes *(They masculine or mixed gender, They feminine, You plural to family, friends and acquaintances)* E-yos/ E-yas/ u-STE-des	se sientan *(They sit down)* *(You sit down)* SE SIEN-tan

Remember that in a reflexive verb the action reflects back on the subject. Think of the reflexive pronoun **SE** as referring to "self".

Me siento <u>cómodamente en el sofá.</u>
Te sientas <u>en el banco.</u>
Se sienta <u>en la mesa.</u>
Nos sentamos <u>en las sillas.</u>
Se sientan <u>en el taxi.</u>

Complete the following sentences using each of the forms of the verb **SENTARSE**. Be ready to tell them to the class when it's your turn.

Me siento _____
Te sientas _____
Se sienta _____
Nos sentamos _____
Se sientan _____

VESTIRSE *(to get dressed, to dress oneself) bes-TIR-se*

yo *(I)* YO	me visto *(I get dressed)* ME BIS-to
tú *(You to family and friends)* TU	te vistes *(You get dressed)* TE BIS-tes
él, ella, usted *(He, she, you to acquaintances)* EL/ E-ya/ u-STED	se viste *(He gets dressed, she gets dressed, you get dressed)* SE BIS-te
nosotros/nosotras *(We masculine or mixed gender, We feminine)* no-SO-tros/ no-SO-tras	nos vestimos *(We get dressed)* NOS bes-TI-mos
ellos, ellas, ustedes *(They masculine or mixed gender, They feminine, You plural to family, friends and acquaintances)* E-yos/ E-yas/ u-STE-des	se visten *(They dress themselves)* *(You dress yourselves)* SE BIS-ten

In the reflexive verb **VESTIRSE** the action reflects back on the subject. However, the verb **VESTIR** is not reflexive. It may be used in the context of "to dress the children" (<u>vestir</u> <u>a</u> <u>los</u> <u>niños</u>).

Me visto <u>después de ducharme.</u>
Te vistes <u>después de bañarte.</u>
Se viste <u>para ir a la escuela.</u>
Nos vestimos <u>para ir al trabajo.</u>
Se visten <u>en cinco minutos los fines de semana.</u>

Complete the following sentences using each of the forms of the verb **VESTIRSE**. Be ready to tell them to the class when it's your turn.

Me visto _____
Te vistes_____
Se viste_____
Nos vestimos_____
Se visten_____

Chapter 4 – Family– Lesson 4

FORM FOLLOWS FUNCTION

A principle associated with modern architecture is that the shape of a building or object should be primarily based upon its intended purpose. Let's follow a real estate agent as she demonstrates a model home. Let's see if the form of the house does indeed follow its function.

> Agente: ¡Bienvenidos a la casa! Es una casa grande y elegante.
> (*Welcome to the house. It is a big and elegant house.*)
> biem-be-**NI**-dos a la **KA**-sa/ **ES U**-na **KA**-sa **GRAN**-de/ i e-le-**GAN**-te
>
> Ud.: ¿Cuántos pies cuadrados tiene la casa?
> (*How many square feet does the house have?*)
> **KWAN**-tos **PIES** kwa-**DRA**-dos **TIE**-ne la **KA**-sa
>
> Agente: Tiene aproximadamente dos mil trescientos pies cuadrados.
> (*It has approximately 2,300 square feet.*)
> **TIE**-ne a-prok-si-ma-da-**MEN**-te **DOS MIL** tres-**SIEN**-tos **PIES** kwa-**DRA**-dos
>
> Ud.: ¿De qué estilo es la casa -- italiano, español o español colonial?
> (*What style is the house -- Italian, Spanish or Spanish colonial?*)
> de **KE** es-**TI**-lo **ES** la **KA**-sa/ i-ta-**LIA**-no/ es-pa-**NYOL**/ o es-pa-**NYOL** ko-lo-**NIAL**
>
> Agente: Es estilo español colonial.
> (*It is the Spanish colonial style.*)
> **ES** es-**TI**-lo es-pa-**NYOL** ko-lo-**NIAL**

Example:
¿Cuántos pies cuadrados tiene la casa?

Tiene más o menos tres mil doscientos pies cuadrados.

Discuss your own homes with your partner. Talk about the number of square feet and the architectural style of your home and your partner's home.

THE LIVING ROOM

Many modern homes have a "great room" or large open space where one room flows into the next. This design idea was promoted by the iconic architect Frank Lloyd Wright.

Agente: Esta casa tiene una sala abierta.
(This house has a great room.)
ES-ta **KA**-sa **TIE**-ne **U**-na **SA**-la a-**BIER**-ta

Ud.: Me gusta la sala abierta porque tiene mucho espacio libre.
(I like the great room because it has a lot of free space.)
ME GUS-ta la **SA**-la a-**BIER**-ta por-**KE TIE**-ne **MU**-cho es-**PA**-sio **LI**-bre

Agente: Esta casa tiene mucho espacio donde usted puede divertirse con sus amigos.
(This house has a lot of space where you can enjoy yourself with your friends.)
ES-ta **KA**-sa **TIE**-ne **MU**-cho es-**PA**-sio **DON**-de us-**TED PWE**-de di-ber-**TIR**-se **KON** sus a-**MI**-gos

Ud.: Creo que unas quince personas pueden sentarse en la sala.
(I think about 15 people can sit in the living room.)
KRE-o **KE U**-nas **KIN**-se per-**SO**-nas **PWE**-den sen-**TAR**-se en la **SA**-la

Agente: Creo que sí. La sala también tiene una chimenea a la derecha y un televisor a la izquierda.
(I think so. The living room also has a fireplace to the right and a television set to the left.)
KRE-o **KE SI**/ la **SA**-la tam-**BIEN TIE**-ne **U**-na chi-me-**NEA** a la de-**RE**-cha/ i un te-le-bi-**SOR** a la is-**KIER**-da

Ud.: ¡Perfecto! Yo puedo mirar la televisión mientras mi esposa lee un libro junto a la chimenea.
(Perfect. I can watch television while my wife reads a book by the fireplace.)
per-**FEK**-to/ **YO PWE**-do mi-**RAR** la te-le-bi-**SION MIEN**-tras mi es-**PO**-sa **LEE** un **LI**-bro **HUN**-to a la chi-me-**NEA**

Example:

En esta casa la sala está abierta.

Sí. Tiene mucho espacio libre.

Discuss your and your partner's living rooms. Talk about the open spaces (or the lack of them), fireplaces and television sets.

THE DINING ROOM

Many homeowners who like to host dinner parties want a formal dining room with a dining table and seating for a large group. Others prefer an informal breakfast nook.

Agente: Esta casa tiene un comedor con espacio para una mesa grande y seis, ocho, diez o doce sillas.
(This house has a dining room with space for a large table and 6, 8, 10 or 12 chairs.)
ES-ta **KA**-sa **TIE**-ne un ko-me-**DOR KON** es-**PA**-sio **PA**-ra **U**-na **ME**-sa **GRAN**-de/ i **SEIS**/ **O**-cho/ **DIES**/ o **DO**-se **SI**-yas

Ud.: Me gusta invitar a mis amigos a comer conmigo en casa.
(I like to invite my friends to dinner with me at home.)
ME GUS-ta in-bi-**TAR** a mis a-**MI**-gos a ko-**MER** kon-**MI**-go en **KA**-sa

Agente: Muy bien, señor. Puede hacer una cena elegante en esta casa.
(Very well, Sir. You can do an elegant dinner in this house.)
MWI BIEN/ se-**NYOR**/ **PWE**-de a-**SER U**-na **SE**-na e-le-**GAN**-te en **ES**-ta **KA**-sa

Ud.: Mi familia, mis amigos y yo podemos sentarnos cómodamente en este comedor.
(My family, my friends and I can sit comfortably in this dining room.)
mi fa-**MI**-lia/ mis a-**MI**-gos/ i **YO** po-**DE**-mos sen-**TAR**-nos **KO**-mo-da-men-te en **ES**-te ko-me-**DOR**

Example:

Esta casa tiene un comedor con mucho espacio.

Me gusta invitar a mis amigos a comer conmigo.

Discuss your and your partner's dining rooms. Talk about whether or not you like to invite your friends over for dinner.

THE KITCHEN

The kitchen is the center of the home, the room with all the action. It's not only where food is prepared and cooked, but also where guests are entertained, utensils are stored and family meals may be eaten.

Agente: Esta cocina tiene aparatos muy modernos.
(This kitchen has very modern appliances.)
ES-ta ko-**SI**-na **TIE**-ne a-pa-**RA**-tos **MWI** mo-**DER**-nos

Ud.: Para mi es importante que haya un triángulo en la cocina -- el refrigerador, el fregadero y la estufa deben estar muy cerca.
(It is important to me that there is a triangle in the kitchen – the refrigerator, the sink and the stove should be close to each other.)
PA-ra mi **ES** im-por-**TAN**-te **KE A**-ya un tri-**AN**-gu-lo en la ko-**SI**-na/ el rre-fri-he-ra-**DOR**/ el fre-ga-**DE**-ro/ i la es-**TU**-fa **DE**-ben es-**TAR MWI SER**-ka

Agente: Sí, es cierto. Usted puede fácilmente sacar la comida del refrigerador, lavarla en el fregadero y cocinarla en la estufa.
(Yes, that is true. You can easily take the food out of the refrigerator, wash it in the sink and cook it on the stove.)
SI/ **ES SIER**-to/ us-**TED PWE**-de **FA**-sil-men-te sa-**KAR** la ko-**MI**-da del rre-fri-he-ra-**DOR**/ la-**BAR**-la en el fre-ga-**DE**-ro/ i ko-si-**NAR**-la en la es-**TU**-fa

Ud.: No quiero tomar muchos pasos entre el refrigerador, el fregadero y la estufa.
(I don't want to take a lot of steps between the refrigerator, the sink and the stove.)
NO KIE-ro to-**MAR MU**-chos **PA**-sos **EN**-tre el rre-fri-he-ra-**DOR**/ el fre-ga-**DE**-ro/ i la es-**TU**-fa

Example:

Es importante que exista un triángulo en la cocina.

No quiero tomar muchos pasos entre el refrigerador, el fregadero y la estufa.

Discuss your and your partner's kitchens. Talk about whether or not your kitchens pass the "triangle test". Are the refrigerator, the sink and the stove close to one another?

THE BEDROOMS

The bedroom is often the place we go to relax. It may be a stress-free private sanctuary full of soothing colors, comfortable bedding and plush pillows.

Agente: El dormitorio principal es enorme. Fácilmente hay espacio para una cama de matrimonio extragrande, dos mesillas de noche, un tocador y un banco.
(The master bedroom is enormous. There is easily space for a king-size bed, 2 night stands, a dresser and a bench.)
el dor-mi-**TO**-rio prin-si-**PAL** es e-**NOR**-me/ **FA**-sil-men-te **AI** es-**PA**-sio **PA**-ra **U**-na **KA**-ma de mat-ri-**MO**-nio **ES**-tra **GRAN**-de/ **DOS** me-**SI**-yas de **NO**-che/ un to-ka-**DOR**/ i **UN BAN**-ko

Ud.: Veo que hay un armario para él y otro armario para ella. ¡Qué increíble!
(I see that there is a closet for him and another closet for her. How incredible!)
BEO KE AI un ar-**MA**-rio **PA**-ra **EL**/ i **O**-tro ar-**MA**-rio **PA**-ra **E**-ya/ **KE** in-kre-**I**-ble

Agente: Usted puede despertarse en la mañana y buscar su ropa en su propio armario.
(You can wake up in the morning and look for your clothing in your own closet.)
us-**TED PWE**-de des-per-**TAR**-se en la ma-**NYA**-na/ i bus-**KAR** su **RRO**-pa en su **PRO**-pio ar-**MA**-rio

Ud.: Y mi esposa puede dormir una hora más sin problema.
(And my wife can sleep another hour without any problem.)
*i mi es-**PO**-sa **PWE**-de dor-**MIR** **U**-na **O**-ra **MAS SIN** pro-**BLE**-ma*

Example:

Veo que hay un armario para ella y otro armario para él.

¿Qué increíble!

Discuss your and your partner's master bedrooms. Talk about whether you have a double bed (<u>**cama**</u> <u>**de**</u> <u>**matrimonio**</u>), queen-size bed (<u>**cama**</u> <u>**extra-grande**</u>) or king-size bed (<u>**cama**</u> <u>**de**</u> <u>**matrimonio**</u> <u>**extragrande**</u>). Discuss the other furniture in your bedroom.

THE BATHROOMS

Today homeowners are looking for bathrooms with double bathroom sinks and walk-in showers.

Agente: Esta casa tiene un cuarto de baño muy especial para el dormitorio principal. Hay un baño para él y otro baño para ella.
(This house has a very special bathroom for the master bedroom. There is a bath for him and another bath for her.)
***ES**-ta **KA**-sa **TIE**-ne un **KWAR**-to de **BA**-nyo **MWI** es-pe-**SIAL** **PA**-ra el dor-mi-**TO**-rio prin-si-**PAL**/ **AI** un **BA**-nyo **PA**-ra **EL**/ i **O**-tro **BA**-nyo **PA**-ra **E**-ya*

Ud.: Yo puedo afeitarme la cara en mi lavabo y mi esposa puede afeitarse las piernas en su lavabo.
(I can shave my face in my sink, and my wife can shave her legs in her sink.)
***YO** **PWE**-do a-fei-**TAR**-me la **KA**-ra en mi la-**BA**-bo/ i mi es-**PO**-sa **PWE**-de a-fei-**TAR**-se las **PIER**-nas en su la-**BA**-bo*

Agente: Usted también puede ducharse en su baño mientras su esposa se baña en la tina en el otro baño.
(You can also take a shower in your bath while your wife takes a tub bath in the other bath.)
*us-**TED** tam-**BIEN** **PWE**-de du-**CHAR**-se en su **BA**-nyo **MIEN**-tras su es-**PO**-sa **SE BA**-nya en la **TI**-na en el **O**-tro **BA**-nyo*

Ud.: ¡Buena idea! A mí me gusta cepillarme los dientes cuando me ducho y a mi esposa le gusta cepillarse los dientes en el lavabo.
(Good idea! I like to brush my teeth while I take a shower, and my wife likes to brush her teeth in the sink.)
BWE-na i-**DEA**/ a mi **ME GUS**-ta se-pi-**YAR**-me los **DIEN**-tes **KWAN**-do **ME DU**-cho/ i a mi es-**PO**-sa **LE GUS**-ta se-pi-**YAR**-se los **DIEN**-tes en el la-**BA**-bo

Agente: Cada baño tiene su propio excusado también.
(Each bath has its own toilet, too.)
KA-da **BA**-nyo **TIE**-ne su **PRO**-pio es-ku-**SA**-do/ tam-**BIEN**

Ud.: ¿Dónde puedo firmar los papeles? Quiero comprar una casa exactamente como este modelo.
(Where can I sign the papers? I want to buy a house exactly like this model.)
DON-de **PWE**-do fir-**MAR** los pa-**PE**-les/ **KIE**-ro kom-**PRAR U**-na **KA**-sa ek-sak-ta-**MEN**-te **KO**-mo **ES**-te mo-**DE**-lo

Example:

Esta casa tiene un cuarto de baño muy especial para el dormitorio principal.

Hay un baño para él y otro baño para ella.

Discuss your and your partner's houses. Talk about how many bathrooms you have in the house. Count how many sinks and toilets you have, too. Some people may refer to a toilet as an **inodoro** (toilet) *i-no-**DO**-ro*.

Think back on **lesson 4** of this chapter. Imagine you are a real estate agent giving a tour of a model home to your partner who is a potential buyer. Take him or her through an Italian-style model home and demonstrate all the amenities you can think of. Your partner will have lots of questions for you as you go through the rooms.

Chapter 4 – Family– Lesson 5

"CLEANLINESS IS NEXT TO GODLINESS"

You need to clean your house so you call a Merry Maid to your aid.

Ella: ¡Buenos días, señora! Soy la Criada Contenta y estoy a su servicio.
(Good morning, Madam! I am the Merry Maid, and I am at your service.)
BWE-nos **DI**-as/ se-**NYO**-ra/ **SOY** la kri-**A**-da kon-**TEN**-ta/ i e-**STOY** a su ser-**BI**-sio

Ud.: ¡Buenos días, señorita! Pasa, por favor.
(Good morning, Miss! Come in please.)
BWE-nos **DI**-as/ se-nyo-**RI**-ta/ **PA**-sa/ **POR** fa-**BOR**

Ella: ¿Dónde empiezo?
(Where do I begin?)
DON-de em-**PIE**-so

Ud.: Limpia las ventanas por dentro y por fuera de la casa, por favor. Están muy sucias.
(Clean the windows on the inside and on the outside of the house, please. They are very dirty.)
LIM-pia las ben-**TA**-nas **POR DEN**-tro/ i **POR FWE**-ra/ **POR** fa-**BOR**/ e-**STAN MWI SU**-sias

Ella: Tiene muchas ventanas en la casa, señora. ¿Cuántas son?
(You have a lot of windows in the house, Madam. How many are there?)
TIE-ne **MU**-chas ben-**TA**-nas en la **KA**-sa/ se-**NYO**-ra/ **KWAN**-tas **SON**

Ud.: Creo que son veintiocho ventanas.
(I think there are 28 windows.)
KREO KE SON bein-ti-**O**-cho ben-**TA**-nas

Ella: Entonces necesito una escalera de mano, un rollo de toallitas de papel y limpiador de cristales.
(Then I need a stepladder, a roll of paper towels and glass cleaner.)
en-**TON**-ses ne-se-**SI**-to **U**-na es-ka-**LE**-ra de **MA**-no/ un **RRO**-yo de to-a-**YI**-tas de pa-**PEL**/ i lim-pi-a-**DOR** de kris-**TA**-les

Ud.: Los productos de limpieza están en el garaje.
(The cleaning products are in the garage.)
los pro-**DUK**-tos de lim-**PIE**-sa e-**STAN** en el ga-**RA**-he

Ella: Muy bien. Nos vemos esta noche.
(Very well. See you tonight.)
MWI BIEN/ **NOS BE**-mos **ES**-ta **NO**-che

Example:

Limpia las ventanas por dentro y por fuera de la casa.

Nos vemos esta noche.

You have hired your partner to clean your house. Tell him or her you need all the windows cleaned inside and outside the house. Your partner will ask where to get the necessary cleaning materials and tell you he or she will see you that evening.

Think back on **lesson 5** of this chapter. Imagine this is the first time your partner comes over to visit you at your home. You give him or her a tour of your house, and your partner returns the favor at his or her home.

Chapter 4 – Family– Lesson 6

WHAT'S UP WITH ALL THOSE WEEDS?

We know that weeds are unwanted plants that can quickly take over our yard. The gardener has just arrived, and we need to make sure he understands that first and foremost we need to get rid of those weeds.

Jardinero:	Buenos días, señor. ¿Cómo está usted? *(Good morning, Sir. How are you?)* BWE-nos DI-as/ se-NYOR/ KO-mo e-STA us-TED
Ud.:	Estoy muy bien, Julio, pero mi jardín no está bien. Hay muchas hierbas malas en mi jardín. *(I am fine, Julio, but my yard is not fine. There are many weeds in my yard.)* e-STOY MWI BIEN/ HU-lio/ PE-ro mi har-DIN NO e-STA BIEN/ AI MU-chas YER-bas MA-las en mi har-DIN
Jardinero:	Vamos a ver donde están. *(Let's see where they are.)* BA-mos a BER DON-de e-STAN
Ud.:	No tenemos que mirar muy lejos. Las hierbas malas están por todas partes. Están en el césped y en las rocas. *(We do not have to look around very far. The weeds are everywhere. They are in the grass and in the rocks.)* NO te-NE-mos KE mi-RAR MWI LE-hos/ las YER-bas MA-las e-STAN POR TO-das PAR-tes/ e-STAN en el SES-ped/ i en las RRO-kas

Example:

Hay muchas hierbas malas en mi jardín.

Vamos a ver donde están.

Your partner is the gardener who arrives in the morning. After you greet him you explain that your yard is invaded by weeds. You ask the gardener what you can do about all the weeds.

Ud.:	¿Qué hacemos? *(What do we do?)* **KE** a-**SE**-mos
Jardinero:	Su jardín necesita una herbicida. *(Your yard needs a weed killer.)* su har-**DIN** ne-se-**SI**-ta **U**-na er-bi-**SI**-da
Ud.:	¿Qué es eso? *(What is that?)* **KE ES ESO**
Jardinero:	Una herbicida es un producto químico que usamos para matar las hierbas malas, pero no hace nada al césped. *(A herbicide is a chemical product that we use to kill the weeds, but it does not do anything to the grass.)* **U**-na er-bi-**SI**-da **ES** un pro-**DUK**-to **KI**-mi-ko **KE** u-**SA**-mos **PA**-ra ma-**TAR** las **YER**-bas **MA**-las/ **PE**-ro **NO** A-se **NA**-da al **SES**-ped
Ud.:	¿Hay más cosas que podemos hacer? *(Are there more things that we can do?)* **AI MAS KO**-sas **KE** po-**DE**-mos a-**SER**
Jardinero:	Sí, señor. Debemos recoger lo que cortamos para que no crezcan más hierbas malas. *(Yes, Sir. We should pick up what we cut so no more weeds grow.)* **SI**/ se-**NYOR**/ de-**BE**-mos rre-ko-**HER** el **SES**-ped **KE** kor-**TA**-mos **PA**-ra **KE NO KRES**-kan **MAS YER**-bas **MA**-las
Ud.:	¿Qué puedo hacer yo? *(What can I do?)* **KE PWE**-do a-**SER YO**

| Jardinero: | Usted puede ponerse de rodillas y quitar todas las hierbas malas a mano. Debe remojar la tierra primero para quitarlas fácilmente.
(You can get down on your knees and remove all the weeds by hand. You should moisten the soil first to remove them easily.)
u-**STED PWE**-de po-**NER**-se de rro-**DI**-yas/ i ki-**TAR TO**-das las **YER**-bas **MA**-las a **MA**-no/ **DE**-be rre-mo-**HAR** la **TIE**-rra pri-**ME**-ro **PA**-ra ki-**TAR**-las **FA**-sil-men-te |
|---|---|
| Ud.: | Sí ¿cómo no?
(Sure, why not?)
SI/ **KO**-mo **NO** |

Example:

Usted puede ponerse de rodillas y quitar todas las hierbas malas a mano. Debe remojar la tierra primero para quitarlas fácilmente

Sí ¿cómo no?

Your partner is the gardener who talks to you about cutting the grass short so the sunlight cannot get to the weeds. He or she also says you have to pick up the grass cuttings so the weeds do not spread. You do not especially want to get down on your knees to pull the weeds by hand.

Think back on **lesson 6** of this chapter. You have guests coming over to visit you at your home, so you give the gardener precise instructions to get rid of all those weeds in the yard. Your partner is the gardener who explains what he or she will do.

Chapter 4 -- Word List

a mano (phrase) *a MA-no* - by hand
a su servicio (phrase) *a su ser-BI-sio* - at your service
abuela (f) *a-BWE-la* - grandmother
abuelo (m) *a-BWE-lo* - grandfather
actividad (f) *ak-ti-bi-DAD* - activity
agente (m) *a-HEN-te* - agent
aparato (m) *a-pa-RA-to* - appliance
aproximadamente (adv) *a-prok-si-ma-da-MEN-te* - approximately
armario (m) *ar-MA-rio* - closet
así es (phrase) *a-SI ES* - That's right.
baño (m) *BA-nyo* - bath
barbilla (f) *bar-BI-ya* - chin
bisabuela (f) *bis-a-BWE-la* - great-grandmother
bisabuelo (m) *bis-a-BWE-lo* - great-grandfather
bisnieta (f) *bis-NIE-ta* - great-granddaughter
bisnieto (m) *bis-NIE-to* - great-grandson
brazo (m) *BRA-so* - arm
cabeza (f) *ka-BE-sa* - head
cadera (f) *ka-DE-ra* - hip
cama (f) *KA-ma* - bed
cama extragrande (f) *KA-ma ES-tra GRAN-de* - queen-size bed
cama de matrimonio (f) *KA-ma de ma-tri-MO-nio* - double bed
cama de matrimonio extragrande (f) *KA-ma de ma-tri-MO-nio ES-tra GRAN-de* - king-size bed
cara (f) *KA-ra* - face
ceja (f) *SE-ha* - eyebrow
cerca (adv) *SER-ka* - close, near
cerebro (m) *se-RE-bro* - brain
césped (m) *SES-ped* - grass
chimenea (f) *chi-me-NEA* - fireplace
cierto/a (adj) *SIER-to/a* - true
cocina (f) *ko-SI-na* - kitchen
codo (m) *KO-do* - elbow
comedor (m) *ko-me-DOR* - dining room
¿Cómo no? (phrase) *KO-mo NO* - Why not?
cómodamente (adv) *KO-mo-da-men-te* - comfortably

conmigo (pro) *kon-MI-go* - with me
corazón (m) *ko-ra-SON* - heart
costilla (f) *kos-TI-ya* - rib
Criada Contenta (f) *kri-A-da kon-TEN-ta* - Merry Maid
cuarto de baño (m) *KWAR-to de BA-nyo* - bathroom
cuello (m) *KWE-yo* - neck
cuerpo humano (m) *KWER-po u-MA-no* - human body
dedo (m) *DE-do* - finger
dedo del pie (m) *DE-do del PIE* - toe
despertador (m) *des-per-ta-DOR* - alarm clock
diario/a (adj) *di-A-rio/a* - daily
directamente (adv) *di-rek-ta-MEN-te* - directly
dormitorio (m) *dor-mi-TO-rio* - bedroom
dormitorio principal (m) *dor-mi-TO-rio prin-si-PAL* - master bedroom
elegante (adj) *e-le-GAN-te* - elegant
en casa (phrase) *EN KA-sa* - at home
enorme (adj) *e-NOR-me* - enormous
entre semana (phrase) *EN-tre se-MA-na* - during the week
entrevista (f) *en-tre-BIS-ta* - interview
escalera de mano (f) *es-ka-LE-ra de MA-no* - stepladder
espacio (m) *es-PA-sio* - space
espacio libre (m) *es-PA-sio LI-bre* - free space
espalda (f) *es-PAL-da* - back
español/a (adj) *es-pa-NYOL/NYO-la* - Spanish
español colonial (adj) *es-pa-NYOL ko-lo-NIAL* - Spanish colonial
espejo (m) *es-PE-ho* - mirror
esposa (f) *es-PO-sa* - wife
esposo (m) *es-PO-so* - husband
estilo (m) *es-TI-lo* - style
estómago (m) *es-TO-ma-go* - stomach
estufa (f) *es-TU-fa* - stove
exactamente (adv) *ek-sak-ta-MEN-te* - exactly
excusado (m) *es-ku-SA-do* - toilet
fácilmente (adv) *FA-sil-men-te* - easily
fin de semana (phrase) *FIN de se-MA-na* - weekend
fregadero (m) *fre-ga-DE-ro* - kitchen sink
frente (f) *FREN-te* - forehead
garaje (m) *ga-RA-he* - garage
hambre (f) *AM-bre* - hunger
herbicida (f) *er-bi-SI-da* - weed killer

hermana (f) *er-MA-na* - sister
hermanastra (f) *er-ma-NAS-tra* - stepsister
hermanastro (m) *er-ma-NAS-tro* - stepbrother
hermano (m) *er-MA-no* - brother
hierba mala (f) *YER-ba MA-la* - weed
higado (m) *I-ga-do* - liver
hija (f) *I-ha* - daughter
hijastra (f) *i-HAS-tra* - stepdaughter
hijastro (m) *i-HAS-tro* - stepson
hijo (m) *I-ho* - son
hombro (m) *OM-bro* - shoulder
hueso (m) *WE-so* - bone
increíble (adj) *in-kre-I-ble* - incredible
inodoro (m) *i-no-DO-ro* - toilet
intestino (m) *in-tes-TI-no* - intestine
italiano/a (adj) *i-ta-LIA-no/a* - Italian
jardín (m) *har-DIN* - yard
jardinero (m) *har-di-NE-ro* - gardener
junto/a (adj) *HUN-to/a* - by
labio (m) *LA-bio* - lip
lavabo (m) *la-BA-bo* - sink
lejos (adv) *LE-hos* - far
lengua (f) *LEN-gwa* - tongue
limpiador de cristales (m) *lim-pi-a-DOR de kris-TA-les* - glass cleaner
limpieza (f) *lim-PIE-sa* - cleaning
madrastra (f) *ma-DRAS-tra* - stepmother
madre (f) *MA-dre* - mother
mano (f) *MA-no* - hand
más o menos (phrase) *MAS o ME-nos* - more or less
materno/a (adj) *ma-TER-no/a* - maternal
mejilla (f) *me-HI-ya* - cheek
mesa (f) *ME-sa* - table
mesilla de noche (f) *me-SI-ya de NO-che* - night stand
mi vida (phrase) *MI BI-da* - my life
miembro (m) *MIEM-bro* - member
mientras (adv) *MIEN-tras* - while
minuto (m) *mi-NU-to* - minute
modelo (m) *mo-DE-lo* - model
moderno/a (adj) *mo-DER-no/a* - modern
muñeca (f) *mu-NYE-ka* - doll, elbow

músculo (m) *MUS-ku-lo* - muscle
nariz (f) *na-RIS* - nose
nieta (f) *NIE-ta* - granddaughter
nieto (m) *NIE-to* - grandson
novia (f) *NO-bia* - sweetheart, bride
novio (m) *NO-bio* - sweetheart, groom
oído (m) *o-I-do* - ear
ojo (m) *O-ho* - eye
órgano (m) *OR-ga-no* - organ
padrastro (m) *pa-DRAS-tro* - stepfather
padre (m) *PA-dre* - father
para nada (phrase) *PA-ra NA-da* - not at all
paso (m) *PA-so* - step
paterno/a (adj) *pa-TER-no/a* - paternal
pecho (m) *PE-cho* - chest
pelo (m) *PE-lo* - hair
pie (m) *PIE* - foot
pierna (f) *PIER-na* - leg
pies cuadrados (m) *PIES kwa-DRA-dos* - square feet
por dentro (phrase) *POR DEN-tro* - on the inside
por fuera (phrase) *POR FWE-ra* - on the outside
por todas partes (phrase) *POR TO-das PAR-tes* - everywhere
pregunta (f) *pre-GUN-ta* - question
prima hermana (f) *PRI-ma er-MA-na* - female first cousin
prima segunda (f) *PRI-ma se-GUN-da* - female second cousin
primo hermano (m) *PRI-mo er-MA-no* - male first cousin
primo segundo (m) *PRI-mo se-GUN-do* - male second cousin
producto (m) *pro-DUK-to* - product
producto químico (m) *pro-DUK-to KI-mi-ko* - chemical product
propio/a (adj) *PRO-pio/a* - own
pulgar (m) *pul-GAR* - thumb
pulmón (m) *pul-MON* - lung
refrigerador (m) *rre-fri-he-ra-DOR* - refrigerator
riñón (m) *rri-NYON* - kidney
rodilla (f) *rro-DI-ya* - knee
ropa (f) *RRO-pa* - clothing
rutina (f) *rru-TI-na* - routine
sala (f) *SA-la* - living room
sala abierta (f) *SA-la a-BIER-ta* - great room
secadora de pelo (f) *se-ka-DO-ra de PE-lo* - hair dryer

silla (f) *SI-ya* - chair
sin problema (phrase) *SIN pro-BLE-ma* - without any problem
sol (m) *SOL* - sun
sucio/a (adj) *SU-sio/a* - dirty
tarde (adv) *TAR-de* - late
televisión (f) *te-le-bi-SION* - television
televisor (m) *te-le-bi-SOR* - televisión set
tía (f) *TI-a* - aunt
tierra (f) *TIE-rra* - soil
tina (f) *TI-na* - bathtub
tío (m) *TI-o* - uncle
toallita de papel (f) *to-a-YI-ta de pa-PEL* - paper towel
tobillo (m) *to-BI-yo* - ankle
tocador (m) *to-ka-DOR* - dresser
triángulo (m) *tri-AN-gu-lo* - triangle
uña (f) *U-nya* - fingernail
uña del pie (f) *U-nya del PIE* - toenail
ventana (f) *ben-TA-na* - window
vida (f) *BI-da* - life

Chapter 5 – Dining Out – Lesson 1

LET'S MAKE A RESERVATION

Your Spanish class has gone out to lunch before, and this time you're in charge of making the reservation at a Spanish-speaking restaurant.

Recepcionista: [por teléfono]	Bueno. Es el restaurante "Delicioso". ¿En qué puedo servirle? *(Hello. This is the "Delicious" restaurant. What can I do for you?)* **BWE**-no/ es el rres-tau-**RAN**-te de-li-**SIO**-so/ en **KE PWE**-do ser-**BIR**-le
Ud.:	Quisiera hacer una reservación para veinte personas para mañana a las doce y media de la tarde, por favor. *(I would like to make a reservation for 20 people for tomorrow at 12:30 p.m., please.)* ki-**SIE**-ra a-**SER U**-na rre-ser-ba-**SION PA**-ra **BEIN**-te per-**SO**-nas **PA**-ra ma-**NYA**-na a las **DO**-se/ i **ME**-dia/ **POR** fa-**BOR**
Recepcionista:	¡Claro que sí! Tenemos una mesa grande en nuestra sala de conferencias. ¿Está bien? *(Of course! We have a big table in our conference room. Is that OK?)* **KLA**-ro **KE SI**/ te-**NE**-mos **U**-na **ME**-sa **GRAN**-de en **NWES**-tra **SA**-la de kon-fe-**REN**-sias/ e-**STA BIEN**
Ud.:	¡Excelente! También necesitamos un mesero o una mesera que habla el español, por favor. Somos una clase de español y queremos practicar lo que estamos aprendiendo. *(Excellent! We also need a waiter or waitress who speaks Spanish, please. We are a Spanish class, and we want to practice what we are learning.)* e-se-**LEN**-te/ tam-**BIEN** ne-se-si-**TA**-mos un me-**SE**-ro/ o **U**-na me-**SE**-ra **KE A**-bla el es-pa-**NYOL**/ **POR** fa-**BOR**/ **SO**-mos **U**-na **KLA**-se de es-pa-**NYOL**/ i ke-**RE**-mos prak-ti-**KAR LO KE** e-**STA**-mos a-pren-**DIEN**-do

Recepcionista:	Entiendo. Todos nuestros meseros son bilingües. Entonces nos vemos mañana a las doce y media. *(I understand. All of our waiters are bilingual. So we'll see you tomorrow at 12:30.)* en-**TIEN**-do/ **TO**-dos **NWES**-tros me-**SE**-ros **SON** bi-**LIN**-gwes/ en-**TON**-ses **NOS BE**-mos ma-**NYA**-na a las **DO**-se/ i **ME**-dia
Ud.:	Muy bien. ¡Gracias! Hasta mañana. *(Very good. Thank you! See you tomorrow.)* **MWI BIEN**/ **GRA**-si-as/ **A**-sta ma-**NYA**-na
Recepcionista:	Hasta luego. *(See you later.)* **A**-sta **LWE**-go

Example:

Somos una clase de español y queremos practicar lo que estamos aprendiendo.

Entiendo.

You are the student who calls the restaurant to make a reservation for your class to go out for lunch. Your partner is the receptionist at the restaurant. Plan a short dialogue to present to the class. Be creative.

You and the class have arrived at the restaurant. The receptionist greets you.

Recepcionista: ¡Buenas tardes! Ustedes son la clase de español ¿no?
(Good afternoon! You are the Spanish class, aren't you?)
BWE-nas **TAR**-des/ us-**TE**-des **SON** la **KLA**-se de es-pa-**NYOL**/ **NO**

Ud.: ¡Sí, señorita! Pedimos una mesa para veinte personas.
(Yes, Miss. We asked for a table for 20 people.)
SI/ se-nyo-**RI**-ta/ pe-**DI**-mos **U**-na **ME**-sa **PA**-ra **BEIN**-te per-**SO**-nas

Recepcionista: ¡Por supuesto, señor! Aquí está su reservación. ¡Pasemos a la sala de conferencias, por favor!
(Of course, Sir! Here is your reservation. Let's go to the conference room, please!)
POR su-**PWES**-to/ se-**NYOR**/ a-**KI** e-**STA SU** rre-ser-ba-**SION**/ pa-**SE**-mos a la **SA**-la de kon-fe-**REN**-sias/ **POR** fa-**BOR**

Ud.: ¡Gracias, señorita!
(Thank you, Miss!)
GRA-si-as/ se-nyo-**RI**-ta

Recepcionista: Ahorita viene su mesera.
(Your waitress will be right here.)
a-o-**RI**-ta **BIE**-ne su me-**SE**-ra

Example:

Pedimos una mesa para veinte personas.

¡Pasemos a la sala de conferencias, por favor!

Your partner is the receptionist who greets you at the door, confirms your reservation and takes you to your table. You are the student who speaks with him or her.

Chapter 5 – Dining Out – Lesson 2

DO YOU KNOW EVERYONE?

You want to make sure the students, spouses and friends have all met.

Ud.:	Clase, les quiero presentar a mi esposa, María. *(Class, I want to introduce my wife, Mary.)* **KLA**-se/ **LES KIE**-ro pre-sen-**TAR** a mi es-**PO**-sa/ ma-**RI**-a
Una estudiante:	Yo ya la conozco a María porque estuvo con nosotros la última vez que salimos a comer. *(I already know Mary because she was with us the last time we went out to eat.)* **YO IA LA** ko-**NOS**-ko a ma-**RI**-a por-**KE** es-**TU**-bo **KON** no-**SO**-tros la **UL**-ti-ma **BES KE** sa-**LI**-mos a ko-**MER**
Otro estudiante:	Yo no la conozco porque soy nuevo en la clase. ¡Mucho gusto, María! *(I don't know her because I am new in the class. It is a pleasure, Mary!)* **YO NO LA** ko-**NOS**-ko a ma-**RI**-a por-**KE SOY NWE**-bo en la **KLA**-se/ **MU**-cho **GUS**-to/ ma-**RI**-a
María:	Me da mucho gusto conocerlos también. *(It is a pleasure to meet you guys, too.)* **ME DA MU**-cho **GUS**-to ko-no-**SER**-los/ tam-**BIEN**

Example:

Clase, les presento a mi esposa, María.

¡Mucho gusto, María!

You just joined a group of friends who are seated at a restaurant. Introduce your spouse. Your partner is your spouse who is pleased to meet everyone.

The waitress comes to your table.

Mesera: Me llamo Luz María y voy a servirles hoy. ¿Qué puedo traerles para beber?
(My name is Luz Mara, and I am going to serve you today. What can I bring you to drink?)
ME YA-mo **LUS** ma-**RI**-a/ i **BOY** a ser-**BIR**-les **OY**/ **KE PWE**-do tra-**ER**-les **PA**-ra be-**BER**

Ud.: Quiero pedir una cerveza ligera con limón y mi esposa quiere una copa de vino blanco.
(I want to order a light beer with lemon, and my wife wants a glass of white wine.)
KIE-ro pe-**DIR U**-na ser-**BE**-sa li-**HE**-ra **KON** li-**MON**/ i mi es-**PO**-sa **KIE**-re **U**-na **KO**-pa de **BI**-no **BLAN**-ko

Mesera: ¿Va a ser una cuenta para todos?
(Is it going to be one check for everyone?)
BA a **SER U**-na **KWEN**-ta **PA**-ra **TO**-dos

Ud.: No, señorita. Mi esposa y yo vamos a querer nuestra propia cuenta.
(No, Miss. My wife and I are going to want our own check.)
NO/ se-**NYO**-ri-ta/ mi es-**PO**-sa/ i **YO BA**-mos a ke-**RER NWES**-tra **PRO**-pia **KWEN**-ta

Mesera: Muy bien, señor.
(Very well, Sir.)
MWI BIEN/ se-**NYOR**

Ud.: Muchos restaurantes tienen la propina incluida cuando es un grupo grande. ¿Cómo es aquí?
(Many restaurants have the tip included when it is a big group. How is it here?)
MU-chos rre-tau-**RAN**-tes **TIE**-nen la pro-**PI**-na in-klu-**I**-da **KWAN**-do **ES** un **GRU**-po **GRAN**-de/ **KO**-mo **ES A**-ki

Mesera: Aquí cada cliente es responsable por su propia propina.
(Here each client is responsible for their own tip.)
A-ki **KA**-da **KLIEN**-te **ES** rres-pon-**SA**-ble **POR** su **PRO**-pia pro-**PI**-na

Example:

¿Qué puedo traerles para beber?

Voy a pedir una cerveza ligera con limón y mi esposa quiere una copa de vino blanco.

You are the waiter or waitress and your partner is one of a group of guests at the restaurant. Ask what he or she wants to drink and if the check is going to be for everyone. Your partner will answer your questions.

The waitress brings chips and salsa to the table.

Mesera: Tenemos tres tipos de salsa. La verde es suave. La roja es mediana y la roja oscura con muchas semillas es muy picante.
(We have 3 kinds of salsa. The green is mild, the red is medium and the dark red with lots of seeds is very spicy.)
te-**NE**-mos **TRES TI**-pos de **SAL**-sa/ la **BER**-de **ES SWA**-be/ la **RRO**-ha **ES** me-**DIA**-na/ i la **RRO**-ha os-**KU**-ra **KON MU**-chas se-**MI**-yas **ES MWI** pi-**KAN**-te

Ud.: Los totopos son muy calientitos.
(The chips are nice and warm.)
los to-**TO**-pos **SON MWI** ka-lien-**TI**-tos

Mesera: No se cobra por más totopos y salsa. También se puede pedir más salsa para llevar a casa.
(There is no charge for more chips and salsa. You can also order more salsa to go.)
NO SE KO-bra **POR MAS** to-**TO**-pos i **SAL**-sa / tam-**BIEN SE PWE**-de pe-**DIR MAS SAL**-sa **PA**-ra ye-**BAR** a **KA**-sa

Example:

Tenemos tres tipos de salsa. La verde es suave. La roja es mediana y la roja oscura con muchas semillas es muy picante.

Se puede pedir más salsa para llevar a casa.

Discuss with your partner what kind of salsa you both prefer -- the mild, the medium or the spicy.

The waitress returns to your table with your drinks.

Mesera: Les traigo sus bebidas. La cerveza es para usted, señor, y el vino es para su esposa.
(I am bringing you the drinks. The beer is for you, Sir, and the wine is for your wife.)
les **TRAI**-go sus be-**BI**-das/ la ser-**BE**-sa **ES PA**-ra us-**TED**, se-**NYOR**/ i el **BI**-no **ES PA**-ra su es-**PO**-sa

Ud.: Gracias, señorita. ¿Nos puede traer agua también?
(Thank you, Miss. Can you bring us water, too?)
GRA-si-as/ se-nyo-**RI**-ta/ nos **PWE**-de tra-**ER A**-gwa/ tam-**BIEN**

Mesera: Claro que sí. Un momentito, por favor.
(Of course. Just a moment, please.)
KLA-ro **KE SI**/ un mo-men-**TI**-to/ **POR** fa-**BOR**

Example:

Les traigo sus bebidas.

Gracias, señorita. Nos puede traer agua también, por favor.

You are the waiter or waitress and your partner is the client. Tell him or her you are bringing the drinks, and you will be asked to bring water, too.

Chapter 5 – Dining Out – Lesson 3

THE DECORATIONS ARE WONDERFUL

You love the colorful handicrafts that are hanging from the ceiling and climbing up the walls.

Ud.: ¡Mira! Los pájaros arriba son muy bonitos. ¿De qué son?
(Look! The birds up there are very pretty. What are they made of?)
MI-ra/ los PA-ha-ros a-RRI-ba SON MWI bo-NI-tos/ de KE SON

Mesera: Los loros están hechos de "papier-maché", señor. Sus jaulas cuelgan del techo.
(The parrots are made of papier-maché, Sir. Their cages hang from the ceiling.)
los LO-ros e-STAN E-chos de pa-pier-ma-CHE/ se-NYOR/ sus HAU-las KWEL-gan del TE-cho

Ud.: Me gustan los colores que tienen. Están pintados de rojo, verde y amarillo. Sus picos son amarillos.
(I like the colors they have. They are painted red, green and yellow. Their beaks are yellow.)
ME GUS-tan los ko-LO-res KE TIE-nen/ e-STAN pin-TA-dos de RRO-ho/ BER-de/ i a-ma-RRI-yo/ sus PI-kos SON a-ma-RRI-yos

Mesera: Los artesanos de México los hacen a mano.
(The Mexican artisans make them by hand.)
los ar-te-SA-nos de ME-hi-ko los A-sen a MA-no

Example:

Los pájaros arriba son muy bonitos.

Son de papier-maché.

Talk with your partner about the parrots. He or she will tell you they are made by hand by the Mexican artisans.

166 Susan Ann Roemer

You would like to know more about the ceramic animals on the walls.

Ud.: ¡Mira en las paredes! Los animales de cerámica también son muy bonitos.
(Look on the walls! The ceramic animals are also very pretty.)
MI-ra en las pa-**RE**-des/ los a-ni-**MA**-les de se-**RA**-mi-ka tam-**BIEN SON MWI** bo-**NI**-tos

Mesera: Hay muchos diferentes animales de la cerámica "talavera" en las paredes. Hay lagartijas, serpientes, tortugas, cangrejos, conejos, pájaros, mariposas y peces.
(There are many different Talavera ceramic animals on the walls. There are lizards, snakes, turtles, crabs, rabbits, birds, butterflies and fish.)
AI MU-chos di-fe-**REN**-tes a-ni-**MA**-les de la se-**RA**-mi-ka ta-le-**BE**-ra en las pa-**RE**-des/ **AI** la-gar-**TI**-has/ ser-**PIEN**-tes/ tor-**TU**-gas/ kan-**GRE**-hos/ ko-**NE**-hos/ **PA**-ha-ros/ ma-ri-**PO**-sas/ i **PE**-ses

Ud.: ¿Por qué la cerámica se llama talavera?
(Why are the ceramics called Talavera?)
por-**KE** la se-**RA**-mi-ka **SE YA**-ma ta-le-**BE**-ra

Mesera: Se llama talavera porque la industria empezó en Talavera, España. En México la cerámica talavera empezó en el estado de Puebla después de la conquista por los españoles.
(It is called Talavera because the industry began in Talavera, Spain. In Mexico Talavera ceramics began in the state of Puebla after the Spanish conquest.)
SE YA-ma ta-le-**BE**-ra por-**KE** la in-**DUS**-tria em-pe-**SO** en ta-le-**BE**-ra/ es-**PA**-nya/ en **ME**-hi-ko la se-**RA**-mi-ka ta-le-**BE**-ra em-pe-**SO** en el es-**TA**-do de **PWEB**-la des-**PWES** de la kon-**KIS**-ta **POR** los es-pa-**NYO**-les

Ud.: ¿Qué colores usan los artesanos?
(What colors do the artisans use?)
KE ko-**LO**-res **U**-san los ar-te-**SA**-nos

Mesera: Los artesanos usan solamente seis colores naturales de la tierra – malva, verde, anaranjado, negro, azul y amarillo.
(The artisans use only 6 natural colors from the earth - mauve, green, orange, black, blue and yellow.)
*los ar-te-**SA**-nos **U**-san so-la-**MEN**-te **SEIS** ko-**LO**-res na-tu-**RA**-les de la **TIE**-rra/ **MAL**-ba/ **BER**-de/ a-na-ran-**HA**-do/ **NE**-gro/ a-**SUL**/ i a-ma-**RRI**-yo*

Example:

¿Por qué la cerámica se llama talavera?

Se llaman talavera porque la industria empezó en Talavera, España.

Give your partner a brief summary of the origin of Talavera ceramics. He or she will name some Talavera ceramic animals.

Think back on **lessons 1, 2 and 3** of this chapter. Imagine you are a student making a reservation for the class at a Spanish-speaking restaurant. Your partner is the receptionist. When you and the class arrive at the restaurant, the receptionist greets you and leads you to your table. He or she tells you the waiter or waitress will be right over.

Chapter 5 – Dining Out – Lesson 4

THE FOOD IS PRETTY SPECIAL, TOO

You ask the waitress to recommend some unusual Mexican dishes.

Mesera: Les voy a explicar unos platos mexicanos de nuestro menú.
(I am going to explain to you some of the Mexican dishes on our menu.)
les **BOY** a es-pli-**KAR U**-nos **PLA**-tos me-hi-**KA**-nos de **NWES**-tro me-**NU**

Ud.: ¿Cuál es su plato favorito?
(Which is your favorite dish?)
KWAL ES su **PLA**-to fa-bo-**RI**-to

Mesera: Les recomiendo el ceviche para empezar. Es muy fresco porque lo pescaron hoy por la mañana. También les voy a traer unos bolillos.
(I recommend the "ceviche" to begin with. It is very fresh because they caught it this morning. I am also going to bring you some Mexican rolls.)
les rre-ko-**MIEN**-do el se-**BI**-che **PA**-ra em-pe-**SAR**/ **ES MWI FRES**-ko por-**KE LO** pes-**KA**-ron **OY POR** la ma-**NYA**-na/ tam-**BIEN** les **BOY** a tra-**ER U**-nos bo-**LI**-yos

Ud.: ¿Qué ensalada nos recomienda?
(What salad do you recommend to us?)
KE en-sa-**LA**-da **NOS** rre-ko-**MIEN**-da

Mesera: Yo prefiero la ensalada mexicana de col porque es muy ligera. No tiene mayonesa. Solamente tiene un poco de vinagre, aceite de oliva y jugo de limón.
(I prefer the Mexican coleslaw because it is very light. It has no mayonnaise. It only has a little vinegar, olive oil and lemon juice.)
YO pre-**FIE**-ro la en-sa-**LA**-da me-hi-**KA**-na de **KOL** por-**KE ES MWI** li-**HE**-ra/ **NO TIE**-ne ma-yo-**NE**-sa/ so-la-**MEN**-te **TIE**-ne un **PO**-ko de bi-**NA**-gre/ a-**SEI**-te de o-**LI**-ba/ i **HU**-go de li-**MON**

Ud.: ¿Qué sopa o plato principal nos recomienda?
(What soup or main dish do you recommend to us?)
KE SO-pa/ o **PLA**-to prin-si-**PAL NOS** rre-ko-**MIEN**-da

Mesera: Me fascina el mole poblano. Se hace la salsa con chiles, chocolate, nueces, especias, tomates y caldo de pollo. Se sirve con arroz blanco y frijoles refritos.
(The "mole poblano" fascinates me. The sauce is made with chilis, chocolate, nuts, spices, tomatoes and chicken stock. It is served with white rice and refried beans.)
ME *fa-***SI***-na el* **MO***-le pob-***LA***-no/* **SE A***-se la* **SAL***-sa* **KON CHI***-les/ cho-ko-***LA***-te/* **NWE***-ses/ es-***PE***-sias/ to-***MA***-tes/ i* **KAL***-do de* **PO***-yo/* **SE SIR***-be* **KON** *a-***RROS BLAN***-ko/ i fri-***HO***-les rre-***FRI***-tos*

Ud.: ¡Qué rico! Quisiera el ceviche, la ensalada mexicana de col y el mole poblano, por favor.
(How yummy! I would like the "ceviche", the Mexican coleslaw and the "mole poblano", please.)
KE RRI*-ko/ ki-***SIE***-ra el se-***BI***-che/ la en-sa-***LA***-da me-hi-***KA***-na de* **KOL***/ i el* **MO***-le pob-***LA***-no/* **POR** *fa-***BOR**

<u>Entremeses</u> *(Appetizers) en-tre-***ME***-ses*

Bolillos con mantequilla
(Mexican rolls with butter)
*bo-***LI***-yos* **KON** *man-te-***KI***-ya*

Ceviche
(Raw fish cooked by lime)
*se-***BI***-che*

<u>Sopas</u> *(Soups)* **SO***-pas*

Menudo
(Classic beef stomach soup)
*me-***NU***-do*

Pozole
(Pork and hominy stew)
*po-***SO***-le*

<u>Ensaladas</u> *(Salads) en-sa-***LA***-das*

Nopalitos
(Prickly pear paddles salad)
*no-pa-***LI***-tos*

Ensalada mexicana de col
(Mexican coleslaw)
*en-sa-***LA***-da me-hi-***KA***-na de* **KOL**

Platos principales *(Main dishes)* **PLA**-tos prin-si-**PA**-les

Birria
(Steamed beef or goat)
bi-**RRIA**

Mole poblano
(Chile and chocolate sauce)
MO-le pob-**LA**-no

Crepas de huitlacoche
(Corn mushroom crepes)
KRE-pas de uit-la-**KO**-che

Picadillo
(Seasoned beef)
pi-ka-**DI**-yo

Postres *(Desserts)* **POS**-tres

Pastel de tres leches
(Three Milks Cake)
pas-**TEL** de **TRES LE**-ches

Arroz con leche
(Rice pudding, sweet rice)
a-**RROS KON LE**-che

Pan dulce
(Mexican sweet bread)
PAN DUL-se

Flan
(Caramel custard)
FLAN

Bebidas *(Beverages)* be-**BI**-das

Agua de jamaica
(Hibiscus flower water)
A-gwa de ha-**MAI**-ka

Agua de tamarindo
(Tamarind pod water)
A-gwa de ta-ma-**RIN**-do

Horchata
(Sweet rice water)
or-**CHA**-ta

Café de olla
(Sweet cinnamon coffee)
ka-**FE** de **O**-ya

Example:

¿Qué plato principal nos recomienda?

Me fascina el mole poblano.

You are the waiter or waitress and your partner is the client. Order at least three things from the menu: appetizer, soup, salad, main dish, dessert or beverage. Switch roles.

Chapter 5 – Dining Out – Lesson 5

LET'S TRY SOMETHING NEW!

This authentic Mexican cuisine sounds intriguing.

Mesera: Aquí están sus bolillos con mantequilla.
(Here are your Mexican rolls with butter.)
a-**KI** e-**STAN** sus bo-**LI**-yos **KON** man-te-**KI**-ya

María: ¿Cómo es el picadillo?
(What is the "picadillo" like?)
KO-mo **ES** el pi-ka-**DI**-yo

Mesera: El picadillo lleva carne de res molida, cebollas, chiles, especias, tomates, papas, aceitunas y uvas pasas.
(The "picadillo" calls for ground beef, onions, chilies, spices, tomatoes, potatoes, olives and raisins.)
el pi-ka-**DI**-yo **YE**-ba **KAR**-ne de **RRES** mo-**LI**-da/ se-**BO**-yas/ **CHI**-les/ es-**PE**-sias/ to-**MA**-tes/ **PA**-pas/ a-se-**TU**-nas/ i **U**-bas **PA**-sas

María: Entonces quiero el picadillo, la ensalada mexicana de col y el flan, por favor.
(Then I want the "picadillo", the Mexican coleslaw and the flan, please.)
en-**TON**-ses/ **KIE**-ro el pi-ka-**DI**-yo/ la en-sa-**LA**-da me-hi-**KA**-na de **KOL**/ i el **FLAN**/ **POR** fa-**BOR**

Juan: ¿Cómo son los nopalitos?
(What are the "nopalitos" like?)
KO-mo **SON** los no-pa-**LI**-tos

Mesera: Los nopalitos es un platillo mexicano que se hace con los tallos planos del nopal cactus.
(The "nopalitos" is a Mexican dish that is made with the flat stems of the prickly pear cactus.)
los no-pa-**LI**-tos **ES** un pla-**TI**-yo me-hi-**KA**-no **KE SE** a-**SE KON** los ta-**YOS PLA**-nos del no-**PAL KAK**-tus

Juan: Yo quiero los nopalitos, el mole poblano y el arroz con leche, por favor.
(I want the "nopalitos", the "mole poblano" and the rice pudding, please.)
YO KIE-ro los no-pa-**LI**-tos/ el **MO**-le pob-**LA**-no/ i el a-**RROS KON LE**-che/ **POR** fa-**BOR**

Roberto: ¿Cómo es el pozole?
(What is the "pozole" like?)
KO-mo **ES** el po-**SO**-le

Mesera: El pozole es un caldo de puerco que lleva el maíz blanco, chile, cebolla y especias. Se sirve con rábanos en rebanadas, cebolla picada, col rallada, orégano seco y un poco de limón.
(The "pozole" is a pork stew that calls for hominy, chilies, onions and spices. It is served with sliced radishes, diced onions, grated cabbage, dried oregano and a little lemon.)
el po-**SO**-le **ES** un **KAL**-do de **PWER**-ko **KE YE**-ba el ma-**IS BLAN**-ko/ **CHI**-le/ se-**BO**-ya/ i es-**PE**-sias/ **SE SIR**-be **KON RRA**-ba-nos en rre-ba-**NA**-das/ se-**BO**-ya pi-**KA**-da/ **KOL** rra-**YA**-da/ o-**RE**-ga-no **SE**-ko/ i un **PO**-ko de li-**MON**

Roberto: Bueno, yo quiero el pozole, los nopalitos y el pastel de tres leches.
(OK, I want the "pozole", the "nopalitos" and the Three Milks Cake.)
BWE-no/ **YO KIE**-ro el po-**SO**-le/ los no-pa-**LI**-tos/ i el pas-**TEL** de **TRES LE**-ches

Juanita: ¿Cómo son las crepas de huitlacoche?
(What are the "crepas de huitlacoche" like?)
KO-mo **SON** las **KRE**-pas de uit-la-**KO**-che

Mesera: Las crepas de huitlacoche llevan champiñones de maíz, chiles y cebollas. Se hacen las crepas al horno cubiertas de salsa.
(The "crepas de huitlacoche" call for corn mushrooms, chili peppers and onions. The crepes are baked in the oven smothered in sauce.)
las **KRE**-pas de uit-la-**KO**-che **YE**-ban cham-pi-**NYO**-nes de ma-**IS**/ **CHI**-les/ i se-**BO**-yas/ **SE A**-sen las **KRE**-pas al **OR**-no ku-**BIER**-tas de **SAL**-sa

Juanita: Para mí las crepas de huitlacoche, el ceviche y el pan dulce.
(For me the "crepes de huitlacoche", the "ceviche" and the Mexican sweet bread.)
PA-ra **MI** las **KRE**-pas de uit-la-**KO**-che/ el se-**BI**-che/ i el **PAN DUL**-se

Mesera:	Ustedes quieren sus cuentas separadas ¿no?
	(You folks want separate checks, don't you?)
	us-**TE**-des **KIE**-ren sus **KWEN**-tas se-pa-**RA**-das/ **NO**
Ud.:	Sí, señorita, por favor.
	(Yes, Miss, please.)
	SI/ se-nyo-**RI**-ta/ **POR** fa-**BOR**

Example:

¿Cómo es el picadillo?

El picadillo lleva carne de res molida, cebollas, chiles, especias, tomates, papas, aceitunas y uvas pasas.

¿Cómo son las crepas de huitlacoche?

Las crepas de huitlacoche llevan champiñones de maíz, chiles y cebollas. Se hacen las crepas al horno cubiertas de salsa.

You are the waiter or waitress and your partner is the client. Each of you will ask about and describe two things from the menu.

Think back on **lesson 5** of this chapter. Imagine you are a waiter or waitress who is taking your partner's order. Ask what you can bring him or her to eat and drink. Write it down on the following order form. Be prepared to tell the class what he or she is going to have at the restaurant.

Entremés _____
Sopa _____
Ensalada _____
Plato principal _____
Postre _____
Bebida _____

Chapter 5 – Dining Out – Lesson 6

IT'S TIME TO LEAVE!

The class has really enjoyed their culinary experience today, but sadly it's time to leave. The waitress asks if you'd like anything else.

Mesera: ¿Les puedo traer algo más?
(Can I bring you anything else?)
LES PWE-do tra-**ER AL**-go **MAS**

Juan: Sí, señorita. Quisiera pedir medio litro de salsa para llevar a casa, por favor.
(Yes, Miss. I would like to order half a liter of salsa to go, please.)
SI/ se-nyo-**RI**-ta/ ki-**SIE**-ra pe-**DIR ME**-dio **LI**-tro de **SAL**-sa **PA**-ra ye-**BAR** a **KA**-sa/ **POR** fa-**BOR**

Mesera: ¡Por supuesto! Un momentito, por favor, señor.
(Of course! Just a moment, please, Sir.)
POR su-**PWES**-to/ un mo-men-**TI**-to/ **POR** fa-**BOR**/ se-**NYOR**

Juan: Voy a hacer enchiladas de pollo en casa y esta salsa va a hacer mis enchiladas más ricas todavía.
(I am going to make chicken enchiladas at home, and this salsa is going to make my enchiladas even more yummy.)
BOY a a-**SER** en-chi-**LA**-das de **PO**-yo en **KA**-sa/ i **ES**-ta **SAL**-sa **BA** a a-**SER** mis en-chi-**LA**-das **MAS RRI**-kas to-da-**BIA**

Mesera: Aquí está la salsa, señor. ¿Algo más?
(Here is your salsa, Sir. Anything else?)
a-**KI** e-**STA** la **SAL**-sa/ se-**NYOR**/ **AL**-go **MAS**

Ud.: No, gracias, señorita. Solamente las cuentas, por favor.
(No, thank you, Miss. Just the checks, please.)
NO/ **GRA**-si-as/ se-nyo-**RI**-ta/ so-la-**MEN**-te las **KWEN**-tas/ **POR** fa-**BOR**

Example:

Quiero medio litro de la salsa para llevar a casa.

Voy a hacer enchiladas de pollo en casa y esta salsa va a hacer mis enchiladas más ricas todavía.

Tell your partner that you would like to order more salsa and explain how you will use it. It could be with chips, on enchiladas or on tacos. Your partner will tell you how he or she would use more salsa.

WHAT'S THE RECIPE?

You and the class would like to try making a Mexican dish on your own.

María: ¿Cómo haces tus enchiladas de pollo, Juan?
(How do you make your chicken enchiladas, Juan?)
KO-mo **A**-ses tus en-chi-**LA**-das de **PO**-yo/ hu-**AN**

Juan: Hiervo el pollo por veinte minutos y lo enfrío. Mezclo el pollo con queso y cebolla picada. Frío las tortillas y las relleno con el pollo.
(I boil the chicken, and I cool it. I mix the chicken with cheese and diced onion. I fry the tortillas, and I fill them with the chicken.)
IER-bo el **PO**-yo **POR BEIN**-te mi-**NU**-tos/ i **LO** en-**FRI**-o/ **MES**-klo el **PO**-yo **KON KE**-so/ i se-**BO**-ya pi-**KA**-da/ **FRI**-o las tor-**TI**-yas/ i las rre-**YE**-no **KON** el **PO**-yo

María: ¿Qué más, Juan?
(What else, Juan?)
KE MAS/ hu-**AN**

Juan: Pongo salsa en una cazuela y enrollo las tortillas como tacos. Las meto en la cazuela. Pongo salsa y queso encima de las enchiladas y las horneo por veinte minutos en un horno de trescientos setenta y cinco grados.
(I put salsa in a casserole and roll up the tortillas like tacos. I put them in the casserole. I put salsa and cheese on top of the enchiladas, and I bake them for 20 minutes in a 375 degree oven.)
PON-go **SAL**-sa en **U**-na ka-**SWE**-la/ i en-**RRO**-yo las tor-**TI**-yas **KO**-mo **TA**-kos/ las **ME**-to en la ka-**SWE**-la/ **PON**-go **SAL**-sa/ i **KE**-so en-**SI**-ma de las en-chi-**LA**-das/ i las or-**NE**-o **POR BEIN**-te mi-**NU**-tos en un **OR**-no de tre-**SIEN**-tos se-**TEN**-ta/ i **SIN**-ko **GRA**-dos

Example:

Hiervo el pollo por veinte minutos y lo enfrío.

Mezclo el pollo con queso y cebolla picada.

Tell your partner how to make chicken enchiladas. He or she will tell you how to make them, too. See if you both remember.

TRY MY RECIPE!

Roberto: A mí me encantan los pan dulces.
(I love Mexican sweet bread.)
a **MI** me en-**KAN**-tan los **PAN DUL**-ses

Juanita: ¿Cómo los preparas, Beto?
(How do you prepare them, Bob?)
KO-mo **LOS** pre-**PA**-ras/ **BE**-to

Roberto: Es muy fácil. Los compro en la panadería.
(It is very easy. I buy them at the bakery.)
ES MWI FA-sil/ **LOS KOM**-pro en la pa-na-de-**RI**-a

Juanita: ¿Entonces, cómo los sirves?
(Well, then ¿how do you serve them?)
en-**TON**-ses/ **KO**-mo **LOS SIR**-bes

Roberto: Los sirvo con chocolate caliente mexicano.
(*I serve them with Mexican hot chocolate.*)
LOS SIR-bo **KON** cho-ko-**LA**-te ka-**LIEN**-te me-hi-**KA**-no

Juanita: ¿Cómo haces el chocolate caliente mexicano?
(*How do you make Mexican hot chocolate?*)
KO-mo **A**-ses el cho-ko-**LA**-te ka-**LIEN**-te me-hi-**KA**-no

Roberto: Caliento el chocolate mexicano y leche o agua hasta que el chocolate esté disuelto. Lo bato con la batidora eléctrica hasta que esté espumoso.
(*I heat the Mexican chocolate and milk or water until the chocolate is dissolved. I beat it with the electric mixer until it is frothy.*)
ka-**LIEN**-to el cho-ko-**LA**-te me-hi-**KA**-no/ i **LE**-che o **A**-gwa **AS**-ta **KE** el cho-ko-**LA**-te es-**TE** di-**SWEL**-to/ **LO BA**-to **KON** la ba-ti-**DO**-ra e-**LEK**-tri-ka **AS**-ta **KE** es-**TE** es-pu-**MO**-so

Juanita: ¿Nos vas a invitar a comer pan dulce y beber chocolate caliente mexicano?
(*Are you going to invite us to eat Mexican sweet bread and drink Mexican hot chocolate?*)
NOS BAS a in-bi-**TAR** a ko-**MER PAN DUL**-se/ i be-**BER** cho-ko-**LA**-te ka-**LIEN**-te me-hi-**KA**-no

Example:

A mí me encantan los pan dulces.

Los sirvo con chocolate caliente mexicano.

Tell your partner how to make Mexican hot chocolate. He or she will tell you how to make it, too. See if you both remember.

Think back on **lesson 6** of this chapter. You are a waiter or waitress in a restaurant and your partner is a client who is ordering half a liter of salsa to go. After you bring the salsa you ask your partner what he or she is going to make with the salsa. It could be chips, enchiladas, tacos or something else. Be ready to present your dialogue to the class.

THE PRESENT AND PAST OF PEDIR, TRAER AND SERVIR

The verb **PEDIR** means "to ask for, to request or to order" in English.
The verb **TRAER** means "to bring".
The verb **SERVIR** means "to serve".
These three verbs are often used in a restaurant.

PEDIR (pe-DIR)

	Present tense	**Past tense**
yo *(I)* YO	pido *(I ask for)* PI-do	pedí *(I asked for)* pe-DI
tú *(You to family and friends)* TU	pides *(You ask for)* PI-des	pediste *(You asked for)* pe-DIS-te
él, ella, usted *(He, she, you to acquaintances)* EL/ E-ya/ u-STED	pide *(He, she is asks for, You ask for)* PI-de	pidió *(He, she asked for, You asked for)* pi-DIO
nosotros, nosotras *(We masculine or mixed gender, We feminine)* no-SO-tros/ no-SO-tras	pedimos *(We ask for)* pe-DI-mos	pedimos *(We asked for)* pe-DI-mos
ellos, ellas, ustedes *(They masculine or mixed gender, They feminine, You plural to family, friends and acquaintances)* E-yos/ E-yas/ u-STE-des	piden *(They ask for)* *(You ask for)* PI-den	pidieron *(They asked for)* *(You asked for)* pi-DIE-ron

Note that the verb **PEDIR** changes the <u>e</u> to an <u>i</u> in the present forms of *I, You singular to friends and family, He, She, You to acquaintances, They* and *You plural* forms. It does <u>not</u> change in the form of *We*.

Note also that the verb **PEDIR** changes the <u>e</u> to an <u>i</u> in the past forms of *He, She, You to acquaintances, They* and *You plural* forms. It does <u>not</u> change in the form of *We*.

THE PRESENT AND PAST OF PEDIR, TRAER AND SERVIR

The verb **PEDIR** means "to ask for, to request or to order" in English.
The verb **TRAER** means "to bring".
The verb **SERVIR** means "to serve".
These three verbs are often used in a restaurant.

TRAER (tra-ER)

	Present tense	Past tense
yo (I) YO	traigo (I bring) TRAI-go	traje (I brought) TRA-he
tú (You to family and friends) TU	traes (You bring) TRAES	trajiste (You brought) tra-HIS-te
él, ella, usted (He, she, you to acquaintances) EL/ E-ya/ u-STED	trae (He, she brings, You bring) TRAE	trajo (He, she brought, You brought) TRA-ho
nosotros, nosotras (We masculine or mixed gender, We feminine) no-SO-tros/ no-SO-tras	traemos (We ask for) TRAE-mos	trajimos (We brought) tra-HI-mos
ellos, ellas, ustedes (They masculine or mixed gender, They feminine, You plural to family, friends and acquaintances) E-yos/ E-yas/ u-STE-des	traen (They ask for) (You ask for) TRAEN	trajeron (They brought) (You asked for) tra-HE-ron

Note that the verb **TRAER** changes the fourth letter in the present from an **e** to **igo** in the *I* form.

Note also that the verb **TRAER** changes the fourth letter in the past (preterit) from an **e** to a **j** in all forms. This verb is considered an irregular verb because it looks so different from its infinitive.

THE PRESENT AND PAST OF PEDIR, TRAER AND SERVIR

The verb **PEDIR** means "to ask for, to request or to order" in English.
The verb **TRAER** means "to bring".
The verb **SERVIR** means "to serve".
These three verbs are often used in a restaurant.

SERVIR *(ser-BIR)*

	Present tense	Past tense
yo (I) YO	sirvo (I serve) SIR-bo	serví (I served) ser-BI
tú (You to family and friends) TU	sirves (You serve) SIR-bes	serviste (You served) ser-BIS-te
él, ella, usted (He, she, you to acquaintances) EL/ E-ya/ u-STED	sirve (He, she serves, You serve) SIR-be	sirvió (He, she served, You served) sir-BIO
nosotros, nosotras (We masculine or mixed gender, We feminine) no-SO-tros/ no-SO-tras	servimos (We serve) ser-BI-mos	servimos (We served) ser-BI-mos
ellos, ellas, ustedes (They masculine or mixed gender, They feminine, You plural to family, friends and acquaintances) E-yos/ E-yas/ u-STE-des	sirven (They serve) (You serve) SIR-ben	sirvieron (They served) (You served) sir-BIE-ron

Note that the verb **SERVIR** changes the <u>e</u> to an <u>i</u> in the present forms of *I, You singular to friends and family, He, She, You to acquaintances, They* and *You plural* forms. It does <u>not</u> change in the present form of *We*.

Note also that the verb **SERVIR** changes the <u>e</u> to an <u>i</u> in the past forms of *He, She, You to acquaintances, They* and *You plural* forms. It does <u>not</u> change in the past form of *We*.

A REVIEW OF THE VERBS PEDIR, TRAER AND SERVIR

In a restaurant the client first needs to order, **pedir**. Next, the waitperson will bring the order to the table, **traer**. Lastly, he or she will actually put the order in front of the client, **servir**.

Make up a sentence to tell the class using each of the following verbs.

Pedir
 Pido _____

 Pides _____

 Pide _____

 Pedimos _____

 Piden _____

Traer
 Traigo _____

 Traes _____

 Trae _____

 Traemos _____

 Traen _____

Servir
 Sirvo _____

 Sirves _____

 Sirve _____

 Servimos _____

 Sirven _____

Chapter 5 - Word List

aceite de oliva (m) *a-SEI-te de o-LI-ba* - olive oil
aceituna (f) *a-se-TU-na* - olive
agua (m) *A-gwa* - water
agua de jamaica (m) *A-gwa de ha-MAI-ka* - hibiscus flower water
agua de tamarindo (m) *A-gwa de ta-ma-RIN-do* - tamarind pod water
animal (m) *a-ni-MAL* - animal
arroz (m) *a-RROS* - rice
arroz con leche (m) *a-RROS KON LE-che* - rice pudding (sweet rice)
artesano (m) *ar-te-SA-no* - artisan
batidora eléctrica (f) *ba-t-DO-ra e-LEK-tri-ka* - electric mixer
bebida (f) *be-BI-da* - drink, beverage
bilingüe (adj) *bi-LIN-gwe* - bilingual
birria (f) *bi-RRIA* - steamed beef or goat
bolillo (m) *bo-LI-yo* - Mexican roll
café de olla (m) *ka-FE de O-ya* - sweet cinnamon coffee
caldo de pollo (m) *KAL-do de PO-yo* - chicken stock
caldo de puerco (m) *KAL-do de PWER-ko* - pork stew
cangrejo (m) *kan-GRE-ho* - crab
carne de res molida (f) *KAR-ne de RRES mo-LI-da* - ground beef
cazuela (f) *ka-SWE-la* - casserole
cebolla (f) *se-BO-ya* - onion
cerámica (f) *se-RA-mi-ka* - ceramics
cerveza (f) *ser-BE-sa* - beer
cerveza ligera (f) *ser-BE-sa li-HE-ra* - light beer
ceviche (m) *se-BI-che* - raw fish cooked by lime
champiñones de maíz (m) *cham-pi-NYO-nes de ma-IS* - corn mushrooms
chile (m) *CHI-le* - chili
col (f) *KOL* - cabbage
conejo (m) *ko-NE-ho* - rabbit
copa (f) *KO-pa* - glass
crepas de huitlacoche (f) *KRE-pas de uit-la-KO-che* - corn mushroom crepes
cubierto/a (adj) *ku-BIER-to/a* - covered
delicioso/a (adj) *de-li-SIO-so/a* - delicious
disuelto/a (adj) *di-SWEL-to/a* - dissolved
enchiladas de pollo (f) *en-chi-LA-das de PO-yo* - chicken enchiladas
ensalada (f) *en-sa-LA-da* - salad
ensalada mexicana de col (f) *en-sa-LA-da me-hi-KA-na de KOL* - Mexican coleslaw
entremeses (m) *en-tre-ME-ses* - appetizers
especia (f) *es-PE-sia* - spice
espumoso/a (adj) *es-pu-MO-so/a* - frothy
estado (m) *es-TA-do* - state

fácil (adj) *FA-sil* - easy
favorito/a (adj) *fa-bo-RI-to/a* - favorite
flan (m) *FLAN* - caramel custard
fresco/a (adj) *FRES-ko/a* - fresh
frijoles refritos (m) *fri-HO-les rre-FRI-tos* - refried beans
grado (m) *GRA-do* - degree
grupo (m) *GRU-po* - group
horchata (f) *or-CHA-ta* - sweet rice water
incluído/a (adj) *in-klu-I-do/a* - included
industria (f) *in-DUS-tria* - industry
jaula (f) *HAU-la* - cage
jugo (m) *HU-go* - juice
lagartija (f) *la-gar-TI-ha* - lizard
leche (f) *LE-che* - milk
ligero/a (adj) *li-HE-ro/a* - light
limón (m) *li-MON* - lemon
loro (m) *LO-ro* - parrot
maíz blanco (m) *ma-IS BLAN-ko* - hominy
malva (adj) *MAL-ba* - mauve
mantequilla (f) *man-te-KI-ya* - butter
mariposa (f) *ma-ri-PO-sa* - butterfly
mayonesa (f) *ma-yo-NE-sa* - mayonnaise
mediano/a (adj) *me-DIA-no/a* - medium
menú (m) *me-NU* - menu
menudo (m) *me-NU-do* - classic beef stomach soup
mesera (f) *me-SE-ra* - waitress
mole poblano (m) *MO-le pob-LA-no* - chile and chocolate sauce
momentito (m) *mo-men-TI-to* - just a moment
natural (adj) *na-tu-RAL* - natural
nopal cactus (m) *no-PAL KAK-tus* - prickly pear cactus
nopalitos (m) *no-pa-LI-tos* - prickly pear paddles salad
nuez (f) *NWES* - nut
oregano (m) *o-RE-ga-no* - oregano
oscuro/a (adj) *os-KU-ro/a* - dark
pájaro (m) *PA-ha-ro* - bird
pan dulce (m) *PAN DUL-se* - Mexican sweet bread
para llevar a casa (phrase) *PA-ra ye-BAR a KA-sa* - to go
pared (f) *pa-RED* - wall
pastel de tres leches (m) *pas-TEL de TRES LE-ches* - Three Milks Cake
pez (m) *PES* - fish
picadillo (m) *pi-ka-DI-yo* - seasoned beef
picado/a (adj) *pi-KA-do/a* - diced
picante (adj) *pi-KAN-te* - spicy

pintado/a (adj) *pin-TA-do/a* - painted
plano/a (adj) *PLA-no/a* - flat
plato (m) *PLA-to* - dish, plate
plato principal (m) *PLA-to prin-si-PAL* - main dish
pollo (m) *PO-yo* - chicken
por teléfono (phrase) *POR te-LE-fo-no* - over the phone
pozole (m) *po-SO-le* - pork and hominy stew
propina (f) *pro-PI-na* - tip
queso (m) *KE-so* - cheese
rábano (m) *RRA-ba-no* - radish
rayado/a (adj) *rra-YA-do/a* - grated
rebanada (f) *rre-ba-NA-da* - slice
recepcionista (f) *rre-sep-sio-NIS-ta* - receptionist
reservación (f) *rre-ser-ba-SION* - reservation
responsible (adj) *rres-pon-SA-ble* **- responsible**
restaurant (m) *rres-tau-RAN-te* **- restaurant**
rico/a (adj) *RRI-ko/a* - yummy
sala de conferencias (f) *SA-la de kon-fe-REN-sias* - conference room
salsa (f) *SAL-sa* - salsa, sauce
semilla (f) *se-MI-ya* - seed
separado/a (adj) *se-pa-RA-do/a* - separate
solamente (adv) *so-la-MEN-te* - only
sopa (f) *SO-pa* - soup
suave (adj) *SWA-be* - mild
taco (m) *TA-ko* - taco
tallo (m) *ta-YO* - stem
techo (m) *TE-cho* - ceiling
tipo (m) *TI-po* - kind
tomate (m) *to-MA-te* - tomato
tortilla (f) *tor-TI-ya* - tortilla
tortuga (f) *tor-TU-ga* - turtle
totopos (m) *to-TO-pos* - corn chips
último/a (adj) *UL-ti-mo/a* - last
uva pasa (f) *U-ba PA-sa* - raisin
vinagre (m) *bi-NA-gre* - vinegar
vino (m) *BI-no* - wine

Chapter 6 – Going Shopping – Lesson 1

TALKING ABOUT A MEXICO CITY MARKET

A tianguis is an open-air market or bazaar. The word <u>tianguis</u> comes from the Nahuatl language of the Aztecs. Fruits, vegetables and other foodstuffs are sold as well as mass-produced goods from throughout the world.

Papá: ¡Vamos al tianguis hoy! Es sábado y tenemos todo el día para hacer compras.
(Let's go to the bazaar today. It is Saturday, and we have all day to go shopping.)
BA-mos al ti-**AN**-gis **OY**/ **ES SA**-ba-do/ i te-**NE**-mos **TO**-do el **DI**-a **PA**-ra a-**SER KOM**-pras

Mamá: Quiero comprar unas frutas tropicales en el mercado.
(I want to buy some tropical fruits at the market.)
KIE-ro kom-**PRAR U**-nas **FRU**-tas tro-pi-**KA**-les en el mer-**KA**-do

Papá: ¿Qué frutas quieres comprar?
(What fruits do you want to buy?)
KE FRU-tas **KIE**-res kom-**PRAR**

Mamá: Quiero comprar un mamey. ¿Lo conoces?
(I want to buy a mamey. Are you familiar with it?)
KIE-ro kom-**PRAR** un ma-**MEI**/ **LO** ko-**NO**-ses

Papá: Creo que no lo conozco. ¿Cómo es?
(I do not think I am familiar with it. What is it like?)
KRE-o **KE NO LO** ko-**NOS**-ko/ **KO**-mo **ES**

Mamá: Es una fruta de color café afuera y anaranjado adentro. Quiero hacer un licuado de mamey para la familia. La receta lleva un mamey, un poco de azúcar y hielo.
(It is a brown-colored fruit outside and orange-colored inside. I want to make a mamey milkshake for the family. The recipe calls for a mamey, a little sugar and ice.)
ES U-na **FRU**-ta de ko-**LOR** ka-**FE** a-**FWE**-ra/ i a-na-ran-**HA**-do a-**DEN**-tro/ **KIE**-ro a-**SER** un li-**KWA**-do de ma-**MEI PA**-ra la fa-**MI**-lia/ la rre-**SE**-ta **YE**-ba un ma-**MEI**/ **UN PO**-ko de a-**SU**-kar/ i **YE**-lo

Papá: ¡Qué rico! Quiero probarlo hoy mismo.
(How tasty! I want to try it today.)
KE RI-ko/ **KIE**-ro pro-**BAR**-lo **OY MIS**-mo

Example:

Quiero comprar un mamey.

¿Cómo es?

Es una fruta de color café afuera y anaranjado adentro.

Tell your partner you want to go to the market to buy a tropical fruit called mamey. He or she will tell you how to make a milkshake out of that fruit.

Some of the unusual fruits that you may find at a tianguis are truly tropical wonders of the world. Some are native to the central Mexican states.

Papá: ¿Qué otras frutas tropicales quieres comprar en el tianguis?
(What other tropical fruits do you want to buy at the bazaar?)
KE O-tras **FRU**-tas tro-pi-**KA**-les **KIE**-res kom-**PRAR** en el ti-**AN**-gis

Mamá: Quiero comprar unos zapotes negros.
(I want to buy some black Mexican persimmons.)
KIE-ro kom-**PRAR U**-nos sa-**PO**-tes **NE**-gros

Papá: ¿Es una fruta suave afuera y negro adentro?
(Is it a soft fruit outside and black inside?)
ES U-na **FRU**-ta **SWA**-be a-**FWE**-ra/ i **NE**-gra a-**DEN**-tro

Mamá: Sí. Quiero hacer un postre de zapote negro. La receta lleva jugo de naranja y posiblemente un poco de tequila. Lo comes con una cucharita.
(Yes. I want to make a black persimmon dessert. The recipe calls for orange juice and possibly a little tequila. You eat it with a spoon.)
SI/ **KIE**-ro a-**SER** un **POS**-tre de sa-**PO**-te **NE**-gro/ la rre-**SE**-ta **YE**-ba **HU**-go de na-**RAN**-ha/ i po-si-ble-**MEN**-te un **PO**-ko de te-**KI**-la/ **LO KO**-mes **KON U**-na ku-cha-**RI**-ta

Papá: ¡Qué interesante!
(How interesting!)
KE in-te-re-**SAN**-te

Example:

Quiero comprar unos zapotes negros.

¿Cómo son?

Son suaves afuera y negros adentro.

Tell your partner you want to go to the market to buy a tropical fruit called zapote negro. He or she will tell you how to make a dessert out of that fruit.

Vitamins are essential nutrients required by the body to carry out important functions, especially enhancing the immune system and the quick healing of wounds.

Papá: ¿Compramos más fruta?
(Shall we buy more fruit?)
kom-**PRA**-mos **MAS FRU**-ta

Mamá: ¿Qué tal si compramos unos plátanos?
(What if we buy some bananas?)
KE TAL SI *kom-***PRA***-mos* **U***-nos* **PLA***-ta-nos*

Papá: Muy bien. ¿Compramos unas frutas kiwi también?
(Great. Shall we buy some kiwifruit, too?)
MWI BIEN/ *kom-***PRA***-mos* **U***-nas* **FRU***-tas* **KI***-wi/ tam-***BIEN**

Mamá: Es una idea excelente. La fruta kiwi tiene mucha vitamina C.
(That's an excellent idea. The kiwifruit has a lot of vitamin C.)
ES U*-na i-***DEA** *e-se-***LEN***-te/ la* **FRU***-ta* **KI***-wi* **TIE***-ne* **MU***-cha bi-ta-***MI***-na* **SE**

Papá: Hablando de la vitamina C ¿qué tal si compramos unas naranjas? Ellas tienen mucha vitamina C también.
(Speaking of vitamin C, what if we buy some oranges? They have a lot of vitamin C, too.)
*a-***BLAN***-do de la vi-ta-***MI***-na* **SE**/ **KE TAL SI** *kom-***PRA***-mos* **U***-nas na-***RAN***-has/ e-***YAS** **TIE***-nen* **MU***-cha bi-ta-***MI***-na* **SE**/ *tam-***BIEN**

Example:

La fruta kiwi tiene mucha vitamina C.

Las naranjas tienen mucha vitamina C también.

You and your friend are at the local supermarket looking for fruit. The two of you look at apples, bananas, kiwifruit and oranges. You want to choose fruit that both of you like and fruit with lots of vitamin C.

Think back on **Lesson 1** with your partner. You plan to go to an open-air bazaar in Mexico City, so you discuss the tropical fruits you want to look for. You also talk about recipes to prepare them after you bring them home.

Chapter 6 – Going Shopping – Lesson 2

BUYING SWEATSHIRTS

At a tianguis you can find name-brand clothing from Mexico, the United States, China and other countries at discounted prices.

Mamá: Quiero comprar unas sudaderas para toda la familia hoy. Aquí en el tianguis tienen precios excelentes. ¿Estás de acuerdo, Papá?
(I want to buy sweatshirts for the whole family today. Here in the bazaar they have excellent prices. Do you agree, Dad?)
KIE-ro KOM-prar U-nas su-da-DE-ras PA-ra TO-da la fa-MI-lia OY/ a-KI en el ti-AN-gis TIE-nen PRE-sios e-se-LEN-tes/ e-STAS de a-KWER-do/ pa-PA

Papá: Claro que sí. Siempre estoy de acuerdo contigo cuando encuentras gangas.
(Yes, of course. I always agree with you when you find bargains.)
KLA-ro KE SI/ SIEM-pre e-STOY de a-KWER-do kon-TI-go KWAN-do en-KWEN-tras GAN-gas

Mamá: Para nuestra hija compramos una sudadera rosa y para nuestro hijo compramos una sudadera azul. ¿Cómo lo ves?
(For our daughter we will buy a pink sweatshirt, and for our son we will buy a blue sweatshirt. What do you think?)
PA-ra NWES-tra I-ha kom-PRA-mos U-na su-da-DE-ra RRO-sa/ i PA-ra NWES-tro I-ho kom-PRA-mos U-na su-da-DE-ra a-SUL/ KO-mo LO BES

Papá: Lo que tú digas, Mamá. Tú eres la experta en los asuntos de la moda.
(Whatever you say, Mom. You are the expert in matters of fashion.)
LO KE TU DI-gas/ ma-MA/ TU E-res la es-PER-ta en los a-SUN-tos de la MO-da

Mamá: ¡Muchas gracias, Papá! Eres muy amable.
(Thanks a lot, Dad! You are very kind.)
MU-chas GRA-si-as/ pa-PA/ E-res MWI a-MA-ble

Papá: Quiero esta sudadera café con un cierre.
(I want this brown sweatshirt with a zipper.)
KIE-ro **ES**-ta su-da-**DE**-ra ka-**FE KON** un **SIE**-rre

Mamá: Yo prefiero esta sudadera sin cierre pero con una capucha.
(I prefer this sweatshirt without a zipper but with a hood.)
YO pre-**FIE**-ro **ES**-ta su-da-**DE**-ra **SIN SIE**-rre **PE**-ro **KON U**-na ka-**PU**-cha

Example:

Aquí en el tianguis tienen precios excelentes.

Siempre estoy de acuerdo contigo cuando encuentras gangas.

You and your partner are at a bazaar looking for sweatshirts. Discuss the options you have for different styles and colors.

BUYING JEANS

Jeans are pants made from denim and often refer to a particular style of pants called "blue jeans" invented by Levi Strauss in 1873. Denim is a twill fabric developed in Nimes, France, known literally as "de Nimes".

Mamá: Ya que compramos las sudaderas para la familia ¿por qué no les compramos unos pantalones de mezclilla también?
(Now that we bought sweatshirts for the family, why don't we buy them some denim pants, too?)
YA KE kom-**PRA**-mos las su-da-**DE**-ras **PA**-ra la fa-**MI**-lia/ por-**KE NO** kom-**PRA**-mos **U**-nos pan-ta-**LO**-nes de mes-**KLI**-ya tam-**BIEN**

Papá: Por supuesto, Mamá. Todo el mundo necesita sus vaqueros.
(Of course, Mom. Everyone needs their jeans.)
POR SU PWES-to/ ma-**MA**/ **TO**-do el **MUN**-do ne-se-**SI**-ta sus ba-**KE**-ros

Mamá: Entonces compramos cuatro pares de vaqueros -- uno para niños, uno para niñas, uno para hombres y uno para mujeres.
(So we will buy 4 pairs of jeans -- one for boys, one for girls, one for men and one for women.)
en-**TON**-ses kom-**PRA**-mos **KWAT**-ro **PA**-res de ba-**KE**-ros/ **U**-no **PA**-ra **NI**-nyos/ **U**-no **PA**-ra **NI**-nyas/ **U**-no **PA**-ra **OM**-bres/ i **U**-no **PA**-ra mu-**HE**-res

Papá: ¿De qué talla son los niños?
(What size are the children?)
de **KE TA**-ya **SON** los **NI**-nyos

Mamá: Nuestro hijo es talla diez y nuestra hija es talla seis.
(Our son is size 10, and our daughter is size 6.)
NWES-tro **I**-ho **ES TA**-ya **DIES**/ i **NWES**-tra **I**-ha **ES TA**-ya **SEIS**

Papá: Yo soy treinta y dos de cintura y treinta y seis de largo.
(I am waist 32 and length 36.)
YO SOY TREIN-ta i **DOS** de sin-**TU**-ra/ i **TREIN**-ta i **SEIS** de **LAR**-go

Mamá: Yo soy talla treinta y cuatro.
(I am size 34.)
YO SOY TA-ya **TREIN**-ta i **KWA**-tro

Papá: Aquí en el bazar tenemos que pagar en efectivo. ¿Está bien?
(Here in the bazaar we have to pay in cash. Is that OK?)
a-**KI** en el ba-**SAR** te-**NE**-mos **KE** pa-**GAR** en e-fek-**TI**-bo/ e-**STA BIEN**

Mamá: ¡Sí, Papá! ¡Es perfecto!
(Yes, Dad! It's perfect!)
SI/ pa-**PA**/ **ES** per-**FEK**-to

Example:

El niño es talla ocho y la niña es talla doce. Tú eres treinta y dos de cintura y treinta y seis de largo. Yo soy talla treinta y cuatro.

Discuss with your partner what you to say in Spanish when buying jeans.

Chapter 6 – Going Shopping – Lesson 3

BUYING ICE CREAM

A <u>paleta</u> is a Latin American popsicle often made from fresh fruit. <u>Paleta</u> flavors can be divided into two categories -- milk-based and water-based.

Papá: Como es sábado y tenemos todo el día para hacer compras, vamos a comprar un helado.
(Since it is Saturday, and we have all day to go shopping, let's buy an ice cream.)
KO-mo **ES SA**-ba-do/ i te-**NE**-mos **TO**-do el **DI**-a **PA**-ra a-**SER KOM**-pras/ **BA**-mos a kom-**PRAR** un e-**LA**-do

Mamá: ¡Buena idea! Aquí hay una paletería con paletas de leche y paletas de agua también. ¿Cuál vas a querer?
(Good idea! Here there is an ice cream parlor with milk-based ice cream bars and water-based popsicles, too. Which are you going to want?)
BWE-na i-**DEA**/ a-**KI AI U**-na pa-le-te-**RI**-a **KON** pa-**LE**-tas de **LE**-che/ i pa-**LE**-tas de **A**-gwa/ **KWAL BAS** a ke-**RER**

Papá: Yo prefiero las paletas de agua. Tienen muchos sabores -- fresa, mango, limón, pepino con chile, jamaica, melón, sandía, piña, guayaba, zapote negro y tamarindo.
(I prefer water-based popsicles. They have a lot of flavors -- strawberry, mango, lemon, cucumber with chili, hibiscus, cantaloupe, watermelon, pineapple, guava, black persimmon and tamarind.)
YO pre-**FIE**-ro las pa-**LE**-tas de **A**-gwa/ **TIE**-nen **MU**-chos sa-**BO**-res/ **FRE**-sa/ **MAN**-go/ li-**MON**/ pe-**PI**-no **KON CHI**-le/ ha-**MAI**-ka/ me-**LON**/ san-**DI**-a/ **PI**-nya/ gwa-**YA**-ba/ sa-**PO**-te **NE**-gro/ i ta-ma-**RIN**-do

Mamá: Yo prefiero las paletas de leche. ¡Mira cuántos sabores tienen – vainilla, chocolate, fresa, ron, coco, nuez, elote, mamey, plátano y arroz con leche!
(I prefer milk-based ice cream bars. Look how many flavors they have – vanilla, chocolate, strawberry, rum, coconut, nut, corn, mamey, banana and rice pudding!)
YO pre-**FIE**-ro las pa-**LE**-tas de **LE**-che/ **MI**-ra **KWAN**-tos sa-**BO**-res **TIE**-nen/ bai-**NI**-ya/ cho-ko-**LA**-te/ **FRE**-sa/ **RRON**/ **KO**-ko/ **NWES**/ e-**LO**-te/ ma-**MEI**/ **PLA**-ta-no/ i a-**RROS KON LE**-che

Papá: Voy a pedir una paleta de agua de fresa porque las paletas de fresa tienen pedazos de fresa adentro.
(I am going to ask for a water-based strawberry popsicle because the strawberry popsicles have pieces of strawberry inside.)
BOY a pe-**DIR U**-na pa-**LE**-ta de **A**-gwa de **FRE**-sa por-**KE** las pa-**LE**-tas de **FRE**-sa **TIE**-nen pe-**DA**-sos de **FRE**-sa a-**DEN**-tro

Mamá; Yo quiero una paleta de leche de elote porque me encanta y no hay muchas tiendas que tienen paletas de elote.
(I want a milk-based corn ice cream bar because I love it, and there are not many stores that have corn ice cream bars.)
YO KIE-ro **U**-na pa-**LE**-ta de **LE**-che de e-**LO**-te por-**KE ME** en-**KAN**-tan/ i **NO AI MU**-chas **TIEN**-das **KE TIE**-nen pa-**LE**-tas de e-**LO**-te

Example:

Aquí hay una paletería con paletas de leche y paletas de agua también.

Voy a pedir una paleta de agua de fresa.

Tell your partner you want to go to an ice cream parlor to buy a milk-based ice cream bar. Your partner will tell you he or she wants a water-based popsicle. Discuss the options you both have for different flavors.

Chapter 6 – Going Shopping – Lesson 4

LOOKING AT MEXICAN HANDICRAFTS

In Mexico both handicrafts and folk art are known as <u>artesanía</u>. They are a valued part of the country's national identity.

Mamá: ¡Mira, Papá! Aquí tienen muchas cosas de la artesanía méxicana.
(Look, Dad! Here they have many Mexican handicraft things.)
MI-ra/ pa-**PA**/ a-**KI** **TIE**-nen **MU**-chas **KO**-sas de la ar-te-sa-**NI**-a me-hi-**KA**-na

Papá: Sí, Mamá. Están hechas a mano.
(Yes, Mom. They are made by hand.)
SI/ ma-**MA**/ e-**STAN** **E**-chas a **MA**-no

Mamá ¿Por qué no compramos los regalos de Navidad para la familia ahora?
(Why don't we buy the family's Christmas presents now?)
por **KE** **NO** kom-**PRA**-mos los rre-**GA**-los de na-bi-**DAD** **PA**-ra la fa-**MI**-lia a-**O**-ra

Papá: Sí ¿cómo no? Si compramos los regalos de Navidad ahora no tendremos que formarnos en colas en diciembre para comprarlos.
(Yes, why not? If we buy the Christmas presents now we will not have to get in line in December to buy them.)
SI/ **KO**-mo **NO**/ si kom-**PRA**-mos los rre-**GA**-los de na-bi-**DAD** a-**O**-ra **NO** ten-**DRE**-mos **KE** for-**MAR**-nos en **KO**-las en di-**SIEM**-bre **PA**-ra kom-**PRAR**-los

Mamá: Tienes razón. ¿Qué tal ese juego de té para nuestra hija? Tiene pequeñas tazas, platos y una tetera muy graciosa.
(You are right. What about that tea set for our daughter? It has little cups, plates and an attractive tea pot.)
TIE-nes rra-**SON**/ **KE** **TAL** **E**-se **HUE**-go de **TE** **PA**-ra **NWES**-tra **I**-ha/ **TIE**-ne pe-**KE**-nyas **TA**-sas/ **PLA**-tos/ i **U**-na te-**TE**-ra **MWI** gra-**SIO**-sa

Papá: ¡Buena idea! También veo un juego de ajedrez precioso hecho de mármol y ónice para nuestro hijo.
(Good idea! I also see a beautiful chess set made of marble and onyx for our son.)
BWE-na i-DEA/ tam-BIEN BEO un HUE-go de a-he-DRES pre-si-O-so E-cho de MAR-mol/ i O-ni-se PA-ra NWES-tro I-ho

Mamá: ¡El Papá Noel ha venido muy temprano este año!
(Santa Claus has come very early this year!)
el pa-PA NO-el HA be-NI-do MWI tem-PRA-no ES-te A-nyo

Example:

Si compramos los regalos de Navidad ahora no tendremos que formarnos en colas en diciembre para comprarlos.

¡El Papá Noel ha venido muy temprano este año!

You and your partner are at a bazaar looking for presents for a little boy and a little girl. Discuss some options you have for them.

Artesanía can be defined as those items created through informal apprenticeship using traditional methods which are well founded in the past.

Papá: Mi amor ¿ves algo que quieres que te traiga el Papá Noel?
(My Love, do you see anything that you want Santa Claus to bring you?)
mi a-MOR/ bes AL-go KE KIE-res KE TE TRAI-ga el pa-PA no-EL

Mamá: Sí, Papá. Me encanta la cerámica talavera de Puebla. Muchas veces el fondo es azul y blanco con amarillo, anaranjado, verde y morado. ¿Crees que el Papá Noel me podría traer un platón o una jarra?
(Yes, Dad. I love the Talavera ceramics from Puebla. Many times the background is blue and white with yellows, oranges, greens and purples. Do you think Santa Claus could bring me a serving dish or a pitcher?)
SI/ pa-PA/ ME en-KAN-ta la se-RA-mi-ka ta-la-BE-ra de PWEB-la/ MU-chas BE-ses el FON-do ES a-SUL/ i BLAN-ko KON a-ma-RRI-yo/ a-na-ran-HA-do/ BER-de/ i mo-RA-do/ KRE-es KE el pa-PA no-EL ME pod-RI-a tra-ER un pla-TON o U-na HA-rra

Papá: Bueno, el Papá Noel sabe que a mí me gusta la cerámica negra de Oaxaca. El barro viene de un volcán al sur de México. ¿Crees que me podría traer un florero o una olla?
(Well, Santa Claus knows that I like the black ceramics from Oaxaca. The clay comes from a volcano to the south of Mexico. Do you think that he could bring me a vase or a pot?)
BWE-no/ el pa-PA no-EL SA-be KE a MI ME GUS-ta la se-RA-mi-ka NE-gra de ua-HA-ka/ el BA-rro BIE-ne de un bol-KAN al SUR de ME-hi-ko/ KRE-es KE ME pod-RI-a tra-ER un flo-RE-ro o U-na O-ya

Mamá: Vamos a hablar con el Papá Noel para ver lo que dice.
(Let's talk to Santa Claus to see what he says.)
BA-mos a ab-LAR KON el pa-PA no-EL PA-ra BER LO KE DI-se

Example:

Me encanta la cerámica talavera de Puebla. El fondo es azul y blanco con amarillo, anaranjado, verde y morado.

A mí me gusta la cerámica negra de Oaxaca. El barro viene de un volcán al sur de México.

You and your partner are at a bazaar looking at the beautiful ceramic pottery. Discuss the Talavera pottery and the black Oaxacan pottery.

Chapter 6 – Going Shopping – Lesson 5

LOOKING AT MEXICAN ART

The development of visual arts in Mexico follows its history which was essentially the Mesoamerican era, the colonial period and the period after the Mexican War of Independence.

Mamá: ¡Mira, Papá! Veo unas reproducciones del arte de Frida Kahlo. Quisiera comprar una para la sala.
(Look, Dad! I see some reproductions of Frida Kahlo's art. I would like to buy one for the living room.)
MI-ra/ pa-**PA**/ **BEO U**-nas rre-pro-duk-**SIO**-nes del **AR**-te de **FRI**-da **KA**-lo/ ki-**SIE**-ra kom-**PRAR U**-na **PA**-ra la **SA**-la

Papá: ¿Por qué te gusta tanto Frida Kahlo, mi amor?
(Why do you like Frida Kahlo so much, my Love?)
por **KE TE GUS**-ta **TAN**-to **FRI**-da **KA**-lo/ mi a-**MOR**

Mamá: Porque Frida Kahlo representa la experiencia femenina a muchas mujeres.
(Because Frida Kahlo represents the feminine experience to many women.)
por-**KE FRI**-da **KA**-lo rre-pre-**SEN**-ta la es-pe-**RIEN**-sia fe-me-**NI**-na a **MU**-chas mu-**HE**-res

Papá: No entiendo, querida. ¿Por qué piensas eso?
(I do not understand, Dear. Why do you think that?)
NO en-**TIEN**-do/ ke-**RI**-da/ por-**KE PIEN**-sas **E**-so

Mamá: ¡Frida estuvo en un accidente de autobús y sufrió mucho toda la vida. Ella tenía mucho talento artístico y expresó los problemas de la mujer en su arte.
(Frida was in a bus accident and suffered a lot all her life. She had a lot of artistic talent and expressed the problems of women in her art.)
FRI-da es-**TU**-bo en un ak-si-**DEN**-te de au-to-**BUS**/ i su-**FRIO MU**-cho **TO**-da la **BI**-da/ **E**-ya te-**NI**-a **MU**-cho ta-**LEN**-to ar-**TIS**-ti-ko/ i es-pre-**SO** los pro-**BLE**-mas de la mu-**HER** en su **AR**-te

Papá: ¿Cuándo nació Frida Kahlo?
(When was Frida Kahlo born?)
KWAN-do na-**SIO FRI**-da **KA**-lo

Mamá: Frida nació el seis de julio de mil novecientos siete, pero decía que había nacido el siete de julio de mil novecientos diez. Ella quería que su nacimiento sea el año de la revolución mexicana.
(Frida was born on July 6, 1907, but she said she had been born on July 7, 1910. She wanted her birth to be the year of the Mexican Revolution.)
FRI-da na-**SIO** el **SEIS** de **HU**-lio de **MIL** no-be-**SIEN**-tos **SIE**-te/ **PE**-ro de-**SI**-a **KE** a-**BI**-a na-**SI**-do el **SIE**-te de **HU**-lio de **MIL** no-be-**SIEN**-tos **DIES**/ **E**-ya ke-**RI**-a **KE** su na-si-**MIEN**-to **SE**-a el **A**-nyo de la rre-bo-lu-**SION** me-hi-**KA**-na

Example:

¿Cuándo nació Frida Kahlo?

Frida nació el seis de julio de mil novecientos siete, pero decía que había nacido el siete de julio de mil novecientos diez. Ella quería que su nacimiento sea el año de la revolución mexicana.

Give your partner a brief biography of the famous Mexican artist Frida Kahlo. He or she will return the favor.

Three Mexican muralists, David Alfaro Siqueiros, Diego Rivera and José Clemente Orozco, changed the face of Mexican art forever. They used mural art to reach the mostly illiterate masses. This was a technique used by the Mayans and Aztecs before the Spanish conquest.

Mamá: Papá ¿tú quieres una reproducción de arte también?
(Dad, do you want an art reproduction, too?)
pa-**PA**/ **TU KIE**-res **U**-na rre-pro-duk-**SION** de arte/ tam-**BIEN**

Papá: Sí, mi amor. Quisiera una reproducción del arte de Diego Rivera. ¿Sabes que Diego Rivera era el esposo de Frida Kahlo?
(Yes, my Love. I would like a reproduction of Diego Rivera's art. Do you know that Diego Rivera was Frida Kahlo's husband?)
SI/ mi a-**MOR**/ ki-**SIE**-ra **U**-na rre-pro-duk-**SION** del arte de **DIE**-go rri-**BE**-ra/ **SA**-bes **KE DIE**-go rri-**BE**-ra **E**-ra el es-**PO**-so de **FRI**-da **KA**-lo

Mamá: Sí, lo sé. Además, Diego Rivera era un gran pintor mexicano. Pintó unos murales muy importantes en Nueva York, San Francisco y Detroit en los Estados Unidos. También hizo varios murales en la Ciudad de México, Chapingo y Cuernavaca en México.
(Yes, I know. Besides, Diego Rivera was a great Mexican painter. He painted some very important murals in New York, San Francisco, and Detroit in the United States. He also did various murals in Mexico City, Chapingo, and Cuernavaca in Mexico.)
SI/ **LO SE**/ a-de-**MAS**/ **DIE**-go rri-**BE**-ra **E**-ra un **GRAN** pin-**TOR** me-hi-**KA**-no/ pin-**TO U**-nos mu-**RA**-les **MWI** im-por-**TAN**-tes en **NWE**-ba **YORK**/ san fran-**SIS**-ko/ i de-**TROIT** en los es-**TA**-dos u-**NI**-dos/ tam-**BIEN I**-so **BA**-rios mu-**RA**-les en la siu-**DAD** de **ME**-hi-ko/ cha-**PIN**-go/ i kwer-na-**BA**-ka en **ME**-hi-ko

Papá: Diego Rivera nació el ocho de diciembre de mil ochocientos ochenta y seis. Se casó con Frida Kahlo el veintiuno de agosto de mil novecientos veintinueve.
(Diego Rivera was born on December 8, 1886. He married Frida Kahlo on August 21, 1929.)
DIE-go rri-**BE**-ra na-**SIO** el **O**-cho de di-**SIEM**-bre de **MIL** o-cho-**SIEN**-tos o-**CHEN**-ta i **SEIS**/ **SE** ka-**SO KON FRI**-da **KA**-lo el bein-ti-**U**-no de a-**GOS**-to de **MIL** no-be-**SIEN**-tos bein-ti-**NWE**-be

Mamá: Entonces Frida tenía veintidós años y Diego tenía cuarenta y dos años cuando se casaron. ¡Qué interesante!
(So Frida was 22 years old, and Diego was 42 years old when they got married. How interesting!)
en-**TON**-ses **FRI**-da te-**NI**-a bein-ti-**DOS A**-nyos/ i **DIE**-go te-**NI**-a kwa-**REN**-ta i **DOS A**-nyos **KWAN**-do **SE** ka-**SA**-ron/ **KE** in-te-re-**SAN**-te

Example:

Diego Rivera se casó con Frida Kahlo el veintiuno de agosto de mil novecientos veintinueve.

Entonces Frida tenía veintidós años y Diego tenía cuarenta y dos años cuando se casaron.

Talk with your partner for a few minutes about Frida Kahlo and Diego Rivera.

Think back on **Lessons 2, 3, 4 and 5** with your partner. You are in an open-air bazaar in Mexico City and want to buy some gifts for your family and friends back home. As you walk through the aisles of merchandise at discounted prices, you think out loud about the sweatshirts, jeans, Mexican handicrafts and art reproductions by Frida Kahlo and Diego Rivera. Be prepared to present your dialogue to the class.

Chapter 6 – Going Shopping – Lesson 6

PACKING UP AND DRIVING HOME

The only gas stations in Mexico are the state-owned Pemex stations. Unleaded gasoline is called "<u>Magma Sin</u>" and is dispensed at a green pump. You need to pay for your fuel in pesos, and it's nice to know that all stations across Mexico sell gas at the same price.

Mamá: Ya estoy cansada. Vamos a casa.
(Now I am tired. Let's go home.)
YA e-STOY kan-SA-da/ BA-mos a KA-sa

Papá: Sí, Mamá. Estoy cansado también. Voy a meter las compras en la cajuela del coche.
(Yes, Mom. I am tired, too. I am going to put the purchases in the trunk of the car.)
SI/ ma-MA/ e-STOY kan-SA-do tam-BIEN/ BOY a me-TER las KOM-pras en la ka-HWE-la del KO-che

Mamá: Gracias, Papá. Ten cuidado con la fruta y las cosas de cerámica.
(Thanks, Dad. Be careful with the fruit and the ceramic things.)
GRA-si-as/ pa-PA/ TEN kwi-DA-do KON la FRU-ta/ i las KO-sas de se-RA-mi-ka

Papá: Por supuesto. ¡Ya me conoces!
(Of course. You know me!)
POR su-PWES-to/ YA ME ko-NO-ses

Mamá: Sí. ¡Te conozco, mosco!*
(Yes. I know you, you pest!)
SI/ TE ko-NOS-ko/ MOS-ko

*This is an amusing little nonsensical saying in Spanish that is used just because it rhymes. It may be compared to the English sayings, "See you later, alligator," or "After a while, crocodile."

Example:

Voy a meter las compras en la cajuela del coche.

Gracias. Ten cuidado con la fruta y las cosas de cerámica.

After shopping at the open-air bazaar, your partner tells you he or she is going to put your purchases in the trunk of the car. You tell him or her to be careful with the fruit and the ceramic things.

Mexico is like the states of Oregon and New Jersey where you are not allowed to pump your own gas at a gas station.

Papá: ¡Ay, caramba! Ya no tenemos gasolina en el coche. Tenemos que pasar por la gasolinera.
(Oh, my goodness! We don't have any more gas in the car. We have to stop by the gas station.)
AY/ ka-**RAM**-ba/ **YA NO** te-**NE**-mos ga-so-**LI**-na en el **KO**-che/ te-**NE**-mos **KE** pa-**SAR POR** la ga-so-li-**NE**-ra

Mamá: ¡No queremos quedarnos sin gasolina!
(We don't want to run out of gas!)
NO ke-**RE**-mos ke-**DAR**-nos **SIN** ga-so-**LI**-na

Trabajador en la gasolinera:
¿Lleno?
(Full?)
YE-no

Papá: Sí. Lleno, por favor, señor.
(Yes. Full, please, Sir.)
SI/ **YE**-no/ **POR** fa-**BOR**

Example:

¿Lleno?

Sí. Lleno, por favor, señor.

When you notice that your car is low on gas, you tell your partner you need to stop by the gas station. Your partner says he or she does not want to run out of gas.

THE VERBS SABER AND CONOCER

The verb **SABER** means "to know" in the sense of "to know information". With an infinitive it means "to know how to do something."

The verb **CONOCER** means "to know a place or a thing" in the sense of being acquainted with it. **CONOCER A** means "to know a person" in the sense of being acquainted with him or her.

	SABER (sa-BER)	**CONOCER** (ko-no-SER)
yo (I) YO	sé (I know) SE	conozco (I know) ko-NOS-ko
tú (You to family and friends) TU	sabes (You know) SA-bes	conoces (You know) ko-NO-ses
él, ella, usted (He, she, you to acquaintances) EL/ E-ya/ u-STED	sabe (He, she knows, You know) SA-be	conoce (He, she knows, You know) ko-NO-se
nosotros, nosotras (We masculine or mixed gender, We feminine) no-SO-tros/ no-SO-tras	sabemos (We know) sa-BE-mos	conocemos (We know) ko-no-SE-mos
ellos, ellas, ustedes (They masculine or mixed gender, They feminine, You plural to family, friends and acquaintances) E-yos/ E-yas/ u-STE-des	saben (They know) (You know) SA-ben	conocen (They know) (You know) ko-NO-sen

Note that the verb **SABER** is irregular in the form of *I*. It is not irregular in the other forms.

Note also that the spelling of the verb **CONOCER** changes from <u>c</u> to <u>zc</u> in the form of *I*.

Sé que María es bonita.
(I know that Mary is pretty.)

Conozco a María.
(I know Mary.)

THE PRESENT AND PAST OF ESTAR

Remember that the verb ESTAR means "to be" in English.

	Present tense	**Past tense**
yo *(I)* YO	estoy *(I am)* e-STOY	estuve *(I was)* e-STU-be
tú *(You to family and friends)* TU	estás *(You are)* e-STAS	estuviste *(You were)* e-stu-BIS-te
él, ella, usted *(He, she, you to acquaintances)* EL/ E-ya/ u-STED	está *(He, she is,* *You are)* e-STA	estuvo *(He, she was,* *You were)* e-STU-bo
nosotros, nosotras *(We masculine or mixed gender,* *We feminine)* no-SO-tros/ no-SO-tras	estamos *(We are)* e-STA-mos	estuvimos *(We were)* e-stu-BI-mos
ellos, ellas, ustedes *(They masculine or mixed gender,* *They feminine,* *You plural to family, friends and* *acquaintances)* E-yos/ E-yas/ u-STE-des	están *(They are)* *(You are)* e-STAN	estuvieron *(They were)* *(You were)* e-stu-BIE-ron

Note that the verb **ESTAR** is irregular in the past tense. It does not follow the pattern of the **-AR** verbs: <u>**aste**</u> *(You to family and friends)*, <u>**amos**</u> *(We)* and <u>**aron**</u> *(You plural to family, friends and acquaintances.)* It borrows the pattern of the **-IR** verbs: <u>**iste**</u> *(You to family and friends)*, <u>**imos**</u> *(We)* and <u>**ieron**</u> *(You plural to family, friends and acquaintances.)*

Make up sentences to tell the class using each of the forms of **ESTAR** in the past tense. Jot them down so you are ready when it is your turn.

Estuve _____
Estuviste _____
Estuvo _____
Estuvimos _____
Estuvieron _____

THE PRESENT AND PAST OF SER

Both **SER** and **ESTAR** mean "to be" in English, but they are used differently.

	Present tense	Past tense
yo (I) YO	soy (I am) SOY	fui (I was) FWI
tú (You to family and friends) TU	eres (You are) E-res	fuiste (You were) FWIS-te
él, ella, usted (He, she, you to acquaintances) EL/ E-ya/ u-STED	es (He, she is, You are) ES	fue (He, she was, You were) FWE
nosotros, nosotras (We masculine or mixed gender, We feminine) no-SO-tros/ no-SO-tras	somos (We are) SO-mos	fuimos (We were) FWI-mos
ellos, ellas, ustedes (They masculine or mixed gender, They feminine, You plural to family, friends and acquaintances) E-yos/ E-yas/ u-STE-des	son (They are) (You are) SON	fueron (They were) (You were) FWE-ron

Note that the verb **SER** is irregular in the past tense. It does not follow either the pattern of the **-AR** verbs: **aste** (*You to family and friends*), **amos** (*We*) and **aron** (*You plural to family, friends and acquaintances.*) or the pattern of the **-IR** verbs: **iste** (*You to family and friends*), **imos** (*We*) and **ieron** (*You plural to family, friends and acquaintances.*) It does its own thing!

Make up sentences to tell the class using each of the forms of **SER** in the past tense. Jot them down so you are ready when it is your turn.

Fui _____

Fuiste _____

Fue _____

Fuimos _____

Fueron _____

THE PRESENT AND PAST OF SAMPLE REGULAR VERBS

All regular verbs in Spanish end in -AR, -ER or -IR.

PINTAR *(pin-TAR)*

	Present tense	**Past tense**
yo *(I)* YO	pinto *(I paint)* PIN-to	pinté *(I painted)* pin-TE
tú *(You to family and friends)* TU	pintas *(You paint)* PIN-tas	pintaste *(You painted)* pin-TAS-te
él, ella, usted *(He, she, you to acquaintances)* EL/ E-ya/ u-STED	pinta *(He paints, she paints, You paint)* PIN-ta	Pintó *(He, she painted, You painted)* pin-TO
nosotros, nosotras *(We masculine or mixed gender, We feminine)* no-SO-tros/ no-SO-tras	pintamos *(We paint)* pin-TA-mos	pintamos We painted) pin-TA-mos
ellos, ellas, ustedes *(They masculine or mixed gender, They feminine, You plural to family, friends and acquaintances)* E-yos/ E-yas/ u-STE-des	pintan *(They paint)* *(You paint)* PIN-tan	pintaron *(They painted)* *(You painted)* pin-TA-ron

Pinté   un plato.
Pintaste   un vaso.
Pintó   una taza.
Pintamos   una cerámica.
Pintaron   un mural.

Make up sentences to tell the class using each of the forms of **PINTAR** in the past tense. Jot them down so you are ready when it is your turn.

Pinté _____
Pintaste _____
Pintó _____
Pintamos _____
Pintaron _____

THE PRESENT AND PAST OF SAMPLE REGULAR VERBS

All regular verbs in Spanish end in -AR, -ER or -IR.

NACER (na-SER)

	Present tense	Past tense
yo (I) YO	nazco (I am born) NAS-ko	nací (I was born) na-SI
tú (You to family and friends) TU	naces (You are born) NA-ses	naciste (You were born) na-SIS-te
él, ella, usted (He, she, you to acquaintances) EL/ E-ya/ u-STED	nace (He, she is born, You are born) NA-se	nació (He, she was born, You were born) na-SIO
nosotros, nosotras (We masculine or mixed gender, We feminine) no-SO-tros/ no-SO-tras	nacemos (We are born) na-SE-mos	nacimos (We were born) na-SI-mos
ellos, ellas, ustedes (They masculine or mixed gender, They feminine, You plural to family, friends and acquaintances) E-yos/ E-yas/ u-STE-des	nacen (They are born) (You are born) NA-sen	nacieron (They were born) (You were born) na-SIE-ron

Note that the regular **-ER** verbs borrow the **i** from the **-IR** verbs in the past tense: **iste** (*You to family and friends*), **imos** (*We*) and **ieron** (*You plural to family, friends and acquaintances.*)

Make up sentences to tell the class using each of the forms of **NACER** in the past tense. Jot them down so you are ready when it is your turn.

Nací _____
Naciste _____
Nació _____
Nacimos _____
Nacieron _____

THE PRESENT AND PAST OF SAMPLE REGULAR VERBS

All regular verbs in Spanish end in -AR, -ER or -IR.

SUFRIR *(su-FRIR)*

	Present tense	**Past tense**
yo *(I)* YO	sufro *(I suffer)* SU-fro	sufrí *(I suffered)* su-FRI
tú *(You to family and friends)* TU	sufres *(You suffer)* SU-fres	sufriste *(You suffered)* su-FRIS-te
él, ella, usted *(He, she, you to acquaintances)* EL/ E-ya/ u-STED	sufre *(He, she suffers, You suffer)* SU-fre	sufrió *(He, she suffered, You suffered)* su-FRIO
nosotros, nosotras *(We masculine or mixed gender, We feminine)* no-SO-tros/ no-SO-tras	sufrimos *(We suffer)* su-FRI-mos	sufrimos *(We suffered)* su-FRI-mos
ellos, ellas, ustedes *(They masculine or mixed gender, They feminine, You plural to family, friends and acquaintances)* E-yos/ E-yas/ u-STE-des	sufren *(They suffer)* *(You suffer)* SU-fren	sufrieron *(They suffered)* *(You suffered)* su-FRIE-ron

Note that the regular **-IR** verbs borrow the **e** from the **-ER** verbs in the present tense: **es** *(You to family and friends)* and **en** *(You plural to family, friends and acquaintances.)* They do **not** change in the present form of *We*.

Make up sentences to tell the class using each of the forms of **SUFRIR** in the past tense. Jot them down so you are ready when it is your turn.

Sufrí _____
Sufriste _____
Sufrió _____
Sufrimos _____
Sufrieron _____

Chapter 6 -- Word List

accidente (m) *ak-si-DEN-te* - accident
además (adv) *a-de-MAS* - besides
ajedrez (m) *a-he-DRES* - chess
arte (m) *AR-te* - art
artístico/a (adj) *ar-TIS-ti-ko/a* - artistic
asunto (m) *a-SUN-to* - matter
autobús (m) *au-to-BUS* - bus
¡Ay, caramba! (phrase) *AY/ ka-RAM-ba* - Oh my goodness!
azúcar (m) *a-SU-kar* - sugar
barro (m) *BA-rro* - clay
bazaar (m) *ba-SAR* - bazaar
cajuela (f) *ka-HWE-la* - car trunk
cansado/a (adj) *kan-SA-do/a* - tired
capucha (f) *ka-PU-cha* - hood
cerámica talavera (f) *se-RA-mi-ka ta-la-BE-ra* - Talavera ceramics
cierre (m) *SIE-rre* - zipper
cintura (f) *sin-TU-ra* - waist
coco (m) *KO-ko* - coconut
cola (f) *KO-la* - line
contigo (pro) *kon-TI-go* - with you (informal)
de acuerdo (adv) *de a-KWER-do* - in agreement
elote (m) *e-LO-te* - corn
experiencia (f) *es-pe-RIEN-sia* - experience
experto (m) *es-PER-to* - expert
femenino/a (adj) *fe-me-NI-no/a* - feminine
florero (m) *flo-RE-ro* - vase
fondo (m) *FON-do* - background
fresa (adj) *FRE-sa* - strawberry flavor
gasolinera (f) *ga-so-li-NE-ra* - gas station
gracioso/a (adj) *GRA-sio-so/a* - attractive
guayaba (adj) *gwa-YA-ba* - guava flavor
hecho/a (adj) *E-cho/a* - made
hecho a mano (phrase) *E-cho a MA-no* - made by hand
helado (m) *e-LA-do* - ice cream
hielo (m) *YE-lo* - ice
hombre (m) *OM-bre* - man
interesante (adj) *in-te-re-SAN-te* - interesting
jamaica (adj) *ha-MAI-ka* - hibiscus flavor
jarra (f) *HA-rra* - pitcher
juego de té (m) *HUE-go de TE* - tea set

largo (m) *LAR-go* - length
licuado (m) *li-KWA-do* - milkshake
limón (adj) *li-MON* - lemon flavor
lleno/a (adj) *YE-no/a* - full
mamey (m) *ma-MEI* - mamey
mango (adj) *MAN-go* - mango flavor
mármol (m) *MAR-mol* - marble
melón (adj) *me-LON* - cantaloupe flavor
mercado (m) *mer-KA-do* - market
mezclilla (f) *mes-KLI-ya* - denim
moda (f) *MO-da* - fashion
mujer (f) *mu-HER* - woman
mural (m) *mu-RAL* - mural
nacimiento (m) *na-si-MIEN-to* - birth
olla (f) *O-ya* - pot
ónice (f) *O-ni-se* - onyx
paleta (f) *pa-LE-ta* - popsicle
paleta de agua (f) *pa-LE-ta de A-gwa* - water-based popsicle
paleta de leche (f) *pa-LE-ta de LE-che* - milk-based ice cream bar
paletería (f) *pa-le-te-RI-a* - ice cream parlor
pantalón (m) *pan-ta-LON* - pants
Papá Noel (m) *pa-PA no-EL* - Santa Claus
par (m) *PAR* - pair
pedazo (m) *pe-DA-so* - piece
pepino con chile (adj) *pe-PI-no KON CHI-le* - cucumber with chili flavor
pintor (m) *pin-TOR* - painter
piña (adj) *PI-nya* - pineapple flavor
platón (m) *pla-TON* - serving dish (platter)
precio (m) *PRE-sio* - price
precioso/a (adj) *pre-SIO-so/a* - beautiful
reproducción (f) *rre-pro-duk-SION* - reproduction
revolución (f) *rre-bo-lu-SION* - revolution
ron (m) *RRON* - rum
sabor (m) *sa-BOR* - flavor
sandía (adj) *san-DI-a* - watermelon flavor
sudadera (f) *su-da-DE-ra* - sweatshirt
talento (m) *ta-LEN-to* - talent
talla (f) *TA-ya* - size
tamarindo (adj) *ta-ma-RIN-do* - tamarind flavor
taza (f) *TA-sa* - cup
¡Te conozco, mosco! (silly phrase) *TE ko-NOS-ko/ MOS-ko* - I know you, you pest!
¡Ten cuidado! (phrase) *TEN kwi-DA-do* - Be careful!
tetera (f) *te-TE-ra* - tea pot

tianguis (m) *ti-AN-gis* - bazaar
todo el día (phrase) *TO-do el DI-a* - all day
todo el mundo (phrase) *TO-do el MUN-do* - everyone
trabajador (m) *tra-ba-ha-DOR* - worker
tropical (adj) *tro-pi-KAL* - tropical
vainilla (f) *bai-NI-ya* - vanilla
varios/as (adj) *BA-rios/rias* - various
volcán (m) *bol-KAN* - volcano
zapote negro (m) *sa-PO-te NE-gro* - type of persimmon native to Mexico
zapote negro (adj) *sa-PO-te NE-gro* - black persimmon flavor

Chapter 7 – Traveling In Mexico – Lesson 1

TALKING ABOUT MEXICO

Mexico is the fifth largest country in the Americas and the thirteenth largest independent nation in the world. It is a federal constitutional republic.

Profesor: El nombre oficial de México es los Estados Unidos Mexicanos. Es una república federal. Según la Constitución de mil novecientos diecisiete los estados de la federación son libres y soberanos.
(The official name of Mexico is the United Mexican States. It is a Federal republic. According to the Constitution of 1917 the states of the federation are free and sovereign.)
el **NOM**-bre o-fi-**SIAL** de **ME**-hi-ko **ES** los es-**TA**-dos u-**NI**-dos me-hi-**KA**-nos/ **ES U**-na rre-**PU**-bli-ka fe-de-**RAL**/ se-**GUN** la kon-sti-tu-**SION** de **MIL** no-be-**SIEN**-tos dies-i-**SIE**-te los es-**TA**-dos de la fe-de-ra-**SION SON LI**-bres/ i so-be-**RA**-nos

Estudiante: ¿Cuántos estados tiene México?
(How many states does Mexico have?)
KWAN-tos es-**TA**-dos **TIE**-ne **ME**-hi-ko

Profesor: México tiene treinta y un estados y un distrito federal.
(Mexico has 31 states and a federal district.)
ME-hi-ko **TIE**-ne **TREIN**-ta i un es-**TA**-dos/ i un dis-**TRI**-to fe-de-**RAL**

Estudiante: ¿Qué es el distrito federal?
(What is the federal district?)
KE ES el dis-**TRI**-to fe-de-**RAL**

Profesor:	El distrito federal es el territorio de la capital de México, la Ciudad de México. Por eso la Ciudad de México se llama México, D.F. *(The federal district is the territory of Mexico's capital, Mexico City. That's why Mexico City is called Mexico, D.F.)* el dis-**TRI**-to fe-de-**RAL ES** el te-rri-**TO**-rio de la ka-pi-**TAL** de **ME**-hi-ko/ la siu-**DAD** de **ME**-hi-ko/ **POR ESO** la siu-**DAD** de **ME**-hi-ko **SE YA**-ma **ME**-hi-ko/ **D/F**
Estudiante:	¿Es Washington, D.C. un distrito federal como México, D.F.? *(Is Washington, D.C. a federal district like Mexico, D.F.?)* **ES** un dis-**TRI**-to fe-de-**RAL KO**-mo **ME**-hi-ko/ **D/F**
Profesor:	Sí. Washington, District of Columbia es un distrito federal como México, Distrito Federal. *(Yes. Washington, District of Columbia is a federal district like Mexico, Federal District.)* **SI**/ **ES** un dis-**TRI**-to fe-de-**RAL KO**-mo **ME**-hi-ko/ dis-**TRI**-to fe-de-**RAL**
Estudiante:	¡Qué interesante! No lo sabía. *(How interesting! I did not know that.)* **KE** in-te-re-**SAN**-te/ **NO LO** sa-**BI**-a

Example:

¿Cuántos estados tiene México?

México tiene treinta y un estados y un distrito federal.

With your partner compare the United States of America to the United States of Mexico. Talk about the number of states and the federal district each has.

Chapter 7 – Traveling In Mexico – Lesson 2

TALKING BRIEFLY ABOUT MEXICO'S HISTORY

The history of Mexico includes 3,000 years of complex indigenous civilizations before it was conquered by the Spanish in 1519.

Profesor:	Se habla más idiomas indígenas en México que en cualquier otro país de América del Norte. *(More indigenous languages are spoken in Mexico than in any other North American country.)* **SE A**-bla **MAS** i-**DIO**-mas in-**DI**-he-nas en **ME**-hi-ko **KE** en kwal-**KIER O**-tro pa-**IS** de a-**ME**-ri-ka del **NOR**-te
Estudiante:	Entonces ¿por qué se habla el español en México y no un idioma indígena? *(So why is Spanish spoken in Mexico and not an indigenous language?)* en-**TON**-ses/ por **KE SE A**-bla el es-pa-**NYOL** en **ME**-hi-ko/ i **NO** un i-**DIO**-ma in-**DI**-he-na
Profesor:	Se habla el español en México porque fue parte del Imperio Español desde mil quinientos diecinueve hasta mil ochocientos veintiuno. *(Spanish is spoken in Mexico because it was part of the Spanish Empire from 1519 until 1821.)* **SE A**-bla el es-pa-**NYOL** en **ME**-hi-ko por-**KE FWE PAR**-te del im-**PE**-rio es-pa-**NYOL DES**-de **MIL** kin-**YEN**-tos dies-i-**NWE**-be **AS**-ta **MIL** o-cho-**SIEN**-tos bein-ti-**U**-no
Estudiante:	¿Es la religión de México una religión indígena? *(Is Mexico's religion an indigenous religion?)* **ES** la rre-li-**HION** de **ME**-hi-ko **U**-na rre-li-**HION** in-**DI**-he-na
Profesor:	No. México es un país católico. *(No. Mexico is a catholic country.)* **NO**/ **ME**-hi-ko **ES** un pa-**IS** ka-**TO**-li-ko

Example:

¿Qué idiomas se habla en México?

En México se habla el español y más idiomas indígenas que en los Estados Unidos y en Canadá.

With your partner compare the languages that are spoken in North America.

Mexico was part of the Spanish Empire for over three centuries.

Profesor: Los españoles empezaron un sistema de haciendas en Argentina, en Bolivia, en Chile, en Ecuador, en México, en Nueva Granada y en Perú.
(The Spanish began a system of estates in Argentina, Bolivia, Chile, Ecuador, Mexico, New Granada and Peru.)
los es-pa-**NYO**-les em-pe-**SA**-ron un sis-**TE**-ma de a-**SIEN**-das en ar-hen-**TI**-na/ en bo-**LI**-bia/ en **CHI**-le/ en e-**KWA**-dor/ en **ME**-hi-ko/ en **NWE**-ba gra-**NA**-da/ i en pe-**RU**

Estudiante: ¿Qué era Nueva Granada?
(What was New Granada?)
KE E-ra **NWE**-ba gra-**NA**-da

Profesor: Nueva Granada era el territorio del Imperio Español en la parte al norte de América del Sur.
(New Granada was the territory of the Spanish Empire in the northern part of South America.)
NWE-ba gra-**NA**-da **E**-ra el te-rri-**TO**-rio del im-**PE**-rio es-pa-**NYOL** en la **PAR**-te al **NOR**-te de a-**ME**-ri-ka del **SUR**

Estudiante: ¿Qué era una hacienda?
(What was an estate?)
KE E-ra **U**-na a-**SIEN**-da

Profesor: Una hacienda era el terreno que España le dio a una persona o a un pequeño grupo de personas.
(An estate was the land that Spain gave to a person or a small group of people.)
U-na a-**SIEN**-da **E**-ra el te-**RRE**-no **KE** es-**PA**-nya le **DIO** a **U**-na per-**SO**-na o a un pe-**KE**-nyo **GRU**-po de per-**SO**-nas

Estudiante:	¿Quiénes trabajaban en una hacienda? *(Who worked on an estate?)* *KIE-nes tra-ba-HA-ban en U-na a-SIEN-da*
Profesor:	Los trabajadores en una hacienda eran la gente indígena del terreno. *(The workers on an estate were the indigenous people of the land.)* *los tra-ba-ha-DO-res en U-na a-SIEN-da E-ran la HEN-te in-DI-he-na del te-RRE-no*
Estudiante:	¿Qué hacían los trabajadores en una hacienda? *(What did the workers do on an estate?)* *KE a-SI-an los tra-ba-ha-DO-res en U-na a-SIEN-da*
Profesor:	La gente indígena trabajaba en la tierra, en las minas o con el ganado. *(The indigenous people worked on the land, in the mines or with the cattle.)* *la HEN-te in-DI-he-na tra-ba-HA-ba en la TIE-rra/ en las MI-nas o KON el ga-NA-do*

Example:

¿Quiénes trabajaban en una hacienda?

Los trabajadores en una hacienda eran la gente indígena del terreno.

Describe a "hacienda" of the Spanish Empire. Ask your partner to name the countries where Spain had a system of "haciendas".

Between 1810 and 1821 Mexico fought for its independence from Spain and struggled greatly afterward.

Profesor:	Después de su independencia hubo caos en la política de México. *(After its independence there was chaos in the politics of Mexico.)* *des-PWES de su in-de-pen-DEN-sia U-bo KA-os en la po-LI-ti-ka de ME-hi-ko*

Estudiante: ¿Qué pasó?
(What happened?)
KE pa-SO

Profesor: Augustín de Iturbide firmó un tratado con España el veintisiete de septiembre de mil ochocientos veintiuno. Después del tratado España se fue de México.
(Augustin de Iturbide signed a treaty with Spain on September 27, 1821. After the treaty Spain left Mexico.)
au-gus-TIN de i-tur-BI-de fir-MO un tra-TA-do KON es-PA-nya el bein-ti-SIE-te de sep-TIEM-bre de MIL o-cho-SIEN-tos bein-ti-U-no/ des-PWES del tra-TA-do es-PA-nya SE FWE de ME-hi-ko

Estudiante: ¿Qué hizo Iturbide?
(What did Iturbide do?)
KE I-so i-tur-BI-de

Profesor: Iturbide era un dictador. En mil ochocientos veintidós se hizo emperador en una ceremonia al estilo de Napoleón en Francia.
(Iturbide was a dictator. In 1822 he made himself emperor in a ceremony in the style of Napoleon in France.)
i-tur-BI-de E-ra un dik-ta-DOR/ en MIL o-cho-SIEN-tos bein-ti-DOS SE I-so em-pe-ra-DOR en U-na se-re-MO-nia al e-STI-lo de na-po-le-ON en FRAN-sia

Estudiante: ¿Cuánto tiempo duró Iturbide como Emperador de México?
(How long did Iturbide last as the Emperor of Mexico?)
KWAN-to TIEM-po du-RO i-tur-BI-de KO-mo em-pe-ra-DOR de ME-hi-ko

Profesor: No duró mucho. En mil ochocientos veintitrés lo corrieron.
(He did not last long. In 1823 they ousted him.)
NO du-RO MU-cho/ en MIL o-cho-SIEN-tos bein-ti-TRES lo ko-RRIE-ron

Estudiante: ¿Qué pasó después del Emperador Iturbide?
(What happened after Emperor Iturbide?)
KE pa-SO des-PWES del em-pe-ra-DOR i-tur-BI-de

Profesor: El cuatro de octubre de mil ochocientos veinticuatro se
estableció el gobierno de los Estados Unidos Mexicanos.
*(On October 4, 1824 the government of the United Mexican States
was established.)*
el **KWAT**-ro de ok-**TU**-bre de **MIL** o-cho-**SIEN**-tos bein-ti-**KWA**-tro
SE es-ta-ble-**SIO** el go-**BIER**-no de los es-**TA**-dos u-**NI**-dos
me-hi-**KA**-nos

Example:

¿Qué pasó después del Emperador Iturbide?

Se estableció el gobierno de los Estados Unidos Mexicanos.

Tell your partner why Spain finally got out of Mexico. Ask him or her to describe Iturbide's brief career as emperor of Mexico.

Many leaders followed Iturbide, but few completed their terms. Many seized power by force.

Estudiante: ¿Cómo le fue al nuevo gobierno de México en mil ochocientos veinticuatro?
(How did it go for the new government of Mexico in 1824?)
KO-mo **LE FUE** al **NWE**-bo go-**BIER**-no de **ME**-hi-ko

Profesor: Le fue difícil. Hubo muchos líderes.
(It was difficult. There were a lot of leaders.)
LE FUE di-**FI**-sil/ **U**-bo **MU**-chos **LI**-de-res

Estudiante: ¿Quiénes fueron unos de los líderes?
(Who were some of the leaders?)
KIE-nes **FWE**-ron **U**-nos de los **LI**-de-res

Profesor:	Guadalupe Victoria, Vicente Guerrero y Anastasio Bustamante fueron unos de los Presidentes de los Estados Unidos Mexicanos después de mil ochocientos veinticuatro. *(Guadalupe Victoria, Vicente Guerrero and Anastasio Bustamante were some of the Presidents of the United Mexican States after 1824.)* *gwa-da-**LU**-pe bik-**TO**-ria/ bi-**SEN**-te ge-**RRE**-ro/ i a-na-**STA**-sio bus-ta-**MAN**-te **FWE**-ron **U**-nos de los pre-si-**DEN**-tes de los es-**TA**-dos u-**NI**-dos me-hi-**KA**-nos des-**PWES** de **MIL** o-cho-**SIEN**-tos bein-ti-**KWA**-tro*
Estudiante:	¿No fue el General Antonio López de Santa Anna uno de los Presidentes de México? *(Wasn't General Antonio Lopez de Santa Anna one of the Mexican Presidents?)* ***NO FWE** el he-ne-**RAL** an-**TO**-nio **LO**-pes de **SAN**-ta **A**-na **U**-no de los pre-si-**DEN**-tes de **ME**-hi-ko*
Profesor:	Sí. Santa Anna fue el Presidente de México por primera vez en mil ochocientos treinta y dos. *(Yes. Santa Anna was the President of Mexico for the first time in 1832.)* ***SI**/ **SAN**-ta **A**-na **FWE** el pre-si-**DEN**-tes de **ME**-hi-ko **POR** pri-**ME**-ra **BES**/ en **MIL** o-cho-**SIEN**-tos **TREIN**-ta i **DOS***
Estudiante:	¿Por primera vez? ¿Cuántas veces fue el Presidente de México? *(For the first time? How many times was he the President of Mexico?)* ***POR** pri-**ME**-ra **BES**/ **KWAN**-tas **BE**-ses **FWE** el pre-si-**DEN**-te de **ME**-hi-ko*
Profesor:	Santa Anna fue el Presidente de los Estados Unidos Mexicanos once veces. *(Santa Anna was the President of the United Mexican States eleven times.)* ***SAN**-ta **A**-na **FWE** el pre-si-**DEN**-te de los es-**TA**-dos u-**NI**-dos me-hi-**KA**-nos **ON**-se **BE**-ses*

Example:

¿Cuántas veces fue Santa Anna el Presidente de México?

Santa Anna fue el Presidente de los Estados Unidos Mexicanos once veces.

Briefly describe the period between 1824 and 1832 in Mexico.

Benito Juarez was a great early leader and is sometimes thought of as the Abraham Lincoln of Mexico. He was President from 1861 to 1863 and from 1867 to 1872.

Estudiante:	¿Por qué es Benito Juárez tan famoso en México? *(Why is Benito Juarez so famous in Mexico?)* por **KE ES** be-**NI**-to **HWA**-res **TAN** fa-**MO**-so en **ME**-hi-ko
Profesor:	Cuando los franceses invadieron México el Presidente Juárez unió el país y corrió a los franceses. *(When the French invaded Mexico President Juarez united the country and ousted the French.)* **KWAN**-do los fran-**SE**-ses in-ba-**DIE**-ron **ME**-hi-ko el pre-si-**DEN**-te **HWA**-res u-**NIO** el pa-**IS**/ i ko-**RRIO** a los fran-**SE**-ses
Estudiante:	¿Es por eso que festejamos el Cinco de Mayo? *(Is that why we celebrate Cinco de Mayo?)* **ES POR E**-so **KE** fes-te-**HA**-mos el **SIN**-ko de **MA**-yo
Profesor:	Sí. Los mexicanos ganaron la Batalla de Puebla y empezaron a correr a los franceses el cinco de mayo de mil ochocientos sesenta y dos. *(Yes. The Mexicans won the Battle of Puebla and began to oust the French on May 5, 1862.)* **SI**/ los me-hi-**KA**-nos ga-**NA**-ron la ba-**TA**-ya de **PWE**-bla/ i em-pe-**SA**-ron a ko-**RRER** a los fran-**SE**-ses el **SIN**-ko de **MA**-yo de **MIL** o-cho-**SIEN**-tos se-**SEN**-ta i **DOS**
Estudiante:	Me gusta tomar una margarita con mis amigos el Cinco de Mayo. *(I like to drink a margarita with my friends on Cinco de Mayo.)* **ME GUS**-ta to-**MAR U**-na mar-ga-**RI**-ta **KON MIS** a-**MI**-gos el **SIN**-ko de **MA**-yo

Example:

¿Por qué festejamos el Cinco de Mayo?

Porque los mexicanos ganaron la Batalla de Puebla y corrieron a los franceses el cinco de mayo de mil ochocientos sesenta y dos.

Explain to your partner why we celebrate Cinco de Mayo.

From 1876 to 1911 Porfirio Diaz ruled Mexico. A bloody revolution followed from 1911 to 1921. The modern Mexican state evolved, and some of the goals of the revolution have gradually been realized.

Profesor:	Porfirio Díaz era un dictador que gobernaba con puño de hierro. *(Porfirio Díaz was a dictator who ruled with an iron fist.)* por-**FI**-rio **DI**-as **E**-ra un dik-ta-**DOR KE** go-ber-**NA**-ba **KON PU**-ño de **YE**-rro
Estudiante:	¿Cómo es que gobernaba con puño de hierro? *(How did he rule with an iron fist?)* **KO**-mo **ES KE** go-ber-**NA**-ba **KON PU**-ño de **YE**-rro
Profesor:	La gente de México tenía menos libertad personal con el dictador Porfirio Díaz. *(The people of Mexico had less personal freedom with the dictator Porfirio Diaz.)* la **HEN**-te de **ME**-hi-ko te-**NI**-a **ME**-nos li-ber-**TAD** per-so-**NAL KON** el dik-ta-**DOR** por-**FI**-rio **DI**-as
Estudiante:	¿Qué hizo Porfirio Díaz por México? *(What did Porfirio Diaz do for Mexico?)* **KE I**-so por-**FI**-rio **DI**-as **POR ME**-hi-ko
Profesor:	El Presidente Díaz modernizó la economía de México. *(President Diaz modernized the economy of Mexico.)* el pre-si-**DEN**-te **DI**-as mo-der-ni-**SO** la e-ko-no-**MI**-a de **ME**-hi-ko
Estudiante:	¿Cómo era la revolución? *(What was the revolution like?)* **KO**-mo **E**-ra la rre-bo-lu-**SION**

Profesor: La revolución era muy violenta y duró diez años. Aproximadamente uno en cada diez mexicanos murió durante la revolución.
(The revolution was very violent and lasted 10 years. Approximately 1 in every 10 Mexicans died during the revolution.)
*la rre-bo-lu-**SION** **E**-ra **MWI** bio-**LEN**-ta/ i du-**RO** **DIES** **A**-nyos/ a-prok-si-ma-da-**MEN**-te **U**-no en **KA**-da **DIES** me-hi-**KA**-nos mu-**RIO** du-**RAN**-te la rre-bo-lu-**SION***

Example:

¿Cómo era la revolución?

La revolución era muy violenta y duró diez años.

Talk to your partner about the presidency of Porfirio Diaz.

Chapter 7 – Traveling In Mexico – Lesson 3

TALKING ABOUT THE CULTURE OF MEXICO

Before the Spanish conquest of Mexico in the 16th century there were numerous prominent civilizations that inhabited the territory, such as the Olmecs, Toltecs, Teotihuacans, Mayans, Nahuatl, Totonaca, Zapotecs, Mixtecs, Tarascans and Aztecs.

Profesor:	Los Olmecas eran una de las primeras gran civilizaciones de Mesoamérica. *(The Olmecs were one of the first great civilizations of Mesoamerica.)* *los ol-**ME**-kas **E**-ran **U**-na de las pri-**ME**-ras **GRAN** si-bi-li-sa-**SIO**-nes de me-so-a-**ME**-ri-ka*
Estudiante:	¿Qué quiere decir Mesoamérica, profesor? *(What does Mesoamerica mean, Professor?)* ***KE KIE**-re de-**SIR** me-so-a-**ME**-ri-ka/ pro-fe-**SOR***
Profesor:	Mesoamérica quiere decir América central. Es una región de las Américas que extiende de México central a Belice, Guatemala, El Salvador, Honduras, Nicaragua y la parte al norte de Costa Rica. *(Mesoamerica means middle or central America. It is a region of the Americas that extends from central Mexico to Belize, Guatemala, El Salvador, Honduras, Nicaragua and the northern part of Costa Rica.)* *me-so-a-**ME**-ri-ka **KIE**-re de-**SIR** a-**ME**-ri-ka sen-**TRAL**/ **ES U**-na rre-**HION** de las a-**ME**-ri-kas **KE** es-**TIEN**-de de **ME**-hi-ko sen-**TRAL** a **BE**-li-se/ gwa-te-**MA**-la/ el sal-ba-**DOR**/ on-**DU**-ras/ ni-ka-**RA**-gwa/ i la **PAR**-te al **NOR**-te de kos-ta **RRI**-ka*
Profesor:	Muchas personas no saben que Mesoamérica fue una de las seis áreas del mundo donde las civilizaciones antiguas desarrollaron independientemente. *(Many people do not know that Mesoamerica was one of the six areas of the world where ancient civilizations developed independently.)* ***MU**-chas per-**SO**-nas **NO SA**-ben **KE** me-so-a-**ME**-ri-ka **FEW U**-na de las **SEIS A**-reas del **MUN**-do **DON**-de las si-bi-la-**SIO**-nes an-**TI**-gwas de-sa-rro-**YA**-ron in-de-pen-dien-te-**MEN**-te*

Estudiante:	¿En qué parte de Mesoamérica vivieron los olmecas? *(In what part of Mesoamerica did the Olmecs live?)* en **KE PAR**-te de me-so-a-**ME**-ri-ka bi-**BIE**-ron los ol-**ME**-kas
Profesor:	Los olmecas vivieron en México entre mil doscientos BC y quinientos BC. Se conoce su cultura como la "Madre Cultura" de México. *(The Olmecs lived in Mexico between 1200 BC and 500 BC. Their culture is known as the "Mother Culture" of Mexico.)* los ol-**ME**-kas bi-**BIE**-ron en **ME**-hi-ko **EN**-tre **MIL** do-**SIEN**-tos **BE SE**/ i ki-**NIEN**-tos **BE SE**/ **SE** ko-**NO**-se su kul-**TU**-ra **KO**-mo la **MA**-dre kul-**TU**-ra de **ME**-hi-ko
Estudiante:	¿Por qué se conoce la cultura olmeca como la "Madre Cultura" de México, profesor? *(Why is the Olmec culture known as the "Mother Culture" of Mexico, Professor?)* por **KE SE** ko-**NO**-se la kul-**TU**-ra ol-**ME**-ka **KO**-mo la **MA**-dre kul-**TU**-ra de **ME**-hi-ko/ pro-fe-**SOR**
Profesor:	Los olmecas fueron la primera cultura en Mesoamérica de desarrollar la agricultura. Antes de ellos las tribus nómadas casaban y pescaban, pero no se quedaban en ningún lugar fijo. *(The Olmecs were the first culture in Mesoamerica to develop agriculture. Before them the nomadic tribes hunted and fished, but they did not stay in a fixed location.)* los ol-**ME**-kas **FWE**-ron la pri-**ME**-ra kul-**TU**-ra en me-so-a-**ME**-ri-ka de de-sa-rro-**YAR** la a-gri-kul-**TU**-ra/ **AN**-tes de **E**-yos las **TRI**-bus **NO**-ma-das ka-**SA**-ban/ i pes-**KA**-ban/ **PE**-ro **NO SE** ke-**DA**-ban en nin-**GUN** lu-**GAR FI**-ho

Example:

¿Qué quiere decir Mesoamérica?

Mesoamérica quiere decir América central.

Tell your partner what countries make up Mesoamerica. Ask him or her to explain why the Olmec culture is known as the "Mother Culture" of Mexico.

Teotihuacan was one of the major pre-Columbian cities in Mesoamerica.

Estudiante:	¿Qué quiere decir Teotihuacan? *(What does Teotihuacan mean?)* **KE KIE**-re de-**SIR** teo-ti-hua-**KAN**
Profesor:	Teotihuacan quiere decir "el lugar donde fueron hechos los dioses; la ciudad de los dioses" en el idioma náhuatl. *(Teotihuacan means "the place where the gods were made; the city of the gods" in the Nahuatl language.)* teo-ti-hua-**KAN KIE**-re de-**SIR**/ el lu-**GAR DON**-de **FWE**-ron **E**-chos los **DIO**-ses/ la siu-**DAD** de los **DIO**-ses en el i-**DIO**-ma **NA**-wa-tl
Estudiante:	¡Qué interesante! ¿Dónde vivieron los teotihuacanos? *(How interesting! Where did the Teotihuacan people live?)* **KE** in-te-re-**SAN**-te/ **DON**-de bi-**BIE**-ron los teo-ti-hua-**KA**-nos
Profesor:	Los teotihuacanos vivieron en una de las mayores ciudades prehispánicas de Mesoamérica. *(The people of Teotihuacan lived in one of the biggest pre-Columbian cities of Mesoamerica.)* los teo-ti-hua-**KA**-nos bi-**BIE**-ron en **U**-na de las ma-**YO**-res siu-**DA**-des pre-is-**PA**-ni-kas de me-so-a-**ME**-ri-ka
Estudiante:	¿Dónde está la ciudad de Teotihuacan? *(Where is the city of Teotihuacan?)* **DON**-de e-**STA** la siu-**DAD** de teo-ti-hua-**KAN**
Profesor:	Teotihuacan está a unas treinta millas al noreste de la Ciudad de México. *(Teotihuacan is about 30 miles northeast of Mexico City.)* teo-ti-hua-**KAN** e-**STA** a **U**-nas **TREIN**-ta **MI**-yas al nor-**ES**-te de la siu-**DAD** de **ME**-hi-ko
Estudiante:	¿Para qué es famosa la ciudad de Teotihuacan? *(What is the city of Teotihuacan famous for?)* **PA**-ra **KE ES** fa-**MO**-sa la siu-**DAD** de teo-ti-hua-**KAN**

Profesor:	Teotihuacan es famosa por su zona de monumentos arqueológicos. La Calzada de los Muertos, la Pirámide de la Luna y la Pirámide del Sol están en Teotihuacan. *(Teotihuacan is famous for its archeological monuments zone. The Avenue of the Dead, the Pyramid of the Moon and the Pyramid of the Sun are in Teotihuacan.)* teo-ti-hua-**KAN ES** fa-**MO**-sa **POR** su **SO**-na de mo-nu-**MEN**-tos ar-keo-**LO**-hi-kos/ la kal-**SA**-da de los **MWER**-tos/ la pi-**RA**-mi-de la **LU**-na/ i la pi-**RA**-mi-de del **SOL E**-stan en teo-ti-hua-**KAN**

Example:

¿Qué quiere decir Teotihuacan?

Teotihuacan quiere decir "el lugar donde fueron hechos los dioses; la ciudad de los dioses" en el idioma náhuatl.

Tell your partner where the city of Teotihuacan is located. Ask him or her to tell you why Teotihuacan is famous.

The Mayans were the only culture in Mesoamerica with a fully-developed written language in the pre-Columbian era.

Estudiante:	¿Cómo es la literatura de los mayas? *(What is the Mayan literature like?)* **KO**-mo **ES** la li-te-ra-**TU**-ra de los **MA**-yas
Profesor:	La literatura de los mayas ilustra la vida de su cultura, pero los españoles destruyeron mucha de su literatura precolombina. *(The Mayan literature illustrates the life of its culture, but the Spanish destroyed much of their pre-Columbian literature.)* la li-te-ra-**TU**-ra de los **MA**-yas i-**LUS**-tra la **BI**-da de su kul-**TU**-ra/ **PE**-ro los es-pa-**NYO**-les des-tru-**YE**-ron **MU**-cha de su li-te-ra-**TU**-ra pre-ko-lom-**BI**-na
Estudiante:	¿Todavía existe algo de su literatura? *(Does anything still exist of their literature?)* to-da-**BIA** ek-**SIS**-te **AL**-go de su li-te-ra-**TU**-ra

Profesor: Sí. Todavía existen tres libros. Son el Códice de Madrid, el Códice de Dresden y el Códice de Paris.
(Yes. 3 books still exist. They are the Madrid Codex, the Dresden Codex and the Paris Codex.)
SI/ to-da-**BIA** ek-**SIS**-ten **TRES LI**-bros/ **SON** el **KO**-di-se de ma-**DRID**/ el **KO**-di-se de **DRES**-den/ i el **KO**-di-se de pa-**RIS**

Estudiante: Los mayas desarrollaron un calendario ¿verdad?
(The Mayans developed a calendar, didn't they?)
los **MA**-yas de-sa-rro-**YA**-ron un ka-len-**DA**-rio/ ber-**DAD**

Profesor: Sí. Los mayas eran muy avanzados en las matemáticas y en la astronomía. Su calendario fue el más preciso del mundo hasta el siglo veintiuno.
(Yes. The Mayans were very advanced in mathematics and astronomy. Their calendar was the most accurate in the world until the 21st century.)
SI/ los **MA**-yas **E**-ran **MWI** a-ban-**SA**-dos en las ma-te-**MA**-ti-kas/ i en la as-tro-no-**MI**-a/ su ka-len-**DA**-rio **FWE** el **MAS** pre-**SI**-so del **MUN**-do **A**-sta el **SIG**-lo bein-ti-**U**-no

Example:

Los mayas desarrollaron un calendario.

Su calendario fue el más preciso del mundo hasta el siglo veintiuno.

Talk to your partner about Mayan literature.

The Aztecs of central Mexico dominated large parts of Mesoamerica from the 14th to the 16th centuries.

Estudiante: ¿Quiénes eran los aztecas?
(Who were the Aztecs?)
KIE-nes **E**-ran los as-**TE**-cas

Profesor: Los aztecas eran la gente de Tenochtitlan en la Valle de México. Tenochtitlan era la capital del Imperio Azteca, una ciudad en una isla en el lago de Texcoco. Hoy día es la Ciudad de México.
(The Aztecs were the people of Tenochtitlan in the Valley of Mexico. Tenochtitlan was the capital of the Aztec Empire, a city on an island in Lake Texcoco. Nowadays it is Mexico City.)
los as-**TE**-kas **E**-ran la **HEN**-te de te-nok-tit-**LAN** en la **BA**-ye de **ME**-hi-ko/ te-nok-tit-**LAN E**-ra la ka-pi-**TAL** del im-**PE**-rio as-**TE**-ka/ **U**-na siu-**DAD** en **U**-na **IS**-la en el **LA**-go de tes-**KO**-ko/ **OY DI**-a **ES** la siu-**DAD** de **ME**-hi-ko

Estudiante: ¿Qué idioma hablaron los aztecas?
(What language did the Aztecs speak?)
KE i-**DIO**-ma a-**BLA**-ron los as-**TE**-kas

Profesor: Los aztecas hablaron el idioma náhuatl.
(The Aztecs spoke the Nahuatl language.)
los as-**TE**-kas a-**BLA**-ron el i-**DIO**-ma **NA**-wa-tl

Estudiante: ¿Era grande el Imperio Azteca?
(Was the Aztec Empire big?)
E-ra **GRAN**-de el im-**PE**-rio as-**TE**-ka

Profesor: Sí. El Imperio Azteca extendió su dominio hasta las costas del océano Pacífico y del golfo de México.
(The Aztec Empire extended its domain to the coasts of the Pacific Ocean and the Gulf of Mexico.)
el im-**PE**-rio as-**TE**-ka es-ten-**DIO** su do-**MI**-nio **A**-sta las **KO**-stas del o-**SEA**-no pa-**SI**-fi-ko/ i del **GOL**-fo de **ME**-hi-ko

Example:

¿Qué idioma hablaron los aztecas?

Los aztecas hablaron el idioma náhuatl.

Talk to your partner about the Aztec Empire.

Chapter 7 – Traveling In Mexico – Lesson 4

TALKING ABOUT TOURISM IN MEXICO

Tourism in Mexico is a very large industry. Mexico has been traditionally among the most-visited countries in the world. Its temperate climate and unique culture make it an attractive destination.

Agente de viajes:	¿A dónde quisieran ir, mis amigos? *(Where would you like to go, my friends?)* a **DON**-de ki-**SIE**-ran **IR**/ mis a-**MI**-gos
Turista:	Nos gustaría ir a un lugar con mucho sol. Aquí está lloviendo todos los días. *(We would like to go to a place with lots of sun. Here it is raining all the time.)* **NOS** gus-ta-**RIA IR** a un lu-**GAR KON MU**-cho **SOL**/ a-**KI** e-**STA** yo-**BIEN**-do **TO**-dos los **DI**-as
Agente de viajes:	México tiene muchas playas bonitas en los estados de Guerrero, Yucatán, Sinaloa, Jalisco, Oaxaca y Baja California Sur. *(Mexico has lots of pretty beaches in the states of Guerrero, Yucatan, Sinaloa, Jalisco, Oaxaca and Baja California Sur.)* **ME**-hi-ko **TIE**-ne **MU**-chas **PLA**-yas bo-**NI**-tas en los es-**TA**-dos de ge-**RRE**-ro/ yu-ka-**TAN**/ si-na-**LOA**/ ha-**LIS**-ko/ wa-**HA**-ka/ i **BA**-ha ka-li-**FOR**-nia **SUR**
Turista:	¡Ándale pues! ¡Vámonos a México! *(Hurry up! Let's go to México!)* **AN**-da-le **PWES**/ **BA**-mo-nos a **ME**-hi-ko

Example:

¿A dónde quisieran ir?

Nos gustaría ir a un lugar con mucho sol.

Imagine you and your partner are going to Mexico. One of you is the travel agent, and the other is the tourist. Talk about the places you could go.

Guerrero is a state on the Pacific Coast of Mexico.

Agente de viajes:	La mayoría del turismo en el estado de Guerrero está en el "Triángulo del Sol". *(Most of the tourism in the state of Guerrero is located in the "Triangle of the Sun".)* la ma-yo-**RI**-a del tu-**RIS**-mo en el es-**TA**-do de ge-**RRE**-ro e-**STA** en el/ tri-**AN**-gu-lo del **SOL**
Turista:	¿Cuáles son las ciudades en el "Triángulo del Sol"? *(Which are the cities in the "Triangle of Sun"?)* **KWA**-les **SON** las siu-**DA**-des en el/ tri-**AN**-gu-lo del **SOL**
Agente de viajes:	El "Triángulo del Sol" tiene las tres ciudades de Acapulco, Zihuatanejo y Taxco. *(The "Triangle of Sun" has the 3 cities of Acapulco, Zihuatanejo and Taxco.)* el/ tri-**AN**-gu-lo del **SOL**/ **TIE**-ne las **TRES** siu-**DA**-des de a-ka-**PUL**-ko/ si-wa-ta-**NE**-ho/ i **TAS**-ko
Turista:	¿Las tres ciudades están en la playa? *(The 3 cities are on the beach?)* las **TRES** siu-**DA**-des e-**STAN** en la **PLA**-ya
Agente de viajes:	No. Acapulco y Zihuatanejo están en la playa del océano Pacífico, pero Taxco está en el interior del estado. *(No. Acapulco and Zihuatanejo are on the beach of the Pacific Ocean, but Taxco is in the interior of the state.)* **NO**/ a-ka-**PUL**-ko/ i si-wa-ta-**NE**-ho e-**STAN** en la **PLA**-ya del o-**SEA**-no pa-**SI**-fi-ko/ **PE**-ro **TAS**-ko e-**STA** en el in-te-**RIOR** del es-**TA**-do
Turista:	¿Cuál es más bonita, Acapulco o Zihuatanejo? *(Which is prettier, Acapulco or Zihuatanejo?)* **KWAL ES MAS** bo-**NI**-ta/ a-ka-**PUL**-ko o si-wa-ta-**NE**-ho

| Agente de viajes: | Acapulco es más famosa que Zihuatanejo porque tiene muchos clubes y discotecas para disfrutar la vida nocturna.
(Acapulco is more famous than Zihuatanejo because it has lots of clubs and discos to enjoy the night life.)
a-ka-**PUL**-ko **ES MAS** fa-**MO**-sa **KE** si-wa-ta-**NE**-ho por-**KE TIE**-ne **MU**-chos **KLU**-bes/ i dis-ko-**TE**-kas **PA**-ra dis-fru-**TAR** la **BI**-da nok-**TUR**-na |
|---|---|
| Turista: | ¿Y cómo es Zihuatanejo?
(And what is Zihuatanejo like?)
i **KO**-mo **ES** si-wa-ta-**NE**-ho |
| Agente de viajes: | Zihuatanejo es un lugar popular con los pescadores.
(Zihuatanejo is a popular place with fishermen.)
si-wa-ta-**NE**-ho **ES** un lu-**GAR** po-pu-**LAR KON** los pes-ka-**DO**-res |
| Turista: | ¿Cómo es Taxco?
(What is Taxco like?)
KO-mo **ES TAS**-ko |
| Agente de viajes: | Taxco fue nombrado uno de los "Pueblos Mágicos" de México por su joyería de plata, sus pintorescas casas coloniales y los paisajes a su alrededor.
(Taxco was named one of Mexico's "Magical Towns" because of its silver jewelry, its picturesque colonial homes and its surrounding landscapes.)
TAS-ko **FWE** nom-**BRA**-do **U**-no de los/ **PWE**-blos **MA**-hi-kos/ de **ME**-hi-ko **POR** su ho-ye-**RI**-a de **PLA**-ta/ sus pin-to-**RES**-kas **KA**-sas ko-lo-**NIA**-les/ i los pai-**SA**-hes a su al-rre-de-**DOR** |

Example:

¿Cuáles son las ciudades en el "Triángulo del Sol"?

El "Triángulo del Sol" tiene las tres ciudades de Acapulco, Zihuatanejo y Taxco.

You are the travel agent, and your partner is the tourist. Ask and answer questions about Acapulco, Zihuatanejo and Taxco.

Yucatan was one of the centers of the Pre-Columbian Maya civilization.

Turista: ¿Dónde está el estado de Yucatan?
(Where is the state of Yucatan?)
DON-de **E**-sta el es-**TA**-do de yu-ka-**TAN**

Agente de viajes: El estado de Yucatán está en el norte de la península de Yucatán. Está limitado al norte por el golfo de México.
(The state of Yucatan is in the northern part of the Yucatan peninsula. It is bordered on the north by the Gulf of Mexico.)
el es-**TA**-do de yu-ka-**TAN** **E**-sta en el **NOR**-te de la pe-**NIN**-su-la de yu-ka-**TAN**/ **E**-sta li-mi-**TA**-do al **NOR**-te **POR** el **GOL**-fo de **ME**-hi-ko

Turista: ¿Qué quiere decir Yucatán?
(What does Yucatan mean?)
KE KIE-re de-**SIR** yu-ka-**TAN**

Agente de viajes: El conquistador español Bernal Díaz del Castillo dijo que Yucatán quería decir "la tierra de las yucas".
(The Spanish conqueror Bernal Diaz del Castillo said that Yucatan meant "the land of the yuccas.")
el kon-kis-ta-**DOR** es-pa-**NYOL** ber-**NAL DI**-as del kas-**TI**-yo **DI**-ho **KE** yu-ka-**TAN** ke-**RI**-a de-**SIR**/ la **TIE**-rra de las **YU**-kas

Turista: ¿Hay muchas yucas en Yucatán?
(Are there a lot of yuccas in Yucatan?)
AI MU-chas **YU**-kas en yu-ka-**TAN**

Agente de viajes: Sí. Los mayas cultivaban las yucas porque eran una comida muy importante para ellos.
(Yes. The Mayans cultivated the yuccas because they were a very important food for them.)
SI/ los **MA**-yas kul-ti-**BA**-ban las **YU**-kas por-**KE E**-ran **U**-na ko-**MI**-da **MWI** im-por-**TAN**-te **PA**-ra **E**-yos

Turista: ¿Cómo es la comida yucateca?
(What is the Yucatan food like?)
KO-mo **ES** la ko-**MI**-da yu-ka-**TE**-ka

Agente de viajes:	La comida yucateca es muy diferente de la que conoces como la comida mexicana. Tiene influencias de las culturas maya, caribe, europea, africana y medio oriente. *(The Yucatan food is very different from that which you know as Mexican food. It has influences from the Mayan, Caribbean, European, African and Middle Eastern cultures.)* la ko-**MI**-da yu-ka-**TE**-ka **ES MWI** di-fe-**REN**-te de la **KE** ko-**NO**-ses **KO**-mo la ko-**MI**-da me-hi-**KA**-na/ **TIE**-ne in-**FLWEN**-sias de las kul-**TU**-ras **MA**-ya/ ka-**RI**-be/ eu-ro-**PEA**/ a-fri-**KA**-na/ i **ME**-dio o-**RIEN**-te
Turista:	¿Qué es un plato típico de Yucatán? *(What is a typical dish of Yucatan?)* **KE ES** un **PLA**-to **TI**-pi-ko de yu-ka-**TAN**
Agente de viajes:	La cochinita pibil está hecha de puerco y es el plato más famoso de Yucatán. La especia más importante del plato es el achiote. *(Roast baby pig is made from pork and is the most famous dish of Yucatan. The most important spice in the dish is annatto.)* la ko-chi-**NI**-ta pi-**BIL E**-sta **E**-cha de **PWER**-ko/ i **ES** el **PLA**-to **MAS** fa-**MO**-so de yu-ka-**TAN**/ la es-**PE**-sia **MAS** im-por-**TAN**-te del **PLA**-to **ES** el a-**CHIO**-te
Turista:	¡Quiero probar la cochinita pibil! *(I want to try roast baby pig!)* **KIE**-ro pro-**BAR** la ko-chi-**NI**-ta pi-**BIL**

Example:

¿Qué quiere decir Yucatán?

Yucatán quiere decir "la tierra de las yucas".

Talk to your partner about the state of Yucatan.

Sinaloa is located on the northwest coast of Mexico on the Sea of Cortez and the Pacific Ocean.

Agente de viajes:	La ciudad de Mazatlán en el estado de Sinaloa es muy popular con los turistas. *(The city of Mazatlan in the state of Sinaloa is very popular with tourists.)* la siu-**DAD** de ma-sat-**LAN** en el es-**TA**-do de si-na-**LOA ES MWI** po-pu-**LAR KON** los tu-**RIS**-tas
Turista:	¿Por qué es tan popular Mazatlán? *(Why is Mazatlan so popular?)* por **KE ES TAN** po-pu-**LAR** ma-sat-**LAN**
Agente de viajes:	Mazatlán tiene once millas de arena suave y blanca para asolearse. También tiene olas grandes para surfear. *(Mazatlan has 11 miles of soft, white sand for basking in the sun. It also has big waves for surfing.)* ma-sat-**LAN TIE**-ne **ON**-se **MI**-yas de a-**RE**-na **SWA**-be/ i **BLAN**-ka **PA**-ra a-so-**LEAR**-se/ tam-**BIEN TIE**-ne **O**-las **GRAN**-des **PA**-ra sur-**FEAR**
Turista:	¿Qué quiere decir Mazatlán? *(What does Mazatlan mean?)* **KE KIE**-re de-**SIR** ma-sat-**LAN**
Agente de viajes:	Mazatlán quiere decir "el lugar de los venados" en el idioma náhuatl. *(Mazatlan means "a place of the deer" in the Nahuatl language.)* ma-sat-**LAN KIE**-re de-**SIR**/ el lu-**GAR** de los be-**NA**-dos/ en el i-**DIO**-ma **NA**-wa-tl
Turista:	¿Se puede pescar en Mazatlán? *(Can you fish in Mazatlan?)* **SE PWE**-de pes-**KAR** en ma-sat-**LAN**
Agente de viajes:	Sí. Mazatlán es popular con los pescadores. *(Yes. Mazatlan is popular with fishermen.)* **SI**/ ma-sat-**LAN ES** po-pu-**LAR KON** los pes-ka-**DO**-res

Turista:	¿Por qué se conoce Mazatlán como "la perla del Pacífico"? *(Why is Mazatlan known as "the Pearl of the Pacific"?)* por **KE SE** ko-**NO**-se ma-sat-**LAN KO**-mo/ la **PER**-la del pa-**SI**-fi-ko
Agente de viajes:	Porque su puerto es muy grande. Después del puerto de Los Ángeles y el Canal de Panamá es el puerto más grande en la costa oeste del océano Pacífico. *(Because its port is very large. After the Port of Los Angeles and the Panama Canal it is the largest port on the West Coast of the Pacific Ocean.)* por **KE** su **PWER**-to **ES MWI GRAN**-de/ des-**PWES** del **PWER**-to de los **AN**-he-les/ i el ka-**NAL** de pa-na-**MA ES** el **PWER**-to **MAS GRAN**-de en la **KOS**-ta o-**ES**-te del o-**SEA**-no pa-**SI**-fi-ko
Turista:	¿Hay buenos mariscos en los restaurantes de Mazatlán? *(Is there good seafood in Mazatlan's restaurants?)* **AI BWE**-nos ma-**RIS**-kos en los rres-tau-**RAN**-tes de ma-sat-**LAN**
Agente de viajes:	Sí. Los restaurantes de Mazatlán tienen camarones, atún, dorado, pez vela y pez espada frescos. *(Yes. The restaurants in Mazatlan have fresh shrimp, tuna, mahi-mahi, sailfish and swordfish.)* **SI**/ los rres-tau-**RAN**-tes de ma-sat-**LAN TIE**-nen ka-ma-**RO**-nes/ a-**TUN**/ do-**RA**-do/ **PES BE**-la/ i **PES** es-**PA**-da **FRES**-kos

Example:

¿Qué quiere decir Mazatlán?

Mazatlán quiere decir "el lugar de los venados".

Talk to your partner about the city of Mazatlan.

"¡Qué bonito es Jalisco!" is a song by Vicente Fernandez that says it all.

Turista:	¿Qué quiere decir ¡"Qué bonito es Jalisco"! en inglés? *(What does "¡Qué bonito es Jalisco!" mean in English?)* **KE KIE**-re de-**SIR**/ **KE** bo-**NI**-to **ES** ha-**LIS**-ko/ en in-**GLES**
Agente de viajes:	¡"Qué bonito es Jalisco"! quiere decir "How pretty Jalisco is!" *(¡"Qué bonito es Jalisco"! means "How pretty Jalisco is!")* **KE** bo-**NI**-to **ES** ha-**LIS**-ko/ **KIE**-re de-**SIR**
Turista:	¿Es Jalisco muy bonito? *(Is Jalisco very pretty?)* **ES** ha-**LIS**-ko **MWI** bo-**NI**-to
Agente de viajes:	Sí. Jalisco tiene muchos paisajes hermosos. Hay bosques, playas, llanuras y lagos. *(Yes. Jalisco has many beautiful landscapes. There are forests, beaches, plains and lakes.)* **SI**/ ha-**LIS**-ko **TIE**-ne **MU**-chos pai-**SA**-hes er-**MO**-sos/ **AI BOS**-kes/ **PLA**-yas/ ya-**NU**ras/ i **LA**-gos
Turista:	¿Se hace tequila en el estado de Jalisco? *(Is tequila made in the state of Jalisco?)* **SE A**-se te-**KI**-la en el es-**TA**-do de ha-**LIS**-ko
Agente de viajes:	Sí. Se hace tequila en una región azul-verde al pie de un volcán que se llama Tequila. *(Yes. Tequila is made in a blue-green region at the foot of a volcano named Tequila.)* **SI**/ **SE A**-se te-**KI**-la en **U**-na rre-**HION** a-**SUL**/**BER**-de al **PIE** de un bol-**KAN KE SE YA**-ma te-**KI**-la
Turista:	¿Por qué es azul-verde la región? *(Why is the region blue-green?)* por-**KE ES** a-**SUL**/**BER**-de la rre-**HION**

| Agente de viajes: | Porque hay más de treinta y cuatro mil hectáreas del agave azul en esta región. La gente se dedica a la cultivación de esta planta originaria de México que produce tequila.
(Because there are more than 34,000 hectares of blue agave in this region. The people are dedicated to the cultivation of this plant native to Mexico that produces tequila.)
por KE AI MAS de TREIN-ta i KWA-tro MIL ek-TA-reas del a-GA-be a-SUL en ES-ta rre-HION/ la HEN-te SE de-DI-ka a la kul-ti-ba-SION de ES-ta PLAN-ta o-ri-hi-NA-ria de ME-hi-ko KE pro-DU-se te-KI-la |
|---|---|
| Turista: | ¿Cuánto tiempo hace desde que se produce tequila en Jalisco?
(How long has tequila been produced in Jalisco?)
KWAN-to TIEM-po A-se DES-de KE SE pro-DU-se te-KI-la en ha-LIS-ko |
| Agente de viajes: | Hace más de dos mil años que la gente indígena produce una bebida fermentada del agave azul en esta zona de Jalisco.
(For more than 2,000 years the indigenous people have produced a fermented drink from the blue agave in this area of Jalisco.)
A-se MAS de DOS MIL A-nyos KE la HEN-te in-DI-he-na pro-DU-se U-na be-BI-da fer-men-TA-da del a-GA-be a-SUL en ES-ta SO-na de ha-LIS-ko |

Example:

¿Es Jalisco muy bonito?

Sí. Jalisco tiene muchos paisajes hermosos. Hay bosques, playas, llanuras y lagos.

Talk to your partner about the production of tequila in Jalisco.

Guadalajara is the capital of Jalisco and the second largest city in Mexico.

Turista: ¿Qué hay en Guadalajara?
(What is there in Guadalajara?)
KE AI en gwa-da-la-**HA**-ra

Agente de viajes: Guadalajara tiene muchos lugares interesantes y hermosos. La Catedral de Guadalajara fue construida en mil quinientos cincuenta y ocho y es uno de los símbolos de la ciudad.
(Guadalajara has many interesting and beautiful places. The Guadalajara Cathedral was built in 1558 and is one of the symbols of the city.)
gwa-da-la-**HA**-ra **TIE**-ne **MU**-chos lu-**GA**-res in-te-re-**SAN**-tes/ i er-**MO**-sos/ la ka-ted-**RAL** de gwa-da-la-**HA**-ra **FWE** kon-**STRUI**-da en **MIL** ki-**NIEN**-tos sin-**KWEN**-ta i **O**-cho/ i **ES U**-no de los **SIM**-bo-los de la siu-**DAD**

Turista: ¿Qué más hay en Guadalajara?
(What else is there in Guadalajara?)
KE MAS AI en gwa-da-la-**HA**-ra

Agente de viajes: El lago de Chapala es el lago más grande de la República Mexicana. El sesenta por ciento del agua potable de la zona metropolitana de Guadalajara viene del lago de Chapala.
(Lake Chapala is the largest lake in the Mexican Republic. 60% of the drinking water in the Guadalajara metropolitan area of comes from Lake Chapala.)
el **LA**-go de cha-**PA**-la **ES** el **LA**-go **MAS GRAN**-de de la rre-**PU**-bli-ka me-hi-**KA**-na/ el se-**SEN**-ta **POR SIEN**-to del **A**-gwa po-**TA**-ble de la **SO**-na met-ro-po-li-**TA**-na de gwa-da-la-**HA**-ra **BIE**-ne del **LA**-go de cha-**PA**-la

Turista: ¿Hay personas viviendo cerca del lago de Chapala?
(Are there people living close to Lake Chapala?)
AI per-**SO**-nas bi-**BIEN**-do **SER**-ka del **LA**-go de cha-**PA**-la

Agente de viajes:	Sí. Hay muchos norteamericanos jubilados de Canadá y de los Estados Unidos que viven en Chapala. *(Yes. There are many retired North Americans from Canada and the United States who live in Chapala.)* **SI**/ **AI MU**-chos nor-te-a-me-ri-**KA**-nos hu-bi-**LA**-dos de ka-na-**DA** / i de los es-**TA**-dos u-**NI**-dos **KE BI**-ben en cha-**PA**-la

Example:

¿Qué hay en Guadalajara?

Guadalajara tiene muchos lugares interesantes y hermosos.

Talk to your partner about Guadalajara.

Puerto Vallarta is an important port and tourist destination on the Pacific Coast of Jalisco.

Turista:	¿Hay muchos turistas en Puerto Vallarta? *(Are there many tourists in Puerto Vallarta?)* **AI MU**-chos tu-**RIS**-tas en **PWER**-to ba-**YAR**-ta
Agente de viajes:	Sí. Hay muchos turistas internacionales en Puerto Vallarta. El turismo constituye el cincuenta por ciento de la actividad económica de Puerto Vallarta. *(Yes. There are many international tourists in PuertoVallarta. Tourism makes up 50% of the economic activity of Puerto Vallarta.)* **SI**/ **AI MU**-chos tu-**RIS**-tas in-ter-na-sio-**NA**-les en **PWER**-to ba-**YAR**-ta/ el tu-**RIS**-mo kon-sti-**TU**-ye el sin-**KWEN**-ta **POR SIEN**-to de la ak-ti-bi-**DAD** e-ko-**NO**-mi-ka de **PWER**-to ba-**YAR**-ta
Turista:	¿Hay vuelos directos a Puerto Vallarta de Canadá y de los Estados Unidos? *(Are there direct flights to Puerto Vallarta from Canada and the United States?)* **AI BWE**-los di-**REK**-tos a **PWER**-to ba-**YAR**-ta de ka-na-**DA**/ i de los es-**TA**-dos u-**NI**-dos

Agente de viajes:	Sí. Hay vuelos directos a Puerto Vallarta de la costa oeste de Canadá y de Los Ángeles, de San Francisco y de Seattle en los Estados Unidos. *(Yes. There are direct flights to Puerto Vallarta from the West Coast of Canada and from Los Angeles, San Francisco and Seattle in the United States.)* **SI/ AI BWE**-los di-**REK**-tos a **PWER**-to ba-**YAR**-ta de la **KOS**-ta o-**ES**-te de ka-na-**DA/** i de los **AN**-he-les/ de **SAN** fran-**SIS**-ko/ i de **SEA**-tl en los es-**TA**-dos u-**NI**-dos
Turista:	¿Hay turistas que vienen en cruceros también? *(Are there tourists who come on cruises also?)* **AI** tu-**RIS**-tas **KE BIE**-nen en kru-**SE**-ros tam-**BIEN**
Agente de viajes:	Sí. A los turistas que vienen en cruceros les gusta dar un paseo por el malecón, una caminata larga por la playa que tiene esculturas, mercados, restaurantes y tiendas. *(Yes. The tourists who come on cruises like to take a walk along the Malecon, a long promenade by the beach that has sculptures, markets, restaurants and shops.)* **SI/** a los tu-**RIS**-tas **KE BIE**-nen en kru-**SE**-ros les **GUS**-ta **DAR** un pa-**SEO POR** el ma-le-**KON/ U**-na ka-mi-**NA**-ta **LAR**-ga **POR** la **PLA**-ya **KE TIE**-ne es-kul-**TU**-ras/ mer-**KA**-dos/ rres-tau-**RAN**-tes/ i **TIEN**-das

Example:

¿Hay muchos turistas en Puerto Vallarta?

Sí. Hay muchos turistas internacionales en Puerto Vallarta.

Talk to your partner about tourism in Puerto Vallarta.

Oaxaca is a fascinating state with amazing ancient civilizations, colonial art and architecture and rich cultural traditions.

Turista: ¿Cuál es el lema de Oaxaca?
(What is Oaxaca's motto?)
KWAL ES el **LE**-ma de wa-**HA**-ka

Agente de viajes: El lema de Oaxaca es "El respeto al derecho ajeno es la paz".
(Oaxaca's motto is "Respect for the rights of others is peace".)
el **LE**-ma de wa-**HA**-ka **ES**/ el rres-**PE**-to al de-**RE**-cho
a-**HE**-no **ES** la **PAS**

Turista: ¿Y cuál es la capital del estado de Oaxaca?
(And what is the capital of the state of Oaxaca?)
i **KWAL ES** la ka-pi-**TAL** del es-**TA**-do de wa-**HA**-ka

Agente de viajes: La capital del estado de Oaxaca es la Ciudad de Oaxaca, una ciudad colonial que está a unas trescientas millas al sur de la Ciudad de México.
(The capital of the state of Oaxaca is Oaxaca City, a colonial city that is about 300 miles south of Mexico City.)
la ka-pi-**TAL** del es-**TA**-do de wa-**HA**-ka **ES** la siu-**DAD** de
wa-**HA**-ka/ **U**-na siu-**DAD** ko-lo-**NIAL KE** e-**STA** a **U**-nas
tres-**SIEN**-tas **MI**-yas al **SUR** de la siu-**DAD** de **ME**-hi-ko

Turista: La Ciudad de Oaxaca es muy antigua ¿verdad?
(Oaxaca City is very old, isn't it?)
la siu-**DAD** de wa-**HA**-ka **ES MWI** an-**TI**-gwa/ ber-**DAD**

Agente de viajes: Sí. La capital de Oaxaca fue fundada en mil quinientos veintinueve, pero la capital de la civilización zapoteca era Monte Albán.
(Yes. The capital of Oaxaca was founded in 1529, but the capital of the Zapotec civilization was Monte Alban.)
SI/ la ka-pi-**TAL** de wa-**HA**-ka **FWE** fun-**DA**-da en **MIL**
ki-**NIEN**-tos bein-ti-**NWE**-be/ **PE**-ro la ka-pi-**TAL** de la
si-bi-la-**SION** sa-po-**TE**-ka **E**-ra **MON**-te al-**BAN**

Turista:	¿Quiénes eran los zapotecas? *(Who were the Zapotecs?)* **KIE**-nes **E**-ran los sa-po-**TE**-kas
Agente de viajes:	Los zapotecas eran la gente indígena que habitó Monte Albán de quinientos BC a ochocientos AD. Es la zona arqueológica más importante del estado. *(The Zapotecs were the indigenous people that inhabited Monte Alban from 500 BC to 800 AD. It is the most important archeological area of the state.)* los sa-po-**TE**-kas **E**-ran la **HEN**-te in-**DI**-he-na **KE** a-bi-**TO** **MON**-te al-**BAN** de ki-**NIEN**-tos **BE SE** a o-cho-**SIEN**-tos **A DE**/ **ES** la **SO**-na ar-keo-**LO**-hi-ka **MAS** im-por-**TAN**-te del es-**TA**-do

Example:

¿Cuál es el lema de Oaxaca?

"El respeto al derecho ajeno es la paz".

Talk to your partner about Oaxaca City, the modern capital of the state of Oaxaca. He or she will tell you about Monte Alban, the ancient capital of the Zapotec civilization in what is now the state of Oaxaca.

Baja California Sur occupies the southern half of the Baja California peninsula.

Turista:	Hay tres Californias -- los estados de Baja California y Baja California Sur en los Estados Unidos Mexicanos y el estado de California en los Estados Unidos de América. *(There are 3 Californias -- the states of Baja California and Baja California Sur in the United Mexican States and the state of California in the United States of America.)* **AI TRES** ka-li-**FOR**-nias/ los es-**TA**-dos de **BA**-ha ka-li-**FOR**-nia/ i **BA**-ha ka-li-**FOR**-nia **SUR** en los es-**TA**-dos u-**NI**-dos me-hi-**KA**-nos/ i el es-**TA**-do de ka-li-**FOR**-nia en los es-**TA**-dos u-**NI**-dos de a-**ME**-ri-ka

Agente de viajes:	Baja California Sur tiene dos principales lugares de turismo en México, Cabo San Lucas y San José del Cabo. Hay muchos hoteles de tiempo compartido sobre la costa entre Cabo San Lucas y San José del Cabo. *(Baja California Sur has 2 principal Mexican tourist locations, Cabo San Lucas and San Jose del Cabo. There are many time-share hotels on the coast between Cabo San Lucas and San Jose del Cabo.)* **BA**-ha ka-li-**FOR**-nia **SUR TIE**-ne **DOS** prin-si-**PA**-les lu-**GA**-res de tu-**RIS**-mo en **ME**-hi-ko/ **KA**-bo **SAN LU**-kas/ i **SAN** ho-**SE** del **KA**-bo/ **AI MU**-chos o-**TE**-les de **TIEM**-po kom-par-**TI**-do **SO**-bre la **KOS**-ta **EN**-tre **KA**-bo **SAN LU**-kas/ i **SAN** ho-**SE** del **KA**-bo
Turista:	Cabo quiere decir "cape" en inglés. Cabo San Lucas y San Jose del Cabo están en el extremo sur de la península de Baja California. *("Cabo" means cape in English. Cabo San Lucas and San Jose del Cabo are at the southern extreme of the Baja California peninsula.)* **KA**-bo **KIE**-re de-**SIR** en in-**GLES**/ **KA**-bo **SAN LU**-kas/ i **SAN** ho-**SE** del **KA**-bo e-**STAN** en el es-**TRE**-mo **SUR** de la pe-**NIN**-su-la de **BA**-ha ka-li-**FOR**-nia

Example:

¿Cuáles son los tres Californias?

Los tres Californias son los estados de Baja California y Baja California Sur en los Estados Unidos Mexicanos y el estado de California en los Estados Unidos de América.

Name one of the two principal tourist locations in Baja California Sur. Ask your partner to name the other one.

Chapter 7 – Traveling In Mexico – Lesson 5

TALKING ABOUT MUSIC AND ART IN MEXICO

The Aztecs and the Mayans used drums, flutes, seashells and voices to make music.

Agente de viajes:	La gente indígena de Mesoamérica usaba materiales naturales para hacer sus instrumentos musicales. *(The indigenous people of Mesoamerica used natural materials to make their musical instruments.)* la **HEN**-te in-**DI**-he-na de me-so-a-**ME**-ri-ka u-**SA**-ba ma-te-**RIA**-les na-tu-**RA**-les **PA**-ra a-**SER** sus in-stru-**MEN**-tos mu-si-**KA**-les
Turista:	¿Cuáles eran sus instrumentos musicales? *(What were their musical instruments?)* **KWA**-les **E**-ran sus in-stru-**MEN**-tos mu-si-**KA**-les
Agente de viajes:	Los mayas usaban árboles para hacer sus tambores. Ellos cubrían los troncos de los árboles con la piel de los animales para hacerlos. *(The Mayans used trees to make their drums. They covered tree trunks with animal skins to make them.)* los **MA**-yas u-**SA**-ban **AR**-bo-les **PA**-ra a-**SER** sus tam-**BO**-res/ **E**-yos ku-**BRI**-an los **TRON**-kos de los **AR**-bo-les **KON** la **PIEL** de los a-ni-**MA**-les **PA**-ra a-**SER**-los
Turista:	También hacían flautas ¿verdad? *(They also made flutes, didn't they?)* tam-**BIEN** a-**SI**-an **FLAU**-tas/ ber-**DAD**
Agente de viajes:	Correcto. Ellos hacían flautas de barro y de caña. Usaban las conchas marinas y las de tortuga para hacer música. *(Correct. They made clay and reed flutes. They used seashells and turtle shells to make music.)* ko-**RREK**-to/ **E**-yos a-**SI**-an **FLAU**-tas de **BA**-rro/ i de **KA**-nya/ u-**SA**-ban las **KON**-chas ma-**RI**-nas/ i las de tor-**TU**-ga **PA**-ra a-**SER** **MU**-si-ka

Turista:	¿Utilizaban calabazas para hacer las maracas? *(Did they use gourds to make maracas?)* u-ti-li-**SA**-ban ka-la-**BA**-sas **PA**-ra a-**SER** las ma-**RA**-kas
Agente de viajes:	Sí. Los mayas secaban las calabazas e utilizaban sus cáscaras para hacer las maracas. *(Yes. The Mayans dried the gourds and used their shells to make the maracas.)* **SI**/ los **MA**-yas se-**KA**-ban las ka-la-**BA**-sas/ i u-ti-li-**SA**-ban sus **KAS**-ka-ras **PA**-ra a-**SER** las ma-**RA**-kas

Example:

¿Cómo hicieron música los aztecas y los mayas?

Usaron materiales naturales para hacer sus instrumentos musicales.

Talk to your partner about how the Aztecs and Mayans made drums. He or she will tell you how they made maracas.

Mariachi is a form of folk music from Mexico.

Turista:	¿Quiénes son los mariachis? *(Who are the mariachis?)* **KIE**-nes **SON** los ma-**RIA**-chis
Agente de viajes:	Los mariachis son grupos de músicos que tocan instrumentos y cantan en los restaurantes, en las plazas y en las casas. *(Mariachis are groups of musicians who play instruments and sing in restaurants, plazas and homes.)* los ma-**RIA**-chis **SON GRU**-pos de **MU**-si-kos **KE TO**-kan in-stru-**MEN**-tos/ i **KAN**-tan en los rres-tau-**RAN**-tes/ en las **PLA**-sas/ i en las **KA**-sas
Turista:	¿Cuáles son los instrumentos musicales que tocan? *(What musical instruments do they play?)* **KWA**-les **SON** los in-stru-**MEN**-tos mu-si-**KA**-les **KE TO**-kan

Agente de viajes:	Los mariachis tocan violines, guitarras, arpas e instrumentos de metal y de viento. (*The mariachis play violins, guitars, harps, brass instruments and woodwinds.*) *los ma-**RIA**-chis **TO**-kan bio-**LI**-nes/ gi-**TA**-rras/ **AR**-pas/ e in-stru-**MEN**-tos de me-**TAL**/ i de **BIEN**-to*
Turista:	¿Ya no tocan los instrumentos de la gente indígena como los tambores, las flautas, las conchas marinas y las calabazas? (*Don't they play the indigenous people's instruments any more like the drums, flutes, seashells and gourds?*) ***YA NO TO**-kan los in-stru-**MEN**-tos de la **HEN**-te in-**DI**-he-na **KO**-mo los tam-**BO**-res/ las **FLAU**-tas/ las **KON**-chas ma-**RI**-nas/ y las ka-la-**BA**-sas*
Agente de viajes:	No, ya no. Después de la llegada de los españoles, los instrumentos musicales que se toca en México son variaciones de instrumentos europeos. (*No, not any more. After the arrival of the Spaniards, the musical instruments that are played in Mexico are variations of European instruments.*) ***NO/ YA NO/** des-**PWES** de la ye-**GA**-da de los es-pa-**NYO**-les/ los in-stru-**MEN**-tos mu-si-**KA**-les **KE SE TO**-ka en **ME**-hi-ko **SON** ba-ria-**SIO**-nes de in-stru-**MEN**-tos eu-ro-**PEOS***
Turista:	Quiero ir a escuchar la música de los mariachis. (*I want to go to listen to mariachi music.*) ***KIE**-ro **IR** a es-ku-**CHAR** la **MU**-si-ka de los ma-**RIA**-chis*
Agente de viajes:	Por supuesto. Vamos a la Plaza Garibaldi en la Ciudad de México para escucharlos. (*Of course. We'll go to Garibaldi Square in Mexico City to listen to them.*) ***POR** su-**PWES**-to/ **BA**-mos a la **PLA**-sa ga-ri-**BAL**-di **PA**-ra es-ku-**CHAR**-los*

Example:

¿Quiénes son los mariachis?

Los mariachis son músicos que tocan instrumentos y cantan en los restaurantes, en las plazas y en las casas.

Ask your partner if the mariachis still play the drums, flutes, seashells and gourds of the indigenous people of Mesoamerica. He or she will tell you that since the arrival of the Spaniards in Mexico they play violins, guitars, harps, brass instruments and woodwinds.

The Aztecs and the Mayans used masks for religious purposes.

Turista: ¿Cómo era el arte de los aztecas y él de los mayas?
(What was the art like of the Aztecs and Mayans?)
KO-mo **E**-ra el **AR**-te de los as-**TE**-kas/ i **EL** de los **MA**-yas

Agente de viajes: El arte de ambas culturas incluía máscaras.
(The art of both cultures included masks.)
el **AR**-te de **AM**-bas kul-**TU**-ras in-clu-**I**-a **MAS**-ka-ras

Turista: ¿Cómo eran las máscaras?
(What were the masks like?)
KO-mo **E**-ran las **MAS**-ka-ras

Agente de viajes: Muchas veces las máscaras enseñaban los dioses de sus culturas.
(The masks often showed the gods of their cultures.)
MU-chas **BE**-ses las **MAS**-ka-ras en-se-**NYA**-ban los **DIO**-ses de sus kul-**TU**-ras

Turista: ¿Cómo decoraban las máscaras?
(How did they decorate the masks?)
KO-mo de-ko-**RA**-ban las **MAS**-ka-ras

248 Susan Ann Roemer

Agente de viajes:	Ellos decoraban las máscaras con minerales como la turquesa, la obsidiana, el jade, las conchas y el coral. También utilizaban la madera y los huesos. *(They decorated the masks with minerals like turquoise, obsidian, jade, shell and coral. They also used wood and bone.)* E-yos de-ko-**RA**-ban las **MAS**-ka-ras **KON** mi-ne-**RA**-les **KO**-mo la tur-**KE**-sa/ la ob-si-**DIA**-na/ el **HA**-de/ las **KON**-chas/ i el ko-**RAL**/ tam-**BIEN** u-ti-li-**SA**-ban la ma-**DE**-ra/ i los **WE**-sos

Example:

¿Cómo era el arte de los aztecas y de los mayas?

El arte de ambas culturas incluía máscaras.

Tell your partner that the masks depicted the gods of the culture. He or she will talk to you about the way they decorated their masks.

The traditional Latin American folkloric dances are popular with tourists as well as locals in Mexico.

Turista:	Quiero ir a ver el Baile folklórico mañana en el Palacio de Bellas Artes en la Ciudad de México. *(I want to go to see the Folkloric Dance tomorrow at the Fine Arts Palace in Mexico City.)* **KIE**-ro **IR** a **BER** el **BAI**-le fok-**LO**-ri-ko ma-**NYA**-na en el pa-**LA**-sio de be-**YAS AR**-tes en la siu-**DAD** de **ME**-hi-ko
Agente de viajes:	Claro que sí. Les voy a comprar boletos para la función de mañana. *(Of course. I will buy you tickets for tomorrow's performance.)* **KLA**-ro **KE SI**/ les **BOY** a kom-**PRAR** bo-**LE**-tos **PA**-ra la fun-**SION** de ma-**NYA**-na
Turista:	¿Es cierto que se puede ver los bailes de varias regiones de México? *(Is it true that you can see dances from various regions of Mexico?)* **ES SIER**-to **KE SE PWE**-de **BER** los **BAI**-les de ba-**RIAS** rre-**HIO**-nes de **ME**-hi-ko

| Agente de viajes: | Sí, es cierto. Hay bailes de los estados mexicanos de Jalisco, Guerrero, Michoacán, Vera Cruz y Sinaloa. Los bailarines y las bailarinas se visten de vestidos y pantalones tradicionales de sus regiones. Les va a gustar mucho.
(Yes, it is true. There are dances from the Mexican states of Jalisco, Guerrero, Michoacan, Vera Cruz and Sinaloa. The dancers dress with traditional dresses and pants of their regions. You are going to like it a lot.)
SI/ ES SIER-to/ AI BAI-les de los es-TA-dos de ha-LIS-ko/ ge-RRE-ro/ mi-choa-KAN/ BE-ra KRUS/ i si-na-LOA/ los bai-la-RI-nes i las bai-la-RI-nas SE BIS-ten de bes-TI-dos/ i pan-ta-LO-nes tra-di-sio-NA-les de sus rre-HIO-nes/ les BA a gus-TAR MU-cho |
|---|---|

Example:

Quiero ir a ver el Baile folklórico en el Palacio de Bellas Artes.

Les voy a comprar boletos para la función de mañana.

Talk to your partner about the dances from the various regions of Mexico at the Folkloric Ballet. He or she will tell you some of the Mexican states where the dances originate.

Chapter 7 – Traveling In Mexico – Lesson 6

TALKING ABOUT MEXICO'S NATURAL RESOURCES

Mexico is rich in natural resources.

Turista:	Siempre veo que están vendiendo cosas de plata en la playa, pero México tiene otros recursos naturales ¿verdad? *(I always see that they are selling silver things at the beach, but Mexico has other natural resources, doesn't it?)* **SIEM**-pre **BEO KE** e-**STAN** ben-**DIEN**-do **KO**-sas de **PLA**-ta en la **PLA**-ya/ **PE**-ro **ME**-hi-ko **TIE**-ne **O**-tros rre-**KUR**-sos na-tu-**RA**-les/ ber-**DAD**
Agente de viajes:	Sí. México tiene combustibles fósiles, metales nobles, minerales y madera. *(Yes. Mexico has fossil fuels, precious metals, minerals and timber.)* **SI**/ **ME**-hi-ko **TIE**-ne kom-bus-**TI**-bles **FO**-si-les/ me-**TA**-les **NO**-bles/ mi-ne-**RA**-les/ i ma-**DE**-ra
Turista:	¿Es cierto que México también exporta muchas cosas? *(Is it true that Mexico also exports many things?)* **ES SIER**-to **KE ME**-hi-ko tam-**BIEN** es-**POR**-ta **MU**-chas **KO**-sas
Agente de viajes:	Sí. México exporta ganado, cerdos, cabras, ovejas y cosechas como maíz y frijoles. *(Yes. Mexico exports cattle, pigs, goats, sheep and crops like corn and beans.)* **SI**/ **ME**-hi-ko es-**POR**-ta ga-**NA**-do/ **SER**-dos/ **KA**-bras/ o-**BE**-has/ / i ko-**SE**-chas **KO**-mo ma-**IS**/ i fri-**HO**-les
Turista:	Entonces, México es un país con mucha riqueza. *(So, Mexico is a country with a lot of wealth.)* en-**TON**-ses/ **ME**-hi-ko **ES** un pa-**IS KON MU**-cha rri-**KE**-sa

Example:

Siempre veo que están vendiendo cosas de plata en la playa.

Es cierto, pero México tiene muchos otros recursos naturales.

Tell your partner two examples of Mexico's natural resources. He or she will name two more.

Petroleum is Mexico's most valuable natural resource.

Turista:	¿Sólo hay una compañía que vende gasolina en México? *(Is there only one company that sells gasoline in Mexico?)* **SO**-lo **AI U**-na kom-pa-**NYI**-a **KE BEN**-de ga-so-**LI**-na en **ME**-hi-ko
Agente de viajes:	Sí. PEMEX quiere decir Petróleos Mexicanos y es la única compañía que vende gasolina en México. *(Yes. PEMEX means Mexican Petroleum, and it is the only company that sells gasoline in Mexico.)* **SI**/ **PE**-mes **KIE**-re de-**SIR** pet-**RO**-leos me-hi-**KA**-nos/ i **ES** la **U**-ni-ka kom-pa-**NYI**-a **KE BEN**-de ga-so-**LI**-na en **ME**-hi-ko
Turista:	¿De qué parte de México viene su petróleo? *(What part of Mexico does its petroleum come from?)* de **KE PAR**-te de **ME**-hi-ko **BIE**-ne su pe-**TRO**-leo
Agente de viajes:	Mucho del petróleo de México viene de los estados mexicanos alrededor del golfo de México. *(Much of Mexico's petroleum comes from the Mexican states around the Gulf of Mexico.)* **MU**-cho del pe-**TRO**-leo de **ME**-hi-ko **BIE**-ne de los es-**TA**-dos me-hi-**KA**-nos al-rre-de-**DOR** del **GOL**-fo de **ME**-hi-ko
Turista:	¿Cuáles son los estados mexicanos alrededor del golfo de México que producen el petróleo? *(What are the Mexican states around the Gulf of Mexico that produce the petroleum?)* **KWA**-les **SON** los es-**TA**-dos me-hi-**KA**-nos al-rre-de-**DOR** del **GOL**-fo de **ME**-hi-ko **KE** pro-**DU**-sen el pe-**TRO**-leo

Agente de viajes:	Son Veracruz, Tabasco, Campeche y Chiapas. *(They are Veracruz, Tabasco, Campeche and Chiapas.)* **SON** *be-ra-***KRUS***/ ta-***BAS***-ko/ kam-***PE***-che/ i* **CHIA***-pas*

Example:

¿Qué quiere decir PEMEX?

PEMEX quiere decir Petróleos Mexicanos.

Tell your partner that most of Mexico's petroleum comes from the states around the Gulf of Mexico. Ask him or her to name these states for you.

In addition to petroleum, natural gas is another important fossil fuel produced in Mexico.

Turista:	¿Qué es el gas natural? *(What is natural gas?)* **KE ES** *el* **GAS** *na-tu-***RAL**
Agente de viajes:	El gas natural es un combustible fósil. Es invisible en su forma natural y no tiene ni color ni olor. *(Natural gas is a fossil fuel. It is invisible in its natural form, and it has neither color nor odor.)* *el* **GAS** *na-tu-***RAL ES** *un kom-bus-***TI***-ble* **FO***-sil/* **ES** *im-bi-***SI***-ble en su* **FOR***-ma na-tu-***RAL***/ i* **NO TIE***-ne/ ni ko-***LOR***/ ni o-***LOR**
Turista:	¿Se puede convertirlo en un líquido? *(Can it be converted into a liquid?)* **SE PWE***-de kom-ber-***TIR***-lo en un* **LI***-ki-do*
Agente de viajes:	Sí, pero para convertir el gas natural en un líquido es necesario bajar su temperatura a ciento sesenta y dos grados Celsius bajo cero. *(Yes, but to convert natural gas into a liquid it is necessary to lower its temperature to -162 degrees Celsius.)* **SI***/* **PE***-ro* **PA***-ra kom-ber-***TIR** *el* **GAS** *na-tu-***RAL** *en un* **LI***-ki-do/* **ES** *ne-se-***SA***-rio ba-***HAR** *su tem-pe-ra-***TU***-ra a* **SIEN***-to se-***SEN***-ta i* **DOS GRA***-dos* **SEL***-si-us* **BA***-ho* **SE***-ro*

Turista:	¿De dónde viene el gas natural? *(Where does natural gas come from?)* de **DON**-de **BIE**-ne el **GAS** na-tu-**RAL**
Agente de viajes:	El gas natural está extraído de la tierra. Hoy día representa el veintidós por ciento de la energía del mundo. *(Natural gas is extracted from the earth. Nowadays it represents 22% of the world's energy.)* el **GAS** na-tu-**RAL** e-**STA** es-**TRAI**-do de la **TIE**-rra/ **OI** **DI**-a rre-pre-**SEN**-ta el bein-ti-**DOS POR SIEN**-to de la e-ner-**HI**-a del **MUN**-do

Example:

¿Qué es el gas natural?

El gas natural es un combustible fósil.

Ask your partner to describe natural gas for you. Tell him or her how the gas is converted into a liquid.

The Spanish Empire colonized Mexico for gold.

Turista:	¿De dónde viene el oro en las catedrales grandes de México? *(Where does gold come from in Mexico's big cathedrals?)* de **DON**-de **BIE**-ne el **O**-ro en las ka-ted-**RA**-les **GRAN**-des de **ME**-hi-ko
Agente de viajes:	En mil quinientos veintiuno los españoles descubrieron importantes depósitos de oro en México. Por los siguientes trescientos años sacaron el oro de las minas del país. *(In 1521 the Spaniards discovered important gold deposits in Mexico. For the next 300 years they took out the gold from the country's mines.)* en **MIL** ki-**NIEN**-tos bein-ti-**U**-no/ los es-pa-**NYO**-les des-ku-**BRIE**-ron im-por-**TAN**-tes de-**PO**-si-tos de **O**-ro en **ME**-hi-ko/ **POR** los si-**GIEN**-tes tre-**SIEN**-tos **A**-nyos sa-**KA**-ron el **O**-ro de las **MI**-nas del pa-**IS**

Turista:	El oro sigue siendo el metal noble más apreciado en el mundo ¿verdad? *(Gold continues to be the most valued precious metal in the world, doesn't it?)* el **O**-ro **SI**-ge **SIEN**-do el me-**TAL NO**-ble **MAS** a-pre-**SIA**-do en el **MUN**-do/ ber-**DAD**
Agente de viajes:	Sí. Hasta la fecha hay mucha demanda por la joyería hecha de oro. *(Yes. To this day there is a lot of demand for jewelry made of gold.)* **SI**/ **AS**-ta la **FE**-cha **AI MU**-cha de-**MAN**-da **POR** la ho-ye-**RI**-a **E**-cha de **O**-ro

Example:

¿De dónde viene el oro en las catedrales grandes de México?

Los españoles sacaron el oro de las minas del país.

Tell your partner when gold was discovered by the Spanish in Mexico. He or she will describe some of the important uses of the precious metal.

Mexico continues to be the largest producer of silver in the world.

Turista:	Sé que la plata de México, como el oro, es muy apreciada en todo el mundo por la belleza de su joyería. *(I know that Mexico's silver, like its gold, is highly valued all over the world for the beauty of its jewelry.)* **SE KE** la **PLA**-ta de **ME**-hi-ko/ **KO**-mo el **O**-ro/ **ES MWI** a-pre-**SIA**-da en **TO**-do el **MUN**-do **POR** la be-**YE**-sa de su ho-ye-**RI**-a
Agente de viajes:	También se utiliza la plata para la electrónica, las provisiones médicas, las baterías, la fotografía y la energía solar. *(Silver is also used for electronics, medical supplies, batteries, photography and solar energy.)* tam-**BIEN SE** u-til-**LI**-sa la **PLA**-ta **PA**-ra la e-lek-**TRO**-ni-ka/ las pro-bi-**SIO**-nes **ME**-di-kas/ las ba-te-**RI**-as/ la fo-to-gra-**FI**-a/ i la e-ner-**HI**-a so-**LAR**

Turista: ¿Cómo se llama la región en México donde se produce mucha plata?
(What is the name of the region in Mexico where they produce a lot of silver?)
KO-mo **SE YA**-ma la rre-**HION** en **ME**-hi-ko **DON**-de **SE** pro-**DU**-se **MU**-cha **PLA**-ta

Agente de viajes: Se llama "la Faja de Plata" y se encuentra por las montañas de la Sierra Madre Occidental.
(It is called "The Silver Belt", and it is located in the mountains of the Sierra Madre Occidental.)
SE YA-ma la **FA**-ha de **PLA**-ta/ i **SE** en-**KWEN**- tra **POR** las mon-**TA**-nyas de la **SIE**-rra **MA**-dre ok-si-den-**TAL**

Example:

La plata y el oro de México son muy apreciados en el mundo.

Correcto. Su joyería es muy bella.

Tell your partner three uses of silver. He or she will name three more.

Lead is a by-product from the mining of other mineral ores such as copper, silver or zinc.

Turista: ¿Se usa el plomo para escribir en los lápices?
(Is lead used to write with in pencils?)
SE U-sa el **PLO**-mo **PA**-ra es-kri-**BIR** en los **LA**-pi-ses

Agente de viajes:	No. Nunca usamos el plomo para escribir. En los tiempos romanos se usaba un tipo de carbón para escribir. El carbón tenía un nombre en latín, *"plumbago"*, que sonaba como la palabra plomo en español. *(No. We never use lead to write with. In Roman times they used a type of carbon to write with. The carbon had a Latin name, "plumbago," that sounded like the word* **plomo** *in Spanish.)* **NO**/ **NUN**-ka u-**SA**-mos el **PLO**-mo **PA**-ra es-kri-**BIR**/ en los **TIEM**-pos ro-**MA**-nos **SE** u-**SA**-ba un **TI**-po de kar-**BON** **PA**-ra es-kri-**BIR**/ el kar-**BON** te-**NI**-a un **NOM**-bre en la-**TIN**/ / **KE** so-**NA**-ba **KO**-mo la pa-**LA**-bra **PLO**-mo en es-pa-**NYOL**
Turista:	Antes se usaba el plomo en las pinturas amarillas, anaranjadas y rojas ¿verdad? *(Lead was used in yellow, orange and red paints, wasn't it?)* **AN**-tes **SE** u-**SA**-ba el **PLO**-mo en las pin-**TU**-ras a-ma-**RI**-yas/ a-na-ran-**HA**-das/ i **RRO**-has/ ber-**DAD**
Agente de viajes:	Ya no se usa el plomo en las pinturas porque es venenoso. *(Lead is not used any more in paint because it is poisonous.)* **YA NO SE U**-sa el **PLO**-mo en las pin-**TU**-ras por-**KE ES** be-ne-**NO**-so
Turista:	En los Estados Unidos hoy día se usa el plomo mucho en la producción de baterías para los automóviles. *(In the United States nowadays lead is used a lot in the production of car batteries.)* en los es-**TA**-dos u-**NI**-dos **OY DI**-a **SE U**-sa el **PLO**-mo **MU**-cho en la pro-duk-**SION** de ba-te-**RI**-as **PA**-ra los au-to-**MO**-bi-les

Example:

¿Se usa el plomo en los lápices para escribir?

No. Nunca usamos el plomo para escribir.

Tell your partner why lead is not used any more in yellow, orange and red paints. He or she will talk to you about the use of lead today in car batteries.

There are 72 different varieties of pine trees in Mexico.

Turista:	Sabe usted ¿cuál es el árbol nacional de México? *(Do you know what Mexico's national tree is?)* **SA**-be us-**TED**/ **KWAL ES** el **AR**-bol na-sio-**NAL** de **ME**-hi-ko
Agente de viajes:	¡Claro que sí! En mi trabajo tengo que saber muchas cosas. El árbol nacional de México es el ahuehuete. En el pueblo de Tule en el estado de Oaxaca hay un ahuehuete gigante que tiene más que dos mil años. *(Of course I do! In my work I have to know many things. Mexico's national tree is the cypress. In the village of Tule in the state of Oaxaca there is a giant cypress that is more than 2,000 years old.)* **KLA**-ro **KE SI**/ en mi tra-**BA**-ho **TEN**-go **KE** sa-**BER MU**-chas **KO**-sas/ el **AR**-bol na-sio-**NAL** de **ME**-hi-ko **ES** el a-we-**WE**-te/ en el **PWE**-blo de **TU**-le en el es-**TA**-do de wa-**HA**-ka **AI** un a-we-**WE**-te hi-**GAN**-te **KE TIE**-ne **MAS KE DOS MIL A**-nyos
Turista:	¿Es muy grande ese árbol?) *(Is that tree really big?)* **ES MWI GRAN**-de **E**-se **AR**-bol
Agente de viajes:	¡Sí! Tiene un diámetro de cuarenta y dos metros. *(Yes! It has a diameter of more than 42 meters.)* **SI**/ **TIE**-ne un di-**A**-me-tro de kwa-**REN**-ta i **DOS ME**-tros

Turista:	Quiero ir a ver ese árbol nacional de México que tiene más que dos mil años. *(I want to see that national tree that is more than 2,000 years old.)* **KIE**-ro **IR** a **BER** **E**-se **AR**-bol na-sio-**NAL** de **ME**-hi-ko **KE** **TIE**-ne **MAS KE DOS MIL A**-nyos
Agente de viajes:	¡Por supuesto! Les voy a comprar boletos de avión a Oaxaca. *(Of course! I will buy you airplane tickets to Oaxaca.)* **POR** su-**PWES**-to/ les **BOY** a kom-**PRAR** bo-**LE**-tos de a-bi-**ON** a wa-**HA**-ka
Turista:	¿Nos puede recomendar otros viajes interesantes en México? *(Can you recommend other interesting trips in Mexico to us?)* **NOS PWE**-de rre-ko-men-**DAR O**-tros **BIA**-hes in-te-re-**SAN**-tes en **ME**-hi-ko
Agente de viajes:	Sí ¿cómo no? Otra cosa que les recomiendo es un viaje a la Reserva de la Biosfera Mariposa Monarca en el estado de Michoacán. Las mariposas cubren unos mil quinientos árboles. *(Sure, why not? Another thing I recommend to you is a trip to the Monarch Butterfly Biosphere Reserve in the state of Michoacan. The butterflies cover some 1,500 trees.)* **SI**/ **KO**-mo **NO**/ **O**-tra **KO**-sa **KE** les rre-ko-**MIEN**-do **ES** un **BIA**-he a la rre-**SER**-ba de la **BIOS**-fe-ra ma-ri-**PO**-sa mo-**NAR**-ka en el es-**TA**-do de mi-cho-a-**KAN**/ las ma-ri-**PO**-sas **KU**-bren **U**-nos **MIL** ki-**NIEN**-tos **AR**-bo-les

Example:

¿Cuál es el árbol nacional de México?

El árbol nacional de México es el ahuehuete.

Talk to your partner about the giant cypress in the village of Tule in the Mexican state of Oaxaca. He or she will tell you about the Monarch Butterfly Biosphere Reserve in the Mexican state of Michoacan.

THE IMPERFECT OF ESTAR AND SER

Remember that both ESTAR and SER mean "to be" in English. The IMPERFECT tense expresses an action or a state of being that was continuous in the past and has not yet been completed.

	ESTAR	SER
yo (I) YO	estaba (I was, I used to be) es-**TA**-ba	era (I was, I used to be) E-ra
tú (You to family and friends) TU	estabas (You were, you used to be) es-**TA**-bas	eras (You were, you used to be) E-ras
él, ella, usted (He, she, you to acquaintances) EL/ E-ya/ u-**STED**	estaba (He was, he used to be; she was, she used to be; you were, you used to be) es-**TA**-ba	era (He was, he used to be; she was, she used to be; you were, you used to be) E-ra
nosotros, nosotras (We masculine or mixed gender, we feminine) no-**SO**-tros/ no-**SO**-tras	estábamos (We were, we used to be) es-**TA**-ba-mos	éramos (We were, we used to be) E-ra-mos
ellos, ellas, ustedes (They masculine or mixed gender, they feminine, You plural to family, friends and acquaintances) E-yos/ E-yas/ u-**STE**-des	estaban (They were, they used to be) (You were, you used to be) es-**TA**-ban	eran (They were, they used to be) (You were, you used to be) E-ran

For *-AR* verbs the **IMPERFECT** is formed by dropping the *-AR* ending from the verb and adding *-ABA/-ABAS/-ÁBAMOS/-AN*.

For *-ER* and *-IR* verbs the **IMPERFECT** is formed by dropping the *-ER* or *-IR* ending and adding *-ÍA/-ÍAS/-ÍAMOS/-ÍAN*.

Example:
De niña yo era de Minnesota, pero en otros tiempos estaba en México.
De niño tú eras de Texas, pero la mayor parte del tiempo estabas en Arizona.

THE IMPERFECT OF TENER AND IR

TENER and IR are some of the most important irregular verbs in Spanish. Remember that the IMPERFECT tense expresses an action or a state of being that was continuous in the past and has not yet been completed.

	TENER	IR
yo (I) YO	tenía (I had, I used to have) te-NI-a	iba (I went, I used to go) I-ba
tú (You to family and friends) TU	tenías (You had, you used to have) te-NI-as	ibas (You went, you used to go) I-bas
él, ella, usted (He, she, you to acquaintances) EL/ E-ya/ u-STED	tenía (He had, he used to have; she had, she used to have; you had, you used to have) te-NI-a	iba (He went, he used to go; she went, she used to go; you went, you used to go) I-ba
nosotros, nosotras (We masculine or mixed gender, we feminine) no-SO-tros/ no-SO-tras	teníamos (We had, we used to have) te-NI-a-mos	íbamos (We went, we used to go) Í-ba-mos
ellos, ellas, ustedes (They masculine or mixed gender, they feminine, You plural to family, friends and acquaintances) E-yos/ E-yas/ u-STE-des	tenían (They had, they used to have) (You had, you used to have) te-NI-an	iban (They went, they used to go) (You went, you used to go) I-ban

For *-AR* verbs the **IMPERFECT** is formed by dropping the *-AR* ending from the verb and adding *-ABA/-ABAS/-ÁBAMOS/-AN*.

For *-ER* and *-IR* verbs the **IMPERFECT** is formed by dropping the *-ER* or *-IR* ending and adding *-ÍA/-ÍAS/-ÍAMOS/-ÍAN*.

Example:
Cuando yo tenía diez años iba al cine con mi hermano.
Cuando tú tenías quince años ibas a nadar en el río.

Chapter 7 -- Word List

a su alrededor (adv) *a su al-rre-de-DOR* - surrounding
achiote (m) *a-CHIO-te* - annatto
africano/a (adj) *a-fri-KA-no/a* - African
agave (m) *a-GA-be* - agave
agente de viajes (m) *a-HEN-te de bi-A-hes* - travel agent
agricultura (f) *a-gri-kul-TU-ra* - agriculture
agua potable (f) *A-gwa po-TA-ble* - drinking water
ahuehuete (m) *a-we-WE-te* - cypress
ajeno/a (adj) *a-HE-no/a* - belonging to someone else
al cine (phrase) *al SI-ne* - to the movies
alrededor (adv) *al-rre-de-DOR* - around
ándale pues (phrase) *AN-da-le PWES* - Hurry up!
antiguo/a (adj) *an-TI-gwo/a* - ancient
apreciado/a (adj) *a-pre-SIA-do/a* - valued
árbol (m) *AR-bol* - tree
área (f) *A-rea* - area
arpa (f) *AR-pa* - harp
astronomía (f) *as-tro-no-MI-a* - astronomy
atún (m) *a-TUN* - tuna
automóvil (m) *au-to-MO-bil* - car
avanzado/a (adj) *a-ban-SA-do/a* - advanced
avión (m) *a-bi-ON* - airplane
azteca (m) *as-TE-ka* - Aztec
azteca (adj) *as-TE-ka* - Aztec
bailarina (f) *bai-la-RI-na* - female dancer
bailarín (m) *bai-la-RIN* - male dancer
baile folklórico (m) *BAI-le fok-LO-ri-ko* - Folkloric Dance
bajo/a (adj) *BA-jo/a* - low
bajo cero (m) *BA-jo SE-ro* - below zero
batalla (f) *ba-TA-ya* - battle
Batalla de Puebla (f) *ba-TA-ya de PWE-bla* - Battle of Puebla
batería (f) *ba-te-RI-a* - battery
belleza (f) *be-YE-sa* - beauty
boleto (m) *bo-LE-to* - ticket
cabo (m) *KA-bo* - cape
cabra (f) *KA-bra* - goat
cada (adj) *KA-da* - each, every
calabaza (f) *ka-la-BA-sa* - squash (gourd)
Calzada de los Muertos (f) *kal-SA-da de los MWER-tos* - Avenue of the Dead
camarón (m) *ka-ma-RON* - shrimp
Canal de Panamá (m) *ka-NAL de pa-na-MA* - Panama Canal

caña (f) *KA-nya* - reed
caos (m) *KA-os* - chaos
capital (f) *ka-pi-TAL* - capital city
carbón (m) *kar-BON* - carbon
caribe (adj) *ka-RI-be* - Caribbean
cáscara (f) *KAS-ka-ra* - shell
catedral (f) *ka-ted-RAL* - cathedral
Catedral de Guadalajara (f) *ka-ted-RAL de gwa-da-la-HA-ra* - Guadalajara Cathedral
católico/a (adj) *ka-TO-li-ko/a* - catholic
Celsius (adj) *SEL-si-us* - Celsius
central (adj) *sen-TRAL* - central
cerdo (m) *SER-do* - pig
Ciudad de México (f) *siu-DAD de ME-hi-ko* - Mexico City
Ciudad de Oaxaca (f) *siu-DAD de wa-HA-ka* - Oaxaca City
civilización (f) *si-bi-li-sa-SION* - civilization
club (m) *KLUB* - club
cochinita pibil (f) *ko-chi-NI-ta pi-BIL* - roast baby pig
Códice de Dresden (m) *KO-di-se de DRES-den* - Dresden Codex
Códice de Madrid (m) *KO-di-se de ma-DRID* - Madrid Codex
Códice de Paris (m) *KO-di-se de pa-RIS* - Paris Codex
colonial (adj) *ko-lo-NIAL* - colonial
combustible fósil (m) *kom-bus-TI-ble FO-sil* - fossil fuel
compañía (f) *kom-pa-NYI-a* - company
conquistador (m) *kon-kis-ta-DOR* - conqueror
constitución (f) *kon-sti-tu-SION* - constitution
construído/a (adj) *kon-STRUI-do/a* - built
coral (m) *ko-RAL* - coral
correcto/a (adj) *ko-RREK-to/a* - correct
cosecha (f) *ko-SE-cha* - crop
costa (f) *KOS-ta* - coast
crucero (m) *kru-SE-ro* - cruise
cualquier (pro) *kwal-KIER* - any
cuántas veces (phrase) *KWAN-tas BE-ses* – How many times?
cuánto tiempo (phrase) *KWAN-to TIEM-po* - How long?
cultivación (f) *kul-ti-ba-SION* - cultivation
cultura (f) *kul-TU-ra* - culture
demanda (f) *de-MAN-da* - demand
depósito (m) *de-PO-si-to* - deposit
derecho (m) *de-RE-cho* - right
diámetro (m) *di-A-me-tro* - diameter
dictador (m) *dik-ta-DOR* - dictator
difícil (adj) *di-FI-sil* - difficult
dios (m) *DIOS* - god

directo/a (adj) *di-REK-to/a* - direct
discoteca (f) *dis-ko-TE-ka* - disco
distrito (m) *dis-TRI-to* - district
dominio (m) *do-MI-nio* - domain
dorado (m) *do-RA-do* - mahi-mahi
economía (f) *e-ko-no-MI-a* - economy
económico/a (adj) *e-ko-NO-mi-ko/a* - economic
él (pro) *EL* - he, the one
electrónica (f) *e-lek-TRO-ni-ka* - electronics
en otros tiempos (phrase) *en O-tros TIEM-pos* - at other times
en todo el mundo (phrase) *en TO-do el MUN-do* - all over the world
energía (f) *e-ner-HI-a* - energy
energía solar (f) *e-ner-HI-a so-LAR* - solar energy
entonces (adv) *en-TON-ses* – so, then
europeo/a (adj) *eu-ro-PEO/A* - European
extraído/a (adj) *es-TRAI-do/a* - extracted
extremo (m) *es-TRE-mo* - end
Faja de Plata (f) *FA-ha de PLA-ta* - Silver Belt
famoso/a (adj) *fa-MO-so/a* - famous
federación (f) *fe-de-ra-SION* - federation
federal (adj) *fe-de-RAL* - federal
fermentado/a (adj) *fer-men-TA-do/a* - fermented
fijo/a (adj) *FI-ho/a* - fixed
flauta (f) *FLAU-ta* - flute
forma (f) *FOR-ma* - form
fotografía (f) *fo-to-gra-FI-a* - photography
función (f) *fun-SION* - performance
fundado/a (adj) *fun-DA-do/a* - founded
ganado (m) *ga-NA-do* - cattle
gas natural (m) *GAS na-tu-RAL* - natural gas
gasolina (f) *ga-so-LI-na* - gasoline
gente (f) *HEN-te* - people
gigante (adj) *hi-GAN-te* - giant
gobierno (m) *go-BIER-no* - government
golfo de México (m) *GOL-fo de ME-hi-ko* - Gulf of Mexico
guitarra (f) *gi-TA-rra* - guitar
hacienda (f) *a-SIEN-da* - estate
hasta la fecha (phrase) *AS-ta la FE-cha* - to this day
hectárea (f) *ek-TA-rea* - hectare
hermoso/a (adj) *er-MO-so/a* - beautiful
hotel (m) *o-TEL* - hotel
hotel de tiempo compartido (m) *o-TEL de TIEM-po kom-par-TI-do* –
    time-share hotel

idioma (m) *i-DIO-ma* - language
Imperio Azteca (m) *im-PE-rio as-TE-ka* - Aztec Empire
Imperio Español (m) - *im-PE-rio es-pa-NYOL* - Spanish Empire
independientemente (adv) *in-de-pen-dien-te-MEN-te* - independently
indígeno/a (adj) *in-DI-he-no/a* - indigenous
influencia (f) *in-FLWEN-sia* - influence
instrumento (m) *in-stru-MEN-to* - instrument
instrumento de metal (m) *in-stru-MEN-to de me-TAL* - brass instrument
instrumento de viento (m) *in-stru-MEN-to de BIEN-to* - woodwind
interior (m) *in-te-RIOR* - interior
invisible (adj) *im-bi-SI-ble* - invisible
isla (f) *IS-la* - island
jade (m) *HA-de* - jade
joyería (f) *ho-ye-RI-a* - jewelry
jubilado/a (adj) *hu-bi-LA-do/a* - retired
lago de Chapala (m) *LA-go de cha-PA-la* - Lake Chapala
lago de Texcoco (m) *LA-go de tes-KO-ko* - Lake Texcoco
lápiz (m) *LA-pis* - pencil
latín (m) *la-TIN* - Latin
lema (m) *LE-ma* - motto
libertad (f) *li-ber-TAD* - liberty
libre (adj) *LI-bre* - free
líder (m) *LI-der* - leader
limitado/a (adj) *li-mi-TA-do/a* - limited
líquido (m) *LI-ki-do* - liquid
literatura (f) *li-te-ra-TU-ra* - literature
llanura (f) *ya-NU-ra* - plain
llegada (f) *ye-GA-da* - arrival
lugar (m) *lu-GAR* - place
luna (f) *LU-na* - moon
madera (f) *ma-DE-ra* - timber
Madre Cultura (f) *MA-dre kul-TU-ra* - "Mother Culture"
maíz (m) *ma-IS* - corn
maraca (f) *ma-RA-ka* - maraca
mariachi (m) *ma-RIA-chi* - mariachi musicians
marisco (m) *ma-RIS-ko* - seafood
matemáticas (f) *ma-te-MA-ti-kas* - mathematics
material (m) *ma-te-RIAL* - material
maya (m) *MA-ya* - Maya
maya (adj) *MA-ya* - Mayan
mayor (adj) *ma-YOR* - bigger
mayor parte del tiempo (phrase) *ma-YOR PAR-te del TIEM-po* - most of the time
mayoría (f) *ma-yo-RI-a* - majority

medio oriente (adj) *ME-dio o-RIEN-te* - Middle Eastern
Mesoamérica (f) *me-so-a-ME-ri-ka* - Mesoamerica
metal noble (m) *me-TAL NO-ble* - precios metal
metro (m) *ME-tro* - meter
milla (f) *MI-ya* - mile
mina (f) *MI-na* - mine
mineral (m) *mi-ne-RAL* - mineral
montaña (f) *mon-TA-nya* - mountain
monumento (m) *mo-nu-MEN-to* - monument
muerto/a (adj) *MWE-to/a* - dead
mundo (m) *MUN-do* - world
musical (adj) *mu-si-KAL* - musical
náhuatl (m) *NA-wa-tl* -Nahuatl
náhuatl (adj) *NA-wa-tl* -Nahuatl
ningún/o/a (adj) *nin-GUN/GU-no/GU-na* - none, not any
nómada (adj) *NO-ma-da* - nomadic
nombrado/a (adj) *nom-BRA-do/a* - named
nombre (m) *NOM-bre* - name
noreste (m) *nor-ES-te* - northeast
noroeste (m) *no-ro-ES-te* - northwest
Nueva Granada (f) *NWE-ba gra-NA-da* - New Granada
nunca (adv) *NUN-ka* - never
obsidiana (f) *ob-si-DIA-na* - obsidian
océano Atlántico (m) *o-SEA-no at-LAN-ti-ko* - Atlantic Ocean
océano Pacífico (m) *o-SEA-no pa-SI-fi-ko* - Pacific Ocean
oficial (adj) *o-fi-SIAL* - official
ola (f) *O-la* - wave
olmeca (m) *ol-ME-ka* - Olmec
olmeca (adj) *ol-ME-ka* - Olmec
olor (m) *o-LOR* - odor
originario/a (adj) *o-ri-hi-NA-rio/a* - native
oveja (f) *o-BE-ha* - sheep
paisaje (m) *pai-SA-he* - landscape
Palacio de Bellas Artes (m) *pa-LA-sio de BE-yas AR-tes* - Fine Arts Palace
paseo (m) *pa-SEO* - walk
paz (f) *PAS* - peace
PEMEX (m) *PE-mes* - Mexican Petroleum (Petróleos Mexicanos)
península de Yucatán (f) *pe-NIN-su-la de yu-ka-TAN* - Yucatan peninsula
perla (f) *PER-la* - pearl
personal (adj) *per-so-NAL* - personal
pescador (m) *pes-ka-DOR* - fisherman
petróleo (m) *pe-TRO-leo* - petroleum
pez espada (m) *PES es-PA-da* - swordfish

pez vela (m) *PES BE-la* - sailfish
piel (f) *PIEL* - skin
pintoresco/a (adj) *pin-to-RES-ko/a* - picturesque
pintura (f) *pin-TU-ra* - paint
pirámide (f) *pi-RA-mi-de* - pyramid
Pirámide de la Luna (f) *pi-RA-mi-de de la LU-na* - Pyramid of the Moon
Pirámide del Sol (f) *pi-RA-mi-de del SOL* - Pyramid of the Sun
planta (f) *PLAN-ta* - plant
playa (f) *PLA-ya* - beach
plaza (f) *PLA-sa* - plaza, square
Plaza Garibaldi (f) *PLA-sa ga-ri-BAL-di* - Garibaldi Square
política (f) *po-LI-ti-ka* - politics
por ciento (m) *POR SIEN-to* - percent
por primera vez (phrase) *POR pri-ME-ra BES* - for the first time
preciso/a (adj) *pre-SI-so/a* - accurate
precolombino/a (adj) *pre-ko-lom-BI-no/a* - pre-Columbian
prehispánico/a (adj) *pre-is-PA-ni-ko/a* - prehispanic
principal (adj) *prin-si-PAL* - principal
producción (f) *pro-duk-SION* - production
provisiones médicas (f) *pro-bi-SIO-nes ME-di-kas* - medical supplies
pueblo (m) *PWE-blo* - village, town
Pueblo Mágico (m) *PWE-blo MA-hi-ko* - "Magical Town"
puerco (m) *PWER-ko* - pork
puerto (m) *PWER-to* - port
puño de hierro (m) *PU-nyo de YE-rro* - iron fist
recurso natural (m) *rre-KUR-so na-tu-RAL* - natural resource
región (f) *rre-HION* - region
religión (f) *rre-li-HION* - religion
república (f) *rre-PU-bli-ka* - republic
Reserva de la Biosfera Mariposa Monarca (f) *rre-SER-ba de la BIOS-fe-ra ma-ri-PO-sa mo-NAR-ka* - Monarch Butterfly Biosphere Reserve
riqueza (f) *rri-KE-sa* - wealth
san (adj) *SAN* - saint
siempre (adv) *SIEM-pre* - always
Sierra Madre Occidental (f) *SIE-rra MA-dre ok-si-den-TAL* - Sierra Madre Occidental
siglo (m) *SIG-lo* - century
símbolo (m) *SIM-bo-lo* - symbol
sistema (m) *sis-TE-ma* - system
soberano/a (adj) *so-be-RA-no/a* - sovereign
suave (adj) *SWA-be* - mild, soft
sureste (m) *sur-ES-te* - southeast
suroeste (m) *su-ro-ES-te* - southwest
tambor (m) *tam-BOR* - drum

tan (adv) *TAN* - so
teotihuacan (m) *teo-ti-hua-KAN* - Teotihuacan
teotihuacan (adj) *teo-ti-hua-KAN* - Teotihuacan
terreno (m) *te-RRE-no* - land, terrain
territorio (m) *te-rri-TO-rio* - territory
tierra (f) *TIE-rra* - soil, land, earth
típico/a (adj) *TI-pi-ko/a* - typical
todos los días (phrase) *TO-dos los DI-as* - every day
trabajador (m) *tra-ba-ha-DOR* - worker
tratado (m) *tra-TA-do* - treaty
Triángulo del Sol (m) *tri-AN-gu-lo del SOL* - Triangle of Sun
tribu (f) *TRI-bu* - tribe
tronco (m) *TRON-ko* - trunk
turismo (m) *tu-RIS-mo* - tourism
turista (m) *tu-RIS-ta* - tourist
turquesa (f) *tur-KE-sa* - turquoise
único/a (adj) *U-ni-ko/a* - only
unido/a (adj) *u-NI-do/a* - united
Valle de México (f) *BA-ye de ME-hi-ko* - Valley of Mexico
variación (f) *ba-ria-SION* - variation
venado (m) *be-NA-do* - deer
venenoso/a (adj) *be-ne-NO-so/a* - poisonous
vestido (m) *bes-TI-do* - dress
viaje (m) *BIA-he* - trip
vida nocturna (f) *BI-da nok-TUR-na* - night life
violento/a (adj) *bio-LEN-to/a* - violent
violín (m) *bio-LIN* - violin
vuelo (m) *BWE-lo* - flight
yucateca (adj) *yu-ka-TE-ka* - Yucatan
yuca (f) *YU-ka* - yucca
zapoteca (m) *sa-po-TE-ka* - Zapotec
zapoteca (adj) *sa-po-TE-ka* - Zapotec
zona arqueológica (f) *SO-na ar-keo-LO-hi-ka* - archeological area
zona metropolitana (f) *SO-na met-ro-po-li-TA-na* - metropolitan area

Chapter 8 – Traveling in South America– Lesson 1

LET'S VISIT THE ANDES MOUNTAINS!

Let's take a virtual tour through the Andes Mountains which dominate western South America.

Ud.: Quisiera conocer las montañas Andes.
(I want to get to know the Andes Mountains.)
ki-**SIE**-ra ko-no-**SER** las mon-**TA**-nyas **AN**-des

Guía: ¡Claro que sí! Tome asiento conmigo en la computadora. Le voy a enseñar los Andes.
(Of course! Sit down with me at the computer. I am going to show you the Andes.)
KLA-ro **KE SI**/ **TO**-me a-**SIEN**-to kon-**MI**-go en la kom-pu-ta-**DO**-ra/ le **BOY** a en-se-**NYAR** las **AN**-des

Ud.: ¡Gracias!
(Thank you!)
GRA-si-as

Guía: ¡Mire usted el mapa! Los Andes es la cadena de montañas más larga del mundo. Se extiende de Chile a Venezuela a través de Colombia, Argentina, Bolivia, Perú y Ecuador.
(Look at the map! The Andes is the longest chain of mountains in the world. It extends from Chile to Venezuela through Colombia, Argentina, Bolivia, Peru and Ecuador.)
MI-re us-**TED** el **MA**-pa/ las **AN**-des **ES** la ka-**DE**-na de mon-**TA**-nyas **MAS LAR**-ga del **MUN**-do/ **SE** es-**TIEN**-de de **CHI**-le a be-ne-**SWE**-la a tra-**BES** de ko-**LOM**-bia/ ar-hen-**TI**-na/ bo-**LI**-bia/ pe-**RU**/ i e-**KWA**-dor

Ud.: ¿Hay un lago en las montañas Andes?
(Is there a lake in the Andes Mountains?)
AI un **LA**-go en las mon-**TA**-nyas **AN**-des

Guía:	Sí. El lago Titicaca es el lago más alto del mundo que se puede navegar comercialmente. Usted puede ver que se encuentra en la frontera entre Perú y Bolivia. *(Yes. Lake Titicaca is the highest lake in the world that can be commercially navigated. You can see that it is located on the border between Peru and Bolivia.)* **SI**/ el **LA**-go ti-ti-**KA**-ka **ES** el **LA**-go **MAS AL**-to del **MUN**-do **KE SE PWE**-de na-be-**GAR** ko-mer-sial-**MEN**-te/ us-**TED PWE**-de **BER KE SE** en-**KWEN**-tra en la fron-**TE**-ra **EN**-tre pe-**RU**/ i bo-**LI**-bia
Ud.:	¿De dónde viene el nombre del lago Titicaca? *(Where does the name Lake Titicaca come from?)* de **DON**-de **BIE**-ne el **NOM**-bre del **LA**-go ti-ti-**KA**-ka
Guía:	El nombre probablemente viene de una roca sagrada en la Isla del Sol que se llamaba "Titikala". *(The name probably comes from a sacred rock on the Island of the Sun named "Titikala".)* el **NOM**-bre pro-ba-ble-**MEN**-te **BIE**-ne de **U**-na **RRO**-ka sa-**GRA**-da en la **IS**-la del **SOL KE SE** ya-**MA**-ba ti-ti-**KA**-la
Ud.:	¡Qué interesante! *(How interesting!)* **KE** in-te-re-**SAN**-te
Guía:	Bueno, ya que sabe algo acerca de las montañas Andes ¿quiere usted que yo le compre boletos de avión a Lima, Perú? *(OK, now that you know something about the Andes Mountains, do you want me to buy you airline tickets to Lima, Peru?)* **BWE**-no/ **YA KE SA**-be **AL**-go a-**SER**-ka de las mon-**TA**-nyas **AN**-des/ **KIE**-re us-**TED KE YO** le **KOM**-pro bo-**LE**-tos de a-bi-**ON** a **LI**-ma/ pe-**RU**
Ud.:	¡Perfecto! Tengo muchas ganas de visitar los Andes. *(Perfect! I really feel like visiting the Andes.)* per-**FEK**-to/ **TEN**-go **MU**-chas **GA**-nas de bi-si-**TAR** los **AN**-des

Example:

Quisiera conocer las montañas Andes.

Le voy a comprar boletos de avión a Lima, Perú.

Talk to your partner about the Andes Mountains. He or she will tell you something about Lake Titicaca.

Chapter 8 – Traveling In South America – Lesson 2

THE INCAS WERE FASCINATING!

Ud.: Quiero tomar un tren a las ruinas de la civilización incaica.
(I want to take a train to the ruins of the Inca civilization.)
KIE-ro to-**MAR** un **TREN** a las **RRWI**-nas de la si-bi-li-sa-**SION** in-**KAI**-ka

Guía: Vamos a escalar las montañas Andes a Machu Picchu en una excursión virtual. Machu Picchu quiere decir vieja cima del monte en la lengua quechua de los incas.
(We will climb the Andes Mountains to Machu Picchu on a virtual tour. Machu Picchu means "old mountain peak" in the Quechua language of the Incas.)
BA-mos a es-ka-**LAR** las mon-**TA**-nyas **AN**-des a **MA**-chu **PI**-chu en **U**-na es-kur-**SION** bir-tu-**AL** / **MA**-chu **PI**-chu **KIE**-re de-**SIR BIE**-ha **SI**-ma del **MON**-te en la **LEN**-gwa **KE**-chwa de los **IN**-kas

Guía: Los incas dominaron los Andes de mil cuatrocientos treinta y ocho a mil quinientos treinta y tres.
(The Incas dominated the Andes from 1438 to 1533.)
los **IN**-kas do-mi-**NA**-ron los **AN**-des de **MIL** kwa-tro-**SIEN**-tos **TREIN**-ta i **O**-cho a **MIL** ki-**NIEN**-tos **TREIN**-ta i **TRES**

Ud.: ¿Cuándo construyeron Machu Picchu?
(When was Machu Picchu built?)
KWAN-do kon-stru-**YE**-ron **MA**-chu **PI**-chu

Guía: Los incas construyeron Machu Picchu cerca de mil cuatrocientos cincuenta, pero lo abandonaron en mil quinientos setenta y dos.
(The Incas built Machu Picchu around 1450, but they left it in 1572.)
los **IN**-kas kon-stru-**YE**-ron **MA**-chu **PI**-chu **SER**-ka de **MIL** kwa-tro-**SIEN**-tos sin-**KWEN**-ta/ **PE**-ro lo a-ban-do-**NA**-ron en **MIL** ki-**NIEN**-tos se-**TEN**-ta i **DOS**

Ud.: ¿Por qué lo abandonaron?
(Why did they leave it?)
por **KE** lo a-ban-do-**NA**-ron

Guía:	Es posible que lo hayan abandonado como resultado de la viruela, una enfermedad seria que trajeron los españoles. *(It is possible that they left it as a result of smallpox, a serious disease that the Spanish brought.)* **ES** po-**SI**-ble **KE** lo a-**YAN** a-ban-do-**NA**-do **KO**-mo re-sul-**TA**-do de la bi-**RWE**-la/ **U**-na en-fer-me-**DAD** **SE**-ria **KE** tra-**HE**-ron los es-pa-**NYO**-les
Guía:	También le voy a comprar boletos de ida y vuelta para el día siguiente en el tren de Cusco a Machu Picchu. ¿Qué le parece? *(OK. I will also buy you round-trip tickets for the next day on the train from Cuzco to Machu Picchu. What do you think?)* tam-**BIEN** le **BOY** a kom-**PRAR** bo-**LE**-tos de **I**-da i **BWEL**-ta **PA**-ra el **DI**-a si-**GIEN**-te en el **TREN** de **KUS**-ko a **MA**-chu **PI**-chu/ **KE** le pa-**RE**-se
Ud.:	¡Es un sueño hecho realidad! *(It is a dream come true!)* **ES** un **SWE**-nyo **E**-cho rrea-li-**DAD**

Example:

Quiero tomar un tren a las ruinas de la civilización incaica.

Le voy a comprar boletos de ida y vuelta en el tren de Cusco a Machu Picchu.

Tell your partner when Machu Picchu was thought to have been constructed by the Incas. He or she will tell you when and how it may have been abandoned.

The Incas used music, dance and art for entertainment and in religious ceremonies.

Ud.:	¿Qué diversiones tenían los Incas? *(What forms of entertainment did the Incas have?)* **KE** di-ber-**SIO**-nes te-**NI**-an los **IN**-kas
Guía:	Después de trabajar mucho los Incas celebraban con festivales musicales, como usted puede ver en esta foto. *(After working hard the Incas celebrated with musical festivals, as you can see in this photo.)* des-**PWES** de tra-ba-**HAR** **MU**-cho los **IN**-kas se-le-**BRA**-ron **KON** fes-ti-**BA**-les mu-si-**KA**-les/ **KO**-mo us-**TED** **PWE**-de **BER** en **ES**-ta **FO**-to

Ud.: ¿Qué instrumentos tocaban?
(What instruments did they play?)
KE in-stru-**MEN**-tos to-**KA**-ban

Guía: Aquí se ve que los incas tenían tambores e instrumentos de viento.
(Here you see that the Incas had drums and woodwind instruments.)
a-**KI SE BE KE** los **IN**-kas te-**NI**-an tam-**BO**-res/ e in-stru-**MEN**-tos de **BIEN**-to

Ud.: ¿Cómo eran sus tambores?
(What were their drums like?)
KO-mo **E**-ran sus tam-**BO**-res

Guía: En estas fotos se nota que los incas tenían tambores verticales, los huhuetl, y tambores horizontales, los teponaztli. También tenían panderetas, campanas hechas de bronce o de cobre y cascabeles de barro, de metal y de semillas.
(In these photos you notice that the Incas had vertical drums, "los huehuetl," and horizontal drums, "los teponaztli." They also had tambourines, bells made of bronze or copper and rattles of clay, metal and seeds.)
en **ES**-tas **FO**-tos **SE NO**-ta **KE** los **IN**-kas te-**NI**-an tam-**BO**-res ber-ti-**KA**-les/ los u-**WETL**/ i tam-**BO**-res o-ri-son-**TA**-les/ los te-po-**NAS**-tli/ tam-**BIEN** te-**NI**-an pan-de-**RE**-tas/ kam-**PA**-nas **E**-chas de **BRON**-se o de **KO**-bre/ i kas-ka-**BE**-les de **BA**-rro/ de me-**TAL**/ i de se-**MI**-yas

Ud.: ¿Cómo eran sus instrumentos de viento?
(What were their woodwind instruments like?)
KO-mo **E**-ran sus in-stru-**MEN**-tos de **BIEN**-to

Guía: Usted ve que tenían flautas de barro, de caña o de plumas de pájaro. Aquí está un sacerdote tocando una flauta hecha de hueso o de caña en una ceremonia religiosa. Los incas tocaban trompetas de barro conocidas como "trompetas moche" que decoraban con cabecitas en forma de gatos.
(You see that they had clay, reed or quill flutes. Here is a priest playing a flute made of bone or reed in a religious ceremony. The Incas played clay trumpets known as "Moche" trumpets that they decorated with little heads shaped like cats.)
us-**TED BE KE** te-**NI**-an **FLAU**-tas de **BA**-rro/ de **KA**-nya/ o de **PLU**-mas de **PA**-ha-ro/ a-**KI** e-**STA** un sa-ser-**DO**-te to-**KAN**-do **U**-na **FLAU**-ta **E**-cha de **WE**-so/ o de **KA**-nya en **U**-na se-re-**MO**-nia rre-li-**HIO**-sa/ los **IN**-kas to-**KA**-ban trom-**PE**-tas de **BA**-rro ko-no-**SI**-das **KO**-mo trom-**PE**-tas **MO**-che/ **KE** de-ko-**RA**-ban **KON** ka-be-**SI**-tas en **FOR**-ma de **GA**-tos

Ud.: ¿Qué representaban las cabecitas en forma de gatos en sus trompetas?
(What did the little heads shaped like cats on the trumpets represent?)
KE re-pre-sen-**TA**-ban las ka-be-**SI**-tas en **FOR**-ma de **GA**-tos en sus trom-**PE**-tas

Guía: Los gatos representaban un dios. ¿Sabe usted que los incas adoraban el sol? Su gobernante, el Inca, era el hijo del sol, el Intl.
(The cats represented a god. Do you know that the Incas worshiped the sun? Their ruler, "the Inca", was the son of the sun, "the Intl".)
los **GA**-tos re-pre-sen-**TA**-ban un **DIOS**/ **SA**-be us-**TED KE** los **IN**-kas a-do-**RA**-ban el **SOL**/ su go-ber-**NAN**-te/ el **IN**-ka/ **E**-ra el **I**-ho del **SOL**/ el **INTL**

Example:

¿Qué diversiones tenían los Incas?

Los Incas tenían festivales musicales.

Talk to your partner about some of the drums and woodwind instruments the Incas had. He or she will tell you about their "Moche" trumpets.

"I am a son of the Sun, going to those of my race.

I'm one of the children of the Sun, going to my people.

I'm a child of the sun, coming for a purpose." (Inca poem)

> Ud.: ¿Sabe usted dónde nació el incaico dios del sol?
> *(Do you know where the Incan sun god was born?)*
> **SA**-be us-**TED DON**-de na-**SIO** el in-**KAI**-ko **DIOS** del **SOL**
>
> Guía: Sí. Aquí en la foto está la Isla del Sol donde nació el incaico dios del sol.
> *(Yes. Here in the photo is the Island of the Sun where the Incan sun god was born.)*
> **SI**/ a-**KI** en la **FO**-to e-**STA** la **IS**-la del **SOL DON**-de na-**SIO** el in-**KAI**-ko **DIOS** del **SOL**
>
> Ud.: ¿Existe una Isla de la Luna?
> *(Is there an Island of the Moon?)*
> e-**SIS**-te **U**-na **IS**-la de la **LU**-na
>
> Guía: Sí. Aquí está la Isla de la Luna donde nació el incaico dios de la luna.
> *(Yes. Here is the Island of the Moon where the Incan moon god was born.)*
> **SI**/ a-**KI** e-**STA** la **IS**-la de la **LU**-na **DON**-de na-**SIO** el in-**KAI**-ko **DIOS** de la **LU**-na

Example:

¿Sabe usted dónde nació el incaico dios del sol?

El incaico dios del sol nació en la Isla del Sol.

Ask your partner if there is an Island of the Moon. He or she will answer your question.

Chapter 8 – Traveling In South America – Lesson 3

THE AMAZON BASIN IS ENORMOUS!

The eastern part of South America contains the Amazon River Basin, one of the world's most diverse biological areas.

Ud.: ¿Por dónde empieza el Amazonas?
(Where does the Amazon River begin?)
POR DON-de em-**PIE**-sa el a-ma-**SO**-nas

Guía: Vamos a mirar el mapa otra vez. El Amazonas empieza en las montañas Andes y termina en el océano Atlántico.
(Let's look at the map again. The Amazon River begins in the Andes Mountains and ends at the Atlantic Ocean.)
BA-mos a mi-**RAR** el **MA**-pa **O**-tra **BES**/ el a-ma-**SO**-nas em-**PIE**-sa en las mon-**TA**-nyas **AN**-des/ i ter-**MI**-na en el o-**SEA**-no at-**LAN**-ti-ko

Ud.: ¿Cómo es la selva del Amazonas?
(What is the Amazon Rainforest like?)
KO-mo **ES** la **SEL**-ba del a-ma-**SO**-nas

Guía: Usted puede ver que ¡la selva del Amazonas es enorme! Es la selva más grande en el mundo y colinda con casi todos los países de América del Sur. De hecho, el Amazonas es el segundo más largo río en el mundo
(You can see that the Amazon Rainforest is enormous! It is the largest jungle in the world and touches almost all of the countries in South America. In fact, the Amazon River is the second largest river in the world.)
us-**TED PWE**-de **BER KE**/ la **SEL**-ba del a-ma-**SO**-nas **ES** e-**NOR**-me/ **ES** la **SEL**-ba **MAS GRAN**-de en el **MUN**-do/ i ko-**LIN**-da **KON KA**-si **TO**-dos los pa-**I**-ses de a-**ME**-ri-ka del **SUR**/ de **E**-cho/ el a-ma-**SO**-nas **ES** el se-**GUN**-do **MAS LAR**-go **RIO** en el **MUN**-do

Ud.: ¿Ocupa la cuenca del Amazonas una parte importante de América del Sur?
(Does the Amazon River Basin occupy an important part of South America?)
o-**KU**-pa la **KWEN**-ka del a-ma-**SO**-nas **U**-na **PAR**-te im-por-**TAN**-te de a-**ME**-ri-ka del **SUR**

Guía: Sí. La cuenca del Amazonas cubre aproximadamente el cuarenta por ciento de América del Sur.
(Yes. The Amazon River Basin covers approximately 40% of South America.)
SI/ la KWEN-ka del a-ma-SO-nas KU-bre a-prok-si-ma-da-MEN-te el kwa-REN-ta POR SIEN-to de a-ME-ri-ka del SUR

Ud.:   Me gustaría tomar una excursión con guía en la selva del Amazonas.
(I would like to take a guided tour to the Amazon Rainforest.)
ME gus-ta-RI-a to-MAR U-na es-kur-SION KON GI-a en la SEL-ba del a-ma-SO-nas

Guía: ¡A la orden! Le voy a comprar boletos para una excursión con guía de Cusco al Parque Nacional de Manu en la selva del Amazonas.
(Yes, Sir! I will buy you tickets for a guided tour from Cuzco to the Manu National Park in the Amazon Rainforest.)
a la OR-den/ le BOY a kom-PRAR bo-LE-tos PA-ra U-na es-kur-SION KON GI-a de KUS-ko al PAR-ke na-SIO-nal de ma-NU en la SEL-ba del a-ma-SO-nas

Example:

¿Por dónde empieza el Amazonas?

El Amazonas empieza en las montañas Andes.

Talk to your partner about the Amazon River Basin.

There are more than 14,000 species of mammals found in the Amazon.

Ud.:   ¿Cómo son los animales de la selva del Amazonas?
(What are the Amazon Rainforest animals like?)
KO-mo SON los a-ni-MA-les de la SEL-ba del a-ma-SO-nas

Guía: Aquí hay fotos de algunos animales de la selva del Amazonas. La mayoría de ellos son murciélagos y roedores.
(Here are photos of some Amazon Rainforest animals. The majority of them are bats and rodents)
a-KI AI FO-tos de al-GU-nos a-ni-MA-les de la SEL-ba del a-ma-SO-nas/ la ma-yo-RI-a de E-yos SON mur-SIE-la-gos/ i rroe-DO-res

Ud.: ¿Cuáles son algunos de los animales grandes de la selva?
(What are some large animals of the rainforest?)
KWA-les **SON** al-**GU**-nos de los a-ni-**MA**-les **GRAN**-des de la **SEL**-ba

Guía: Algunos de los animales grandes son el jaguar, el ocelote, el capybara y el tapir.
(Some of the big animals are the jaguar, ocelot, capybara and tapir.)
*al-**GU**-nos de los a-ni-**MA**-les **GRAN**-des **SON** el ha-**GWAR**/ el o-se-**LO**-te/ el ka-pi-**BA**-ra/ i el **TA**-pir*

Ud.: ¿Cuáles son otros animales de la selva?
(What are other animals of the rainforest?)
KWA-les **SON** otros a-ni-**MA**-les de la **SEL**-ba

Guía: Bueno, aquí tiene más fotos. Hay insectos, anfibios, reptiles, monos, osos hormigueros y osos. ¿Sabía usted que hay sólo una especie de oso en la selva del Amazonas?
(OK, here you have more photos. There are insects, amphibians, reptiles, monkeys, anteaters and bears. Did you know that there is only one species of bear in the Amazon Rainforest?)
***BWE**-no/ a-**KI TIE**-ne **MAS FO**-tos/ **AI** in-**SEK**-tos/ an-**FI**-bios/ rrep-**TI**-les/ **MO**-nos/ **O**-sos or-mi-**GE**-ros/ i **O**-sos/ sa-**BI**-a us-**TED KE AI SO**-lo **U**-na es-**PE**-sie de **O**-so en la **SEL**-ba del a-ma-**SO**-nas*

Ud.: No, no lo sabía. ¿Cómo se llama este oso?
(No, I did not know that. What is that bear called?)
NO/ **NO LO** sa-**BI**-a/ **KO**-mo **SE YA**-ma **ES**-te **O**-so

Guía: Se llama el oso de anteojos.
(It is called the bespectacled bear.)
SE YA-ma el **O**-so de an-te-**O**-hos

Ud.: Quiero ver unos animales de su excursión virtual.
(I want to see some animals from your virtual tour.)
KIE-ro **BER U**-nos a-ni-**MA**-les de su es-kur-**SION** bir-tu-**AL**

Guía: ¡Por supuesto! Ya le compré boletos para su excursión con guía en la selva del Amazonas.
(Of course. I already bought you tickets for a guided tour of the Amazon Rainforest.)
POR *su-***PWES***-to/* **YA** *le kom-***PRE** *bo-***LE***-tos* **PA***-ra su es-kur-***SION KON GI***-a en la* **SEL***-ba del a-ma-***SO***-nas*

Example:
Quiero ver unos animales en las fotos.

Ya le compré boletos para su excursión con guía en la selva del Amazonas.

Tell your partner which animals are the most common in the Amazon Rainforest. He or she will talk to you about some of the other rainforest animals.

Chapter 8 – Traveling In South America – Lesson 4

BUENOS AIRES, RIO DE JANEIRO OR SANTIAGO?

Buenos Aires, Argentina is a very popular and sophisticated tourist destination in South America.

Ud.: Quisiera visitar una de las ciudades grandes de América del Sur. ¿A cuál debería conocer -- Buenos Aires, Argentina; Río de Janeiro, Brasil o Santiago, Chile?
(I would like to visit one of the great cities of South America. Which one should I get to know -- Buenos Aires, Argentina; Rio de Janeiro, Brazil or Santiago, Chile?)
ki-SIE-ra bi-si-**TAR U**-nas de las siu-**DA**-des **GRAN**-des de a-**ME**-ri-ka del **SUR**/ a **KWAL** de-be-**RI**-a ko-no-**SER**/ **BWE**-nos **AI**-res/ ar-hen-**TI**-na/ **RRI**-o de ha-**NEI**-ro/ bra-**SIL**/ o san-**TIA**-go/ **CHI**-le

Guía: Lo voy a llevar a una excursión virtual de las tres ciudades. Siéntese cómodamente en su silla. Tome un refresco y relájese mientras le enseño videos de Buenos Aires, Río de Janeiro y Santiago.
(I am going to take you on a virtual tour of the 3 cities. Sit down comfortably in your chair. Drink a soda pop and relax while I show you videos of Buenos Aires, Rio de Janeiro and Santiago.)
LO BOY a ye-**BAR** a **U**-na es-kur-**SION** bir-tu-**AL** de las **TRES** siu-**DA**-des/ **SIEN**-te-se ko-mo-da-**MEN**-te en su **SI**-ya/ **TO**-me un rre-**FRES**-ko/ i rre-**LA**-he-se **MIEN**-tras le en-**SE**-nyo bi-**DEOS** de **BWE**-nos **AI**-res/ **RRI**-o de ha-**NEI**-ro/ i san-**TIA**-go

Ud.: Me gustó mucho el video de Buenos Aires. Su obelisco me recuerda del obelisco en el monumento a Lincoln en Washington, D. C. De paso ¿qué quiere decir Buenos Aires en inglés?
(I liked the Buenos Aires video a lot. Its obelisk reminds me of the obelisk at the Lincoln Monument in Washington, D.C. By the way, what does "Buenos Aires" mean in English?)
ME gus-**TO MU**-cho el bi-**DEO** de **BWE**-nos **AI**-res/ su o-be-**LIS**-ko **ME** re-**KWER**-da del o-be-**LIS**-ko en el mo-un-**MEN**-to a **LIN**-kon en /
de **PA**-so/ **KE KIE**-re de-**SIR BWE**-nos **AI**-res en in-**GLES**

Guía: Buenos Aires quiere decir "fair winds" en inglés.
("Buenos Aires" means fair winds in English.)

BWE-nos **AI**-res **KIE**-re de-**SIR** en in-**GLES**

Ud.: Me dijeron que Buenos Aires es conocida en el mundo como "la Paris de América del Sur" porque tiene estilos de arquitectura de varios países.
(I was told that Buenos Aires is world renowned as "The Paris of South America" because it has architectural styles from several countries.)
ME di-**HE**-ron **KE BWE**-nos **AI**-res **ES** ko-no-**SI**-da en el **MUN**-do **KO**-mo/ la pa-**RIS** de a-**ME**-ri-ka del **SUR**/ por-**KE TIE**-ne es-**TI**-los de ar-ki-tek-**TU**-ra de ba-**RIOS** pa-**I**-ses

Guía: Tiene usted razón. Entre mil ochocientos ochenta y mil novecientos treinta muchos inmigrantes llegaron a Argentina de Europa, principalmente de Italia y España. Ellos trajeron su propia arquitectura y sus costumbres.
(You are right. Between 1880 and 1930 many immigrants arrived in Argentina from Europe, principally from Italy and Spain. They brought their own architecture and customs.)
TIE-ne us-**TED** rra-**SON**/ **EN**-tre **MIL** o-cho-**SIEN**-tos o-**CHEN**-ta/ i **MIL** no-be-**SIEN**-tos **TREIN**-ta **MU**-chos in-mi-**GRAN**-tes ye-**GA**-ron a ar-hen-**TI**-na de eu-**RO**-pa/ prin-si-pal-**MEN**-te de i-**TA**-lia/ i es-**PA**-nya/ **E**-yos tra-**HE**-ron su **PRO**-pia ar-ki-tek-**TU**-ra/ i sus kos-**TUM**-bres

Ud.: También me dijeron que Buenos Aires, como Paris y más de cien otras ciudades en el mundo, tiene una "Noche de los Museos." Una vez al año los museos se quedan abiertos toda la noche.
(I was also told that Buenos Aires, like Paris and more than 100 other cities in the world, has a "Museum Night". Once a year the museums stay open all night.)
tam-**BIEN ME** di-**HE**-ron **KE BWE**-nos **AI**-res/ **KO**-mo pa-**RIS**/ i **MAS DE SIEN O**-tras siu-**DA**-des en el **MUN**-do/ **TIE**-ne **U**-na **NO**-che de los mu-**SEOS**/ **U**-na **BES** al **A**-nyo los mu-**SEOS SE KE**-dan a-**BIER**-tos **TO**-da la **NO**-che

Guía: ¡Qué interesante! Usted es una fuente de información.
(How interesting! You are a fountain of information.)
KE in-te-re-**SAN**-te/ us-**TED ES U**-na **FWEN**-te de in-for-ma-**SION**

Ud.: Dígame ¿por qué es Buenos Aires tan popular con los turistas?
(Tell me -- why is Buenos Aires so popular with tourists?)
DI-ga-me/ por **KE ES BWE**-nos **AI**-res **TAN** po-pu-**LAR KON** los tu-**RIS**-tas

Guía: Pues, Buenos Aires tiene su arquitectura de estilo europeo, su tango muy sensual y su carne de res con salsa chimichurri, entre otras cosas. Además, la capital de Argentina tiene la concentración de teatros más alta del mundo.
(Well, Buenos Aires has its European-style architecture, its sensual tango and its beef with chimichurri sauce, among other things. Besides, the Argentine capital has the highest concentration of theaters in the world.)
PWES/ **BWE**-nos **AI**-res **TIE**-ne su ar-ki-tek-**TU**-ra de es-**TI**-lo eu-ro-**PEO**/ su **TAN**-go **MWI** sen-**SUAL**/ i su **KAR**-ne de **RES KON SAL**-sa chi-mi-**CHU**-rri/ **EN**-tre **O**-tras **KO**-sas/ a-de-**MAS**/ la ka-pi-**TAL** de ar-hen-**TI**-na **TIE**-ne la kon-sen-tra-**SION** de te-**A**-tros **MAS AL**-ta del **MUN**-do

Ud.: A otra cosa, mariposa. ¿Sabe usted que el papa Francisco de la iglesia católica nació en esta ciudad?
(Let's go on to something else. Did you know that the Catholic church's Pope Francis was born in this city?)
a **O**-tra **KO**-sa/ ma-ri-**PO**-sa/ **SA**-be us-**TED KE** el **PA**-pa fran-**SIS**-ko de la i-**GLE**-sia ka-**TO**-li-ka na-**SIO** en **ES**-ta siu-**DAD**

Guía: Sí, lo sabía. A veces se baja de su papamóvil para posar en "selfies" con los jóvenes de la multitud.
(Yes, I knew it. Sometimes he gets off his Popemobile to pose for selfies with young people in the crowd.)
SI/ lo sa-**BI**-a/ a **BE**-ses **SE BA**-ha de su pa-pa-**MO**-bil **PA**-ra po-**SAR** en

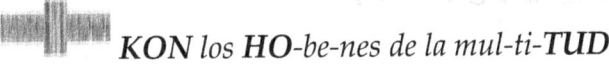 **KON** los **HO**-be-nes de la mul-ti-**TUD**

Example:

¿Qué quiere decir Buenos Aires en inglés?

Buenos Aires quiere decir "fair winds" en inglés.

Tell your partner why Buenos Aires is sometimes known as "The Paris of South America". He or she will describe "Museum Night" to you.

Rio de Janeiro, Brazil, is internationally acclaimed for its cultural and landscape icons.

Ud.: Gracias por enseñarme el video de Río de Janeiro. El Carnaval, el Pan de Azúcar, la estatua de Cristo Redentor y las playas de Copacabana e Ipanema son íconos muy importantes de Brasil.
(Thank you for showing me the video of Rio de Janeiro. Carnival, Sugarloaf Mountain, the Christ the Redeemer Statue and Copacabana and Ipanema beaches are very important Brazilian icons.)
GRA-si-as **POR** en-se-**NYAR**-me el bi-**DEO** de **RRI**-o de ha-**NEI**-ro/ el kar-na-**BAL**/ el **PAN** de a-**SU**-kar/ la es-**TA**-twa de **KRIS**-to rre-den-**TOR**/ i las **PLA**-yas de ko-pa-ka-**BA**-na/ e i-pa-**NE**-ma **SON I**-ko-nos **MWI** im-por-**TAN**-tes de bra-**SIL**

Guía: ¿Sabe usted que Río es conocida internacionalmente por su vida nocturna?
(Did you know that Rio is internationally known for its night life?)
SA-be us-**TED KE RRI**-o **ES** ko-no-**SI**-da in-ter-na-sio-nal-**MEN**-te **POR** su **BI**-da nok-**TUR**-na

Ud.: No, no lo sabía, pero no creo que su vida nocturna sea muy importante para mí porque no entiendo el portugués. Solo hablo el español.
(No, I did not know it, but I do not think that its night life is very important for me because I do not understand Portuguese. I only speak Spanish.)
NO/ **NO** lo sa-**BI**-a/ **PE**-ro **NO KRE**-o **KE** su **BI**-da nok-**TUR**-na **SEA MWI** im-por-**TAN**-te **PA**-ra **MI** por-**KE NO** en-**TIEN**-do el por-tu-**GES**/ **SO**-lo **A**-blo el es-pa-**NYOL**

Guía: Bueno, entiendo su punto de vista.
(Well, I understand your point of view.)
BWE-no/ en-**TIEN**-do su **PUN**-to de **BIS**-ta

Example:

Gracias por enseñarme el video de Río.

El Carnaval, el Pan de Azúcar, la estatua de Cristo Redentor y las playas de Copacabana e Ipanema son íconos muy importantes de Brasil.

Talk with your partner about why it could be a challenge for some people to enjoy night life in a Portuguese-speaking country when they only speak Spanish.

Santiago, Chile is within a few hours of both the Andes Mountains and the Pacific Ocean.

Ud.: ¿Se puede ver las montañas Andes desde la ciudad de Santiago?
(Can you see the Andes Mountains from the city of Santiago?)
SE PWE-de **BER** las mon-**TA**-nyas **AN**-des **DES**-de la siu-**DAD** de san-**TIA**-go

Guía: Sí. Se puede ver las montañas desde casi todas partes de la ciudad.
(Yes. You can see the mountains from almost all parts of the city.)
SI/ **SE PWE**-de **BER** las mon-**TA**-nyas **DES**-de **KA**-si **TO**-das **PAR**-tes de la siu-**DAD**

Ud.: ¿Cuándo es el invierno en Chile?
(When is it winter in Chile?)
KWAN-do **ES** el in-**BIER**-no en **CHI**-le

Guía: El invierno en América del Sur es de junio a octubre. Chile es un paraíso para los deportes de invierno como el esquí.
(Winter in South America is from June to October. Chile is a paradise for winter sports like skiing.)
el in-**BIER**-no en a-**ME**-ri-ka del **SUR ES** de hu-**NIO** a ok-**TU**-bre/ **CHI**-le **ES** un pa-ra-**I**-so **PA**-ra los de-**POR**-tes de in-**BIER**-no **KO**-mo el es-**SKI**

Ud.: Bueno, como no me gusta el frío y no sé esquiar creo que no voy a ir a Santiago, Chile.
(Well, since I do not like the cold and I do not know how to ski I do not think I will go to Santiago, Chile.)
BWE-no/ **KO**-mo **NO ME GUS**-ta el **FRI**-o/ i **NO SE** es-ki-**AR KRE**-o **KE NO BOY** a **IR** a san-**TIA**-go/ **CHI**-le

Guía: Entonces, como usted quisiera visitar una de las ciudades grandes de América del Sur, y no le gustaría conocer ni Río de Janeiro ni Santiago, le voy a comprar boletos para visitar Buenos Aires. ¿Es cierto?
(So, since you would like to visit one of the great cities of South America, and you would not like to get to know either Rio de Janeiro or Santiago, I am going to buy you tickets to visit Buenos Aires. Is that right?)
en-**TON**-ses/ **KO**-mo us-**TED KIE**-re bi-si-**TAR U**-na de las siu-**DA**-des **GRAN**-des de a-**ME**-ri-ka del **SUR**/ i **NO** le gus-ta-**RI**-a ko-no-**SER** ni **RRI**-o de ha-**NEI**-ro ni san-**TIA**-go/ le **BOY** a kom-**PRAR** bo-**LE**-tos **PA**-ra bi-si-**TAR BWE**-nos **AI**-res/ **ES SIER**-to

Example:

¿Se puede ver las montañas Andes desde la ciudad de Santiago?

Sí, Se puede ver las montañas desde casi todas partes de la ciudad.

Tell your partner which of the three great cities of South America -- Buenos Aires, Argentina; Rio de Janeiro, Brazil or Santiago, Chile -- you would prefer to visit and why. Your partner will give you his or her opinion.

Chapter 8 – Traveling In South America – Lesson 5

IGUASSU FALLS

The waterfalls of the Iguassu River form the boundary between Argentina and Brazil. The river flows through Brazil for most of its course, but most of the falls are on the Argentine side.

Guía: ¿Quiere ver mi excursión virtual de las Cataratas del Iguazú?
(Do you want to see my virtual tour of Iguassu Falls?)
KIE-re BER mi es-kur-SION bir-tu-AL de las ka-ta-RA-ras del i-gwa-SU

Ud.: Claro que sí. Sus fotos son muy interesantes. De paso ¿qué quiere decir "Iguazú"?
(Of course. Your photos are very interesting. By the way, what does "Iguassu" mean?)
KLA-ro KE SI/ sus FO-tos SON MWI in-te-re-SAN-tes/ de PA-so/ KE KIE-re de-SIR i-gwa-SU

Guía: Iguazú quiere decir agua grande en el idioma Guarini o el Tupi.
("Iguassu" means big water in the Guarini or Tupi language.)
i-gwa-SU KIE-re de-SIR A-gwa GRAN-de en el i-DIO-ma gwa-RI-ni o el TU-pi

Ud.: ¿Por qué son tan famosas las Cataratas del Iguazú?
(Why is Iguassu Falls so famous?)
por KE SON TAN fa-MO-sas las ka-ta-RA-ras del i-gwa-SU

Guía: Las Cataratas del Iguazú son muy anchas. De hecho, las cataratas tienen dos y media millas de ancho.
(Iguassu Falls is very wide. In fact, the falls have a width of 2-1/2 miles.)
las ka-ta-RA-ras del i-gwa-SU SON MWI AN-chas/ de E-cho/ las ka-ta-RA-ras TIE-nen DOS / i ME-dia MI-yas de AN-cho

Ud.: ¡Se puede tomar una barca debajo de Las Cataratas del Iguazú como se hace en las Cataratas de Niágara?
(Can you take a boat under Iguassu Falls like you do at Niagara Falls?)
SE PWE-de to-MAR U-na LAN-cha de-BA-ho de las ka-ta-RA-ras del i-gwa-SU KO-mo SE A-se en las ka-ta-RA-ras de ni-A-ga-ra

Guía: Sí, se puede. La barca debajo de Las Cataratas del Iguazú es tan emocionante como "The Maid of the Mist" en las Cataratas de Niágara.
(Yes, you can. The Boat under Iguassu Falls is just as exciting as the Maid of the Mist at Niagara Falls.)
SI/ SE PWE-de/ la **BAR**-ka de-**BA**-ho de las ka-ta-**RA**-ras del i-gwa-**SU ES**

TAN e-mo-sio-**NAN**-te **KO**-mo   en las ka-ta-**RA**-ras de ni-**A**-ga-ra

Example:

¿Quiere ver mi excursión virtual de las Cataratas del Iguazú?

Claro que sí. Sus fotos son muy interesantes.

Tell your partner about Iguassu Falls. He or she will talk to you about Niagara Falls.

ANGEL FALLS

Angel Falls in Venezuela is the world's highest waterfall.

Ud.:   Ya vi sus fotos de las Cataratas del Iguazú. ¿Puedo ver la catarata de Venezuela conocida como el Salto Ángel?
(I already saw your photos of Iguassu Falls. May I see the Venezuelan waterfall known as Angel Falls?)
YA BI sus **FO**-tos de las ka-ta-**RA**-ras del i-gwa-**SU/ PWE**-do **BER** la ka-ta-**RA**-ra de be-ne-**SWE**-la ko-no-**SI**-da **KO**-mo el **SAL**-to **AN**-hel

Guía: ¡A la orden! Aquí puede ver que la catarata es muy alta. De hecho, el Salto Ángel es la catarata más alta del mundo.
(Yes, Sir! You can see that the waterfall is very high. In fact, Angel Falls is the highest waterfall in the world.)
a la **OR**-den/ a-**KI PWE**-de **BER KE** la ka-ta-**RA**-ra **ES MWI AL**-ta/ de **E**-cho/ el **SAL**-to **AN**-hel **ES** la ka-ta-**RA**-ra **MAS AL**-ta del **MUN**-do

Ud.:   ¿Qué altura tiene la catarata?
(What height is the waterfall?)
KE al-**TU**-ra **TIE**-ne la ka-ta-**RA**-ra

Guía: El Salto Ángel tiene una altura de tres mil doscientos doce pies.
(Angel Falls has a height of 3,212 feet.)
el **SAL**-to **AN**-hel **TIE**-ne **U**-na al-**TU**-ra de **TRES MIL** do-**SIEN**-tos **DO**-se **PIES**

Ud.: ¿Por qué se llama el Salto Ángel?
(Why is it called Angel Falls?)
por **KE SE YA**-ma el **SAL**-to **AN**-hel

Guía: La historia de su nombre es muy interesante. El dieciséis de noviembre de mil novecientos treinta y tres un aviador estadounidense llamado Jimmie Angel voló encima de la catarata. Los venezolanos le dieron su nombre a la catarata.
(The history of its name is very interesting. On November 16, 1933 an American aviator named Jimmie Angel flew over the falls. The Venezuelans gave the waterfall his name.)
la is-**TO**-ria de su **NOM**-bre **ES MWI** in-te-re-**SAN**-te/ el dies-i-**SEIS** de no-**BIEM**-bre de **MIL** no-be-**SIEN**-tos **TREIN**-ta i **TRES** un a-bia-**DOR** ya-**MA**-do bo-**LO** en-**SI**-ma de la ka-ta-**RA**-ra/ los be-ne-so-**LA**-nos le **DIE**-ron su **NOM**-bre a la ka-ta-**RA**-ra

Ud.: ¿Es muy famoso el Salto Ángel?
(Is Angel Falls very famous?)
ES MWI fa-**MO**-so el **SAL**-to **AN**-hel

Guía: Sí. Tanto el Salto Ángel como las Cataratas del Iguazú fueron elegidas como dos de las siete maravillas naturales de América del Sur.
(Yes. Angel Falls as well as Iguassu Falls were chosen as 2 of the 7 Natural Wonders of South America.)
SI/ **TAN**-to el **SAL**-to **AN**-hel **KO**-mo las ka-ta-**RA**-ras del i-gwa-**SU FWE**-ron e-le-**HI**-das **KO**-mo **DOS** de las **SIE**-te ma-ra-**BI**-yas na-tu-**RA**-les de a-**ME**-ri-ka del **SUR**

Example:

¿Puedo ver la catarata en Venezuela conocida como el Salto Ángel?

¡A la orden! El Salto Ángel es la catarata más alta del mundo.

Tell your partner about Angel Falls. He or she will name two of the Seven Natural Wonders of South America.

Chapter 8 – Traveling in South America – Lesson 6

THE GALAPAGOS ISLANDS

Ud.: Usted me platicó que las Cataratas del Iguazú y el Salto Ángel son dos maravillas naturales de América del Sur. ¿Hay otra maravilla natural que podría ver?
(You told me that Iguassu Falls and Angel Falls are 2 Natural Wonders of South America. Is there another Natural Wonder that I could see?)
us-TED ME pla-ti-KO KE las ka-ta-RA-ras del i-gwa-SU/ i el SAL-to AN-hel SON DOS ma-ra-BI-yas na-tu-RA-les de a-ME-ri-ka del SUR/ AI O-tra ma-ra-BI-ya na-tu-RAL KE po-DRI-a BER

Guía: Sí. Las islas Galápagos es otra de las siete maravillas naturales de América del Sur. ¿Quiere ver fotos de ellas?
(Yes. The Galapagos Islands is another of the 7 Natural Wonders of South America. Do you want to see photos of it?)
SI/ las IS-las ga-LA-pa-gos ES O-tra de las SIE-te ma-ra-BI-yas na-tu-RA-les de a-ME-ri-ka del SUR/ KIE-re BER FO-tos de E-yas

Ud.: ¡Por supuesto! Las islas Galápagos es donde viven unas tortugas enormes ¿verdad?
(Of course! The Galapagos Islands is where some enormous turtles live, isn't it?)
POR su-PWES-to/ las IS-las ga-LA-pa-gos ES DON-de BI-ben U-nas tor-TU-gas e-NOR-mes/ ber-DAD

Guía: ¡Mire usted las fotos! Las tortugas viven en las islas Galápagos en el océano Pacífico al oeste de la costa de Ecuador.
(Look at the photos! The turtles live in the Galapagos Islands in the Pacific Ocean west of the coast of Ecuador.)
MI-re us-TED las FO-tos/ las tor-TU-gas BI-ben en las IS-las ga-LA-pa-gos en el o-SEA-no pa-SI-fi-ko al o-ES-te de la KOS-ta de e-kwa-DOR

Ud.: ¿Cómo son las islas?
(What are the islands like?)
KO-mo SON las IS-las

Guía: Las islas son un archipiélago, un grupo de islas.
(The islands are an archipelago, a group of islands.)
las **IS**-las **SON** un ar-chi-**PIE**-la-go/ un **GRU**-po de **IS**-las

Ud.: ¿Es cierto que el señor Charles Darwin visitó las islas Galápagos hace muchos años?
(Is it true that Charles Darwin visited the Galapagos Islands many years ago?)

ES SIER-to **KE** el se-**NYOR** bi-si-**TO** las **IS**-las ga-**LA**-pa-gos **A**-se **MU**-chos **A**-nyos

Guía: Usted tiene razón. El joven naturalista Charles Darwin visitó las islas Galápagos por primera vez el quince de septiembre de mil ochocientos treinta y cinco.

(You are right. The young naturalist Charles Darwin visited the Galapagos Islands for the first time on September 15, 1835.)

us-**TED TIE**-ne rra-**SON**/ el **HO**-ben na-tu-ra-**LIS**-ta bi-si-**TO** las **IS**-las ga-**LA**-pa-gos **POR** pri-**ME**-ra **BES** el **KIN**-se de sep-**TIEM**-bre de **MIL** o-cho-**SIEN**-tos **TREIN**-ta i **SIN**-ko

Ud.: ¿Después publicó El origin de las especies el veinticuatro de noviembre de mil ochocientos cincuenta y nueve. Su libro es la base de la teoría de la evolución por selección natural.
(Later, he published The Origin of Species on November 24, 1859. His book is the foundation of the theory of evolution by natural selection.)
des-**PWES** pu-bli-**KO**/ el o-**RI**-hen de las es-**PE**-sies/ el bein-ti-**KWA**-tro de no-**BIEM**-bre de **MIL** o-cho-**SIEN**-tos sin-**KWEN**-ta i **NUE**-bel/ su **LI**-bro **ES** la **BA**-se de la teo-**RI**-a de la e-bo-lu-**SION POR** se-lek-**SION** na-tu-**RAL**

Guía: Entonces, usted quiere visitar las tres maravillas naturales de América del Sur ¿verdad? Le voy a comprar boletos de avión para ir de Buenos Aires a las Cataratas del Iguazú, al Salto Ángel y a las islas Galápagos.
(So, you want to visit the 3 Natural Wonders of South America, right? I am going to buy you airplane tickets to go from Buenos Aires to Iguassu Falls, Angel Falls and the Galapagos Islands.)
en-**TON**-ses/ us-**TED KIE**-re bi-si-**TAR** las **TRES** ma-ra-**BI**-yas na-tu-**RA**-les de la a-**ME**-ri-ka del **SUR**/ ber-**DAD**/ le **BOY** a kom-**PRAR** bo-**LE**-tos de a-bi-**ON PA**-ra **IR** de **BWE**-nos **AI**-res a las ka-ta-**RA**-ras del i-gwa-**SU**/ al **SAL**-to **AN**-hel/ i a las **IS**-las ga-**LA**-pa-gos

Ud.: ¡Qué maravilloso! ¿Cuándo salgo?
(How marvelous! When do I leave?)
KE ma-ra-bi-**YO**-so/ **KWAN**-do **SAL**-go

Example:

¿Quiere usted visitar las tres maravillas naturales de América del Sur?

¡Claro que sí! ¡Qué maravilloso! ¿Cuándo salgo?

Tell your partner about two of the Seven Natural Wonders of South America. He or she will talk to you about a third natural wonder.

Chapter 8 -- Word List

a la orden (phrase) *a la OR-den* - Yes, Sir!
a otra cosa, mariposa (phrase) *a O-tra KO-sa/ ma-ri-PO-sa* - Let's go on to something else.
a través (phrase) *a tra-BES* - through
a veces (phrase) *a BE-ses* - sometimes
abierto/a (adj) *a-BIER-to/a* - open
acerca (prep) *a-SER-ka* - about
alto/a (adj) *AL-to/a* - high
altura (f) *al-TU-ra* - height
Amazonas (m) *a-ma-SO-nas* - Amazon River
anfibio (m) *an-FI-bio* - amphibian
archipiélago (m) *ar-chi-PIE-la-go* - archipelago
arquitectura (f) *ar-ki-tek-TU-ra* - architecture
aviador (m) *a-bia-DOR* - aviator
barca (f) *BAR-ka* - boat
boleto de avión (m) *bo-LE-to de a-BION* - airline ticket
boleto de ida y vuelta (m) *bo-LE-to de I-da y BWEL-ta* - round-trip ticket
bronce (m) *BRON-se* - bronze
cabecita (f) *ka-be-SI-ta* - little head
cadena (f) *ka-DE-na* - chain
capybara (m) *ka-pi-BA-ra* - capybara
carnaval (m) *kar-na-BAL* - carnival
carne de res (f) *KAR-ne de RRES* - beef
cascabel (m) *kas-ka-BEL* - rattle, little bell
casi (adv) *KA-si* - almost
catarata (f) *ka-ta-RA-ta* - waterfall
Cataratas de Niágara (f) *ka-ta-RA-tas de ni-A-ga-ra* - Niagara Falls
Cataratas del Iguazú (f) *ka-ta-RA-tas del i-gwa-SU* - Iguassu Falls
cima (f) *SI-ma* - peak
cobre (m) *KO-bre* - copper
comercialmente (adv) *ko-mer-sial-MEN-te* - commercially
computadora (f) *kom-pu-ta-DO-ra* - computer
concentración (f) *kon-sen-tra-SION* - concentration
conocido/a (adj) *ko-no-SI-do/a* - known
costumbre (f) *kos-TUM-bre* - custom
Cristo Redentor (m) *KRIS-to rre-den-TOR* - Christ the Redeemer
cuenca (f) *KWEN-ka* - basin
de hecho (phrase) *de E-cho* - in fact
de paso (phrase) *de PA-so* - by the way
deporte (m) *de-POR-te* - sport
día siguiente (m) *DI-a si-GIEN-te* - next day

diversión (f) *di-ber-SION* - form of entertainment
elegido/a (adj) *e-le-HI-do/a* - chosen
emocionante (adj) *e-mo-sio-NAN-te* - exciting
enfermedad (f) *en-fer-me-DAD* - disease
entre (prep) *EN-tre* - between
esquí (m) *es-SKI* - skiing
estatua (f) *es-TA-twa* - statue
estilo de arquitectura (m) *es-TI-lo de ar-ki-tek-TU-ra* - architectural style
evolución por selección natural (f) *e-bo-lu-SION POR se-lek-SION na-tu-RAL* - evolution by natural selection
excursión (f) *es-kur-SION* - tour
excursión con guía (f) *es-kur-SION KON GI-a* - guided tour
excursión virtual (f) *es-kur-SION bir-tu-AL* - virtual tour
foto (f) *FO-to* - photo
frío (m) *FRI-o* - cold
frontera (f) *fron-TE-ra* - border
fuente (f) *FWEN-te* - fountain
gana (f) *GA-na* - desire
gato (m) *GA-to* - cat
gobernante (m) *go-ber-NAN-te* - ruler
guía (m) *GI-a* - guide
historia (f) *is-TO-ria* - history
huehuetl (m) *u-WETL* - vertical drum (huehuetl)
ícono (m) *I-ko-no* - icon
iglesia (f) *i-GLE-sia* - church
inca (m) *IN-ka* - Inca
incaico/a (adj) *in-KAI-ko/a* - Inca
información (f) *in-for-ma-SION* - information
inmigrante (m) *in-mi-GRAN-te* - immigrant
insecto (m) *in-SEK-to* - insect
internacionalmente (adv) *in-ter-na-sio-nal-MEN-te* - internationally
Intl (m) *INTL* - Intl (Inca son of the sun)
Isla de la Luna (f) *IS-la de la LU-na* - Island of the Moon
Isla del Sol (f) *IS-la del SOL* - Island of the Sun
islas Galápagos (f) *IS-las ga-LA-pa-gos* - Galapagos Islands
jaguar (m) *ha-GWAR* - jaguar
joven (m) *HO-ben* - young person
joven (adj) *HO-ben* - young
lago Titicaca (m) *LA-go ti-ti-KA-ka* - Lake Titicaca
Machu Pichu (m) *MA-chu PI-chu* - Machu Pichu (Old Mountain Peak)
mapa (m) *MA-pa* - map
maravilla natural (f) *ma-ra-BI-ya na-tu-RAL* - natural wonder
metal (m) *me-TAL* - metal

mono (m) *MO-no* - monkey
montañas Andes (f) *mon-TA-nyas AN-des* - Andes Mountains
multitud (f) *mul-ti-TUD* - crowd
murciélago (m) *mur-SIE-la-go* - bat
naturalista (m) *na-tu-ra-LIS-ta* - naturalist
obelisco (m) *o-be-LIS-ko* - obelisk
<u>**origin de las especies**</u> (m) *o-RI-hen de las es-PE-sies* - <u>The Origin of Species</u>
oso (m) *O-so* - bear
oso de anteojos (m) *O-so de an-te-O-hos* - bespectacled bear
oso hormiguero (m) *O-so or-mi-GE-ro* - anteater
otra vez (phrase) *O-tra BES* - again
Pan de Azúcar (m) *PAN de a-SU-kar* - Sugarloaf Mountain
pandereta (f) *pan-de-RE-ta* - tambourine
papa Francisco (m) *PA-pa fran-SIS-ko* - Pope Francis
papamóvil (m) *pa-pa-MO-bil* - Popemobile
paraíso (m) *pa-ra-I-so* - paradise
Parque Nacional de Manu (m) *PAR-ke na-sio-NAL de ma-NU* –
 Manu National Park
perfecto/a (adj) *per-FEK-to/a* - perfect
pluma (f) *PLU-ma* - quill, feather
posible (adj) *po-SI-ble* - possible
principalmente (adv) *prin-si-pal-MEN-te* - principally
probablemente (adv) *pro-ba-ble-MEN-te* - probably
pues (adv) *PWES* - well, so
punto de vista (phrase) *PUN-to de BIS-ta* - point of view
quechua (m) *KE-chwa* - Quechuan
quechua (adj) *KE-chwa* - Quechua
razón (f) *rra-SON* - right, reason
refresco (m) *rre-FRES-ko* - soda pop
religioso/a (adj) *rre-li-HIO-so/a* - religious
reptil (m) *rrep-TIL* - reptile
resultado (m) *rre-sul-TA-do* - result
roedor (m) *rroe-DOR* - rodent
ruina (f) *RRWI-na* - ruin
sagrado/a (adj) *sa-GRA-do/a* - sacred
salsa chimichurri (f) *SAL-sa chi-mi-CHU-rri* - Argentine sauce
Salto Ángel (m) *SAL-to AN-hel* - Angel Falls
selva (f) *SEL-ba* - rainforest, jungle
sensual (adj) *sen-SUAL* - sensual
serio/a (adj) *SE-rio/a* - serious
sueño hecho realidad (phrase) *SWE-nyo E-cho rrea-li-DAD* - dream come true
tango (m) *TAN-go* - tango
tanto como (adv) *TAN-to KO-mo* - as well as

tapir (m) *TA-pir* - tapir
teatro (m) *te-A-tro* - theater
teoría (f) *teo-RI-a* - theory
teponaztli (m) *te-po-NAS-tli* - horizontal drum (teponaztli)
toda la noche (phrase) *TO-da la NO-che* - all night
tren (m) *TREN* - train
trompeta (f) *trom-PE-ta* - trumpet
trompeta moche (f) *trom-PE-ta MO-che* - Moche trumpet
video (m) *bi-DEO* - video
vieja cima del monte (f) *BIE-ha SI-ma del MON-te* - old mountain peak
viruela (f) *bi-RWE-la* - smallpox

COGNATES GLOSSARY

(Cognates are words in two languages that are similar in sound, spelling and meaning. All cognates in this glossary are nouns, adjectives or adverbs. Note that all nouns in Spanish are either masculine or feminine in gender. An (m) after the glossary entry indicates the noun is masculine, whereas an (f) indicates the noun is feminine. An (adj) is an adjective; an (adv) is an adverb; a (prep) is a preposition; a (pro) is a pronoun; and a (conj) is a conjunction. Please refer to <u>Chapter</u> I, The Sounds of Spanish, for more information on the masculine article el *and the feminine article* la *which precede all nouns in Spanish.)*

A

abril (m) *a-BRIL* - April
accidente (m) *ak-si-DEN-te* - accident
acción (f) *ak-SION* - action
actividad (f) *ak-ti-bi-DAD* - activity
adopción (f) *a-dop-SION* - adoption
adoptado/a (adj) *a-dop-TA-do/a* - adopted
africano/a (adj) *a-fri-KA-no/a* - African
afro-americano/a (adj) *A-fro a-me-ri-KA-no/a* - Afro-American
agave (m) *a-GA-be* - agave
agente (m) *a-HEN-te* - agent
agosto (m) *a-GOS-to* - August
agricultura (f) *a-gri-kul-TU-ra* - agriculture
anfibio (m) *an-FI-bio* - amphibian
animal (m) *a-ni-MAL* - animal
antibiótico (m) *an-ti-BIO-ti-ko* - antibiotic
archipiélago (m) *ar-chi-PIE-la-go* - archipelago
área (f) *A-rea* - area
arte (m) *AR-te* - art
artesano (m) *ar-te-SA-no* - artisan
artístico/a (adj) *ar-TIS-ti-ko/a* - artistic
astronomía (f) *as-tro-no-MI-a* - astronomy
Augusto César (m) *au-GUS-to SE-sar* - Augustus Caesar
aviador (m) *a-bia-DOR* - aviator
azteca (m) *as-TE-ka* - Aztec
azteca (adj) *as-TE-ka* – Aztec

B

base (f) *BA-se* - base
batalla (f) *ba-TA-ya* - battle
batería (f) *ba-te-RI-a* - battery
bazaar (m) *ba-SAR* - bazaar
bilingüe (adj) *bi-LIN-gwe* - bilingual
botella (f) *bo-TE-ya* - bottle
bronce (m) *BRON-se* - bronze

C

cactus (m) *KAK-tus* - cactus
calendario (m) *ka-len-DA-rio* - calendar
caos (m) *KA-os* - chaos
capital (f) *ka-pi-TAL* - capital city
capybara (m) *ka-pi-BA-ra* - capybara
carbón (m) *kar-BON* - carbon
carnaval (m) *kar-na-BAL* - carnival
catedral (f) *ka-ted-RAL* - cathedral
católico/a (adj) *ka-TO-li-ko/a* - catholic
Celsius (adj) *SEL-si-us* - Celsius
central (adj) *sen-TRAL* - central
cerámica (f) *se-RA-mi-ka* - ceramics
ceremonia (f) *se-re-MO-nia* - ceremony
champú (m) *cham-PU* - shampoo
chile (m) *CHI-le* - chili
chocolate (m) *cho-ko-LA-te* - chocolate
círculo (m) *SIR-ku-lo* - circle
ciudad (f) *siu-DAD* - city
clase (f) *KLA-se* - class
cliente (m) *KLIEN-te* - client
clinica (f) *KLI-ni-ka* - clinic
club (m) *KLUB* - club
cognado (m) *kog-NA-do* - cognate
colonial (adj) *ko-lo-NIAL* - colonial
color (m) *ko-LOR* - color
compañía (f) *kom-pa-NYI-a* - company
computadora (f) *kom-pu-ta-DO-ra* - computer
comunidad (f) *ko-mu-ni-DAD* - community
concentración (f) *kon-sen-tra-SION* - concentration
conquista (f) *kon-KIS-ta* - conquest
constitución (f) *kon-sti-tu-SION* - constitution

continente (m) *kon-ti-NEN-te* - continent
coral (m) *ko-RAL* - coral
correcto/a (adj) *ko-RREK-to/a* - correct
costa (f) *KOS-ta* - coast
costumbre (f) *kos-TUM-bre* - custom
cultivación (f) *kul-ti-ba-SION* - cultivation
cultura (f) *kul-TU-ra* - culture
cultural (adj) *kul-tu-RAL* - cultural

D

declaración (f) *de-kla-ra-SION* - declaration
delicioso/a (adj) *de-li-SIO-so/a* - delicious
demanda (f) *de-MAN-da* - demand
dental (adj) *den-TAL* - dental
depósito (m) *de-PO-si-to* - deposit
diámetro (m) *di-A-me-tro* - diameter
diciembre (m) *di-SIEM-bre* - December
dictador (m) *dik-ta-DOR* - dictator
diferente (adj) *di-fe-REN-te* - different
difícil (adj) *di-FI-sil* - difficult
diploma (m) *di-PLO-ma* - diploma
directo/a (adj) *di-REK-to/a* - direct
distrito (m) *dis-TRI-to* - district
diversidad (f) *di-ver-si-DAD* - diversity
doctor (m) *dok-TOR* - doctor
dólar (m) *DO-lar* - dollar

E

economía (f) *e-ko-no-MI-a* - economy
económico/a (adj) *e-ko-NO-mi-ko/a* - economic
electrónica (f) *e-lek-TRO-ni-ka* - electronics
elegante (adj) *e-le-GAN-te* - elegant
emperador (m) *em-pe-ra-DOR* - emperor
energía (f) *e-ner-HI-a* - energy
enorme (adj) *e-NOR-me* - enormous
ensalada (f) *en-sa-LA-da* - salad
espacio (m) *es-PA-sio* - space
especial (adj) *es-pe-SIAL* - special
estatua (f) *es-TA-twa* - statue
estilo (m) *es-TI-lo* - style
estómago (m) *es-TO-ma-go* - stomach
estudiante (m) *es-tu-DIAN-te* - student

europeo/a (adj) *eu-ro-PEO/A* - European
evento (m) *e-BEN-to* - event
excelente (adj) *e-se-LEN-te* - excellent
experiencia (f) *es-pe-RIEN-sia* - experience
experto (m) *es-PER-to* - expert
extra (adj) *ES-tra* - extra

F

familia (f) *fa-MI-lia* - family
famoso/a (adj) *fa-MO-so/a* - famous
favorito/a (adj) *fa-bo-RI-to/a* - favorite
farmacia (f) *far-MA-sia* - pharmacy
febrero (m) *fe-BRE-ro* - February
federación (f) *fe-de-ra-SION* - federation
federal (adj) *fe-de-RAL* - federal
femenino/a (adj) *fe-me-NI-no/a* - feminine
festival (m) *fes-ti-BAL* - festival
forma (f) *FOR-ma* - form
foto (f) *FO-to* - photo
fotografía (f) *fo-to-gra-FI-a* - photography
fruta (f) *FRU-ta* - fruit

G

garaje (m) *ga-RA-he* - garage
gasolina (f) *ga-so-LI-na* - gasoline
general (m) *he-ne-RAL* - general
golfo de México (m) *GOL-fo de ME-hi-ko* - Gulf of Mexico
grupo (m) *GRU-po* - group
guayaba (adj) *gwa-YA-ba* - guava flavor
guía (m) *GI-a* - guide
guitarra (f) *gi-TA-rra* - guitar

H

Hanukah (m) *HA-nu-ka* - Hanukkah, the festival of lights
hebreo (m) *e-BREO* - Hebrew
hectárea (f) *ek-TA-rea* - hectare
hemisferio (m) *e-mis-FE-rio* - hemisphere
hispano/a (adj) *is-PA-no/a* - Hispanic
historia (f) *is-TO-ria* - history
horizontal (adj) *o-ri-son-TAL* - horizontal
hotel (m) *o-TEL* - hotel

I

ícono (m) *I-ko-no* - icon
idea (f) *i-DEA* - idea
importante (adj) *im-por-TAN-te* - important
inca (m) *IN-ka* - Inca
incluído/a (adj) *in-klu-I-do/a* - included
increíble (adj) *in-kre-I-ble* - incredible
independencia (f) *in-de-pen-DEN-sia* - independence
indígeno/a (adj) *in-DI-he-no/a* - indigenous
industria (f) *in-DUS-tria* - industry
infección (f) *in-fek-SION* - infection
influencia (f) *in-FLWEN-sia* - influence
información (f) *in-for-ma-SION* - information
inglés (m) *in-GLES* - English
inmigrante (m) *in-mi-GRAN-te* - immigrant
insecto (m) *in-SEK-to* - insect
instrumento (m) *in-stru-MEN-to* - instrument
interesante (adj) *in-te-re-SAN-te* - interesting
interior (m) *in-te-RIOR* - interior
internacional (adj) *in-ter-na-sio-NAL* - international
intestino (m) *in-tes-TI-no* - intestine
Intl (m) *INTL* - Intl (Inca son of the sun)
invisible (adj) *im-bi-SI-ble* - invisible
inyección (f) *in-iek-SION* - injection
isla (f) *IS-la* - island
italiano/a (adj) *i-ta-LIA-no/a* - Italian

J

jade (m) *HA-de* - jade
jaguar (m) *ha-GWAR* - jaguar
juliano/a (adj) *hu-LIA-no/a* - Julian
julio (m) *HU-lio* - July
Julio César (m) *HU-lio SE-sar* - Julius Caesar
junio (m) *HU-nio* - June

K

Kwanzaa (m) *KWAN-sa* - Kwanzaa, first fruits

L

latín (m) *la-TIN* - Latin
latinoamericano/a (adj) *la-ti-no-a-me-ri-KA-no/a* - Latin American
libertad (f) *li-ber-TAD* - liberty
líder (m) *LI-der* - leader

limitado/a (adj) *li-mi-TA-do/a* - limited
limón (m) *li-MON* - lemon
limón (adj) *li-MON* - lemon flavor
líquido (m) *LI-ki-do* - liquid
literatura (f) *li-te-ra-TU-ra* - literatura

M

Machu Pichu (m) *MA-chu PI-chu* - Machu Pichu (Old Mountain Peak)
mamey (m) *ma-MEI* - mamey
mango (adj) *MAN-go* - mango flavor
mapa (m) *MA-pa* - map
maraca (f) *ma-RA-ka* - maraca
margarita (f) *mar-ga-RI-ta* - margarita
mariachi (m) *ma-RIA-chi* - mariachi musicians
marzo (m) *MAR-so* - March
matemáticas (f) *ma-te-MA-ti-kas* - mathematics
material (m) *ma-te-RIAL* - material
materno/a (adj) *ma-TER-no/a* - maternal
maya (m) *MA-ya* - Maya
maya (adj) *MA-ya* - Mayan
mayo (m) *MA-yo* - May
mayonesa (f) *ma-yo-NE-sa* - mayonnaise
me (pro) *ME* - me (object)
medicina (f) *me-di-SI-na* - medicine
menú (m) *me-NU* - menu
mercado (m) *mer-KA-do* - market
Mesoamérica (f) *me-so-a-ME-ri-ka* - Mesoamerica
metal (m) *me-TAL* - metal
metropolitano/a (adj) *met-ro-po-li-TA-no/a* - metropolitan
miembro (m) *MIEM-bro* - member
mina (f) *MI-na* - mine
mineral (m) *mi-ne-RAL* - mineral
minuto (m) *mi-NU-to* - minute
modelo (m) *mo-DE-lo* - model
moderno/a (adj) *mo-DER-no/a* - modern
montaña (f) *mon-TA-nya* - mountain
monumento (m) *mo-nu-MEN-to* - monument
mural (m) *mu-RAL* - mural
músculo (m) *MUS-ku-lo* - muscle
musical (adj) *mu-si-KAL* - musical

N
    nacional (adj) *na-sio-NAL* - national
    náhuatl (m) *NA-wa-tl* - Nahuatl
    náhuatl (adj) *NA-wa-tl* - Nahuatl
    natural (adj) *na-tu-RAL* - natural
    naturalista (m) *na-tu-ra-LIS-ta* - naturalist
    náusea (f) *NAU-sea* - nausea
    naval (adj) *na-BAL* - naval
    necesario/a (adj) *ne-se-SA-rio/a* - necessary
    no (adv) *NO* - no, not
    noviembre (m) *no-BIEM-bre* - November

O
    obelisco (m) *o-be-LIS-ko* - obelisk
    obsidiana (f) *ob-si-DIA-na* - obsidian
    ocelote (m) *o-se-LO-te* - ocelot
    octubre (m) *ok-TU-bre* - October
    oficial (adj) *o-fi-SIAL* - official
    olmeca (m) *ol-ME-ka* - Olmec
    olmeca (adj) *ol-ME-ka* - Olmec
    oregano (m) *o-RE-ga-no* - oregano
    órgano (m) *OR-ga-no* - organ
    origin de las especies (m) *o-RI-hen de las es-PE-sies* - <u>The Origin of Species</u>

P
    paciente (m) *pa-SIEN-te* - patient
    palacio (m) *pa-LA-sio* - palace
    paraíso (m) *pa-ra-I-so* - paradise
    parte (f) *PAR-te* - part
    perfecto/a (adj) *per-FEK-to/a* - perfect
    perla (f) *PER-la* - pearl
    persona (f) *per-SO-na* - person
    personal (adj) *per-so-NAL* - personal
    petróleo (m) *pe-TRO-leo* - petroleum
    pirámide (f) *pi-RA-mi-de* - pyramid
    planta (f) *PLAN-ta* - plant
    plato (m) *PLA-to* - dish, plate
    plaza (f) *PLA-sa* - plaza, square
    paterno/a (adj) *pa-TER-no/a* - paternal
    poema (f) *po-E-ma* - poem
    política (f) *po-LI-ti-ka* - politics
    popular (adj) *po-pu-LAR* - folk, popular

por ciento (m) *POR SIEN-to* - percent
posible (adj) *po-SI-ble* - possible
precolombino/a (adj) *pre-ko-lom-BI-no/a* - pre-Columbian
prehispánico/a (adj) *pre-is-PA-ni-ko/a* - prehispanic
presidente (m) *pre-si-DEN-te* - president
primario/a (adj) *pri-MA-rio/a* - primary
principal (adj) *prin-si-PAL* - principal
problema (m) *pro-BLE-ma* - problem
producción (f) *pro-duk-SION* - production
producto (m) *pro-DUK-to* - product
profesor (m) *pro-fe-SOR* - professor
puro/a (adj) *PU-ro/a* - pure

Q
quechua (m) *KE-chwa* - Quechuan
quechua (adj) *KE-chwa* - Quechua

R
recepcionista (f) *rre-sep-sio-NIS-ta* - receptionist
refrigerador (m) *rre-fri-he-ra-DOR* - refrigerator
región (f) *rre-HION* - region
religión (f) *rre-li-HION* - religion
religioso/a (adj) *rre-li-HIO-so/a* - religious
reptil (m) *rrep-TIL* - reptile
reproducción (f) *rre-pro-duk-SION* - reproduction
república (f) *rre-PU-bli-ka* - republic
reservación (f) *rre-ser-ba-SION* - reservation
respeto (m) *rres-PE-to* - respect
responsable (adj) *rres-pon-SA-ble* - responsable
restaurante (m) *rres-tau-RAN-te* - restaurante
resultado (m) *rre-sul-TA-do* - result
revolución (f) *rre-bo-lu-SION* - revolution
roca (f) *RRO-ka* - rock
romano/a (adj) *rro-MA-no/a* - Roman
rosa (f) *RRO-sa* - rose
ruina (f) *RRWI-na* - ruin
rutina (f) *rru-TI-na* - routine

S
salsa (f) *SAL-sa* - salsa, sauce
secundario/a (adj) *se-kun-DA-rio/a* - secondary
sensual (adj) *sen-SUAL* - sensual
separado/a (adj) *se-pa-RA-do/a* - separate

septiembre (m) *sep-TIEM-bre* - September
Sierra Madre Occidental (f) *SIE-rra MA-dre ok-si-den-TAL* – Sierra Madre Occidental
símbolo (m) *SIM-bo-lo* - symbol
sirviente (m) *sir-BIEN-te* - servant
sistema (m) *sis-TE-ma* - system
swahili (m) *swa-HI-li* - Swahili

T

taco (m) *TA-ko* - taco
talento (m) *ta-LEN-to* - talent
tamarindo (adj) *ta-ma-RIN-do* - tamarind flavor
tango (m) *TAN-go* - tango
tapir (m) *TA-pir* - tapir
teatro (m) *te-A-tro* - theater
televisión (f) *te-le-bi-SION* - television
temperatura (f) *tem-pe-ra-TU-ra* - temperature
tequila (f) *te-KI-la* - tequila
terreno (m) *te-RRE-no* - land, terrain
territorio (m) *te-rri-TO-rio* - territory
típico/a (adj) *TI-pi-ko/a* - typical
tomate (m) *to-MA-te* - tomato
tortilla (f) *tor-TI-ya* - tortilla
total (m) *to-TAL* - total
tradición (f) *tra-di-SION* - tradition
tradicional (adj) *tra-di-SIO-nal* - traditional
tren (m) *TREN* - train
triángulo (m) *tri-AN-gu-lo* - triangle
tribu (f) *TRI-bu* - tribe
trompeta (f) *trom-PE-ta* - trumpet
trompeta moche (f) *trom-PE-ta MO-che* - Moche trumpet
tronco (m) *TRON-ko* - trunk
tropical (adj) *tro-pi-KAL* - tropical
turismo (m) *tu-RIS-mo* - tourism
turista (m) *tu-RIS-ta* - tourist
turquesa (f) *tur-KE-sa* - turquoise

U

unido/a (adj) *u-NI-do/a* - united

V

vainilla (f) *bai-NI-ya* - vanilla
valentín (m) *ba-len-TIN* - valentine

variación (f) *ba-ria-SION* - variation
varios/as (adj) *BA-rios/rias* - various
vegetal (m) *be-he-TAL* - vegetable
vertical (adj) *ber-ti-KAL* - vertical
veterano (m) *be-te-RA-no* - veteran
victoria (f) *bik-TO-ria* - victory
video (m) *bi-DEO* - video
vinagre (m) *bi-NA-gre* - vinegar
violento/a (adj) *bio-LEN-to/a* - violent
violeta (adj) *bio-LE-ta* - violet
violín (m) *bio-LIN* - violin
vitamina (f) *bi-ta-MI-na* - vitamin
volcán (m) *bol-KAN* - volcano

W

X

Y

yuca (f) *YU-ka* - yucca

Z

zapoteca (m) *sa-po-TE-ka* - Zapotec
zapoteca (adj) *sa-po-TE-ka* - Zapotec

GENERAL GLOSSARY

A

a (prep) *A* - to
a la derecha (phrase) *a la de-RE-cha* - on the right
a la izquierda (phrase) *a la is-KIER-da* - on the left
a la orden (phrase) *a la OR-den* - Yes, Sir!
a mano (phrase) *a MA-no* - by hand
a media asta (phrase) *a ME-dia A-sta* - at half mast
a otra cosa, mariposa (phrase) *a O-tra KO-sa/ ma-ri-PO-sa* –
　　Let's go on to something else.
a su alrededor (adv) *a su al-rre-de-DOR* - surrounding
a su servicio (phrase) *a su ser-BI-sio* - at your service
a través (phrase) *a tra-BES* - through
a veces (phrase) *a BE-ses* - sometimes
abierto/a (adj) *a-BIER-to/a* - open
abuela (f) *a-BWE-la* - grandmother
abuelo (m) *a-BWE-lo* - grandfather
aceite de oliva (m) *a-SEI-te de o-LI-ba* - olive oil
aceituna (f) *a-se-TU-na* - olive
acerca (prep) *a-SER-ka* - about
achiote (m) *a-CHIO-te* - annatto
además (adv) *a-de-MAS* - besides
adentro (adv) *a-DEN-tro* - inside
afuera (adv) *a-FWE-ra* - outside
agente de viajes (m) *a-HEN-te de bi-A-hes* - travel agent
agua de jamaica (m) *A-gwa de ha-MAI-ka* - hibiscus flower water
agua de tamarindo (m) *A-gwa de ta-ma-RIN-do* - tamarindo pod water
agua potable (f) *A-gwa po-TA-ble* - drinking water
aguila (m) *A-gi-la* - eagle
agujero (m) *a-gu-HE-ro* - hole
ahora (adv) *a-O-ra* - now
ahuehuete (m) *a-we-WE-te* - cypress
ajedrez (m) *a-he-DRES* - chess
ajeno/a (adj) *a-HE-no/a* - belonging to someone else
al (prep) *AL* - to the
al cine (phrase) *al SI-ne* - to the movies
al horno (phrase) *al OR-no* - baked
algo (pro) *AL-go* - something

algo más (pro) *AL-go MAS* - something else
algún/o/a (adj) *al-GUN/GU-no/GU-na* - some, any
almuerzo (m) *al-MWER-so* - lunch
alrededor (adv) *al-rre-de-DOR* - around
alto/a (adj) *AL-to/a* - high
altura (f) *al-TU-ra* - height
amable (adj) *a-MA-ble* - kind
amarillo/a (adj) *a-ma-RI-yo/a* - yellow
Amazonas (m) *a-ma-SO-nas* - Amazon River
ambos/as (adj) *AM-bos/as* - both
amigo (m) *a-MI-go* - friend
ama de la casa (m) *A-ma de la KA-sa* - lady of the house
amor (m) *a-MOR* - love
anaranjado/a (adj) *a-na-ran-HA-do/a* - orange-colored
ándale pues (phrase) *AN-da-le PWES* - Hurry up!
antes (adv) *AN-tes* - before
antiguo/a (adj) *an-TI-gwo/a* - ancient
año (m) *A-nyo* - year
aparato (m) *a-pa-RA-to* - appliance
apreciado/a (adj) *a-pre-SIA-do* - valued
aproximadamente (adv) *a-prok-si-ma-da-MEN-te* - approximately
aquí (adv) *a-KI* - here
árbol (m) *AR-bol* - tree
armario (m) *ar-MA-rio* - closet
arpa (f) *AR-pa* - harp
arqeológico/a (adj) *ar-keo-LO-hi-ko/a* - archeological
arquitectura (f) *ar-ki-tek-TU-ra* - architecture
arriba (adv) *a-RRI-ba* - above
arroz (m) *a-RROS* - rice
arroz con leche (m) *a-RROS KON LE-che* - rice pudding (sweet rice)
así (adv) *a-SI* - that way
así es (phrase) *a-SI ES* - That's right.
asiento (m) *a-SIEN-to* - seat
asunto (m) *a-SUN-to* - matter
atacado/a (adj) *a-ta-KA-do/a* - attacked
atún (m) *a-TUN* - tuna
autobús (m) *au-to-BUS* - bus
automóvil (m) *au-to-MO-bil* - car
avanzado/a (adj) *a-ban-SA-do/a* - advanced
avión (m) *a-bi-ON* - airplane

¡Ay, caramba! (phrase) *AY/ ka-RAM-ba* - Oh my goodness!
azúcar (m) *a-SU-kar* - sugar
azul (adj) *a-SUL* - blue
azul marino/a (adj) *a-SUL ma-RI-no/a* - navy blue

B

babero (m) *ba-BE-ro* - bib
bailarina (f) *bai-la-RI-na* - female dancer
bailarín (m) *bai-la-RIN* - male dancer
baile folklórico (m) *BAI-le fok-LO-ri-ko* - Folkloric Dance
baile (m) *BAI-le* - dance
bajo/a (adj) *BA-jo/a* - low
bajo cero (m) *BA-jo SE-ro* - below zero
banco (m) *BAN-ko* - bench
bandera (f) *ban-DE-ra* - flag
baño (m) *BA-nyo* - bath
barbilla (f) *bar-BI-ya* - chin
barca (f) *BAR-ka* - boat
barro (m) *BA-rro* - clay
batalla (f) *ba-TA-ya* - battle
Batalla de Puebla (f) *ba-TA-ya de PWE-bla* - Battle of Puebla
batidora eléctrica (f) *ba-t-DO-ra e-LEK-tri-ka* - electric mixer
bebida (f) *be-BI-da* - drink, beverage
belleza (f) *be-YE-sa* - beauty
bendición (f) *ben-di-SION* - blessing
bien (adv) *BIEN* - well, good
bienvenido/a (adj) *biem-be-NI-do/a* - welcome
birria (f) *bi-RRIA* - steamed beef or goat
bisabuela (f) *bis-a-BWE-la* - great-grandmother
bisabuelo (m) *bis-a-BWE-lo* - great-grandfather
bisnieta (f) *bis-NIE-ta* - great-granddaughter
bisnieto (m) *bis-NIE-to* - great-grandson
blanco/a (adj) *BLAN-ko/a* - white
boca (f) *BO-ka* - mouth
boleto (m) *bo-LE-to* - ticket
boleto de avión (m) *bo-LE-to de a-BION* - airline ticket
boleto de ida y vuelta (m) *bo-LE-to de I-da y BWEL-ta* - round-trip ticket
bolillo (m) *bo-LI-yo* - Mexican roll
bolsa (f) *BOL-sa* - bag
bolsita (f) *bol-SI-ta* - little bag
bonito/a (adj) *bo-NI-to/a* - pretty

brazo (m) *BRA-so* - arm
broma (f) *BRO-ma* - prank
buen/a (adj) *BWEN/BWE-na* - good
buen fin de semana (phrase) *BWEN FIN de se-MA-na* - good weekend
buena idea (phrase) *BWE-na i-DEA* - good idea
buenas noches (phrase) *BWE-nas NO-ches* - good night
buenas tardes (phrase) *BWEN-nas TAR-des* - good afternoon
bueno (adv) *BWE-no* - well
buenos días (phrase) *BWE-nos DI-as* - good morning

C

cabecita (f) *ka-be-SI-ta* - little head
cabeza (f) *ka-BE-sa* - head
cabo (m) *KA-bo* - cape
cabra (f) *KA-bra* - goat
cada (adj) *KA-da* - each, every
cadena (f) *ka-DE-na* - chain
cadera (f) *ka-DE-ra* - hip
café (adj) *ka-FE* - brown
café de olla (m) *ka-FE de O-ya* - sweet cinnamon coffee
caja (f) *KA-ha* - box
cajuela (f) *ka-HWE-la* -car trunk
calabaza (f) *ka-la-BA-sa* - squash (gourd)
caldo de pollo (m) *KAL-do de PO-yo* - chicken stock
caldo de puerco (m) *KAL-do de PWER-ko* - pork stew
caliente (adj) *ka-LIEN-te* - warm
Calzada de los Muertos (f) *kal-SA-da de los MWER-tos* - Avenue of the Dead
cama (f) *KA-ma* - bed
cama extragrande (f) *KA-ma ES-tra GRAN-de* - queen-size bed
cama de matrimonio (f) *KA-ma de ma-tri-MO-nio* - double bed
cama de matrimonio extragrande (f) *KA-ma de ma-tri-MO-nio ES-tra GRAN-de* - king-size bed
camarón (m) *ka-ma-RON* - shrimp
camote (m) *ka-MO-te* - sweet potato
campana (f) *kam-PA-na* - bell
Canal de Panamá (m) *ka-NAL de pa-na-MA* - Panama Canal
cangrejo (m) *kan-GRE-ho* - crab
cansado/a (adj) *kan-SA-do/a* - tired
caña (f) *KA-nya* - reed
capucha (f) *ka-PU-cha* - hood
cara (f) *KA-ra* - face

caribe (adj) *ka-RI-be* - Caribbean
carne de res (f) *KAR-ne de RRES* - beef
carne de res molida (f) *KAR-ne de RRES mo-LI-da* - ground beef
casa (f) *KA-sa* - house
cascabel (m) *kas-ka-BEL* - rattle, little bell
cáscara (f) *KAS-ka-ra* - shell
casi (adv) *KA-si* -almost
catarata (f) *ka-ta-RA-ta* - waterfall
Cataratas de Niágara (f) *ka-ta-RA-tas de ni-A-ga-ra* - Niagara Falls
Cataratas del Iguazú (f) *ka-ta-RA-tas del i-gwa-SU* - Iguassu Falls
Catedral de Guadalajara (f) *ka-ted-RAL de gwa-da-la-HA-ra* - Guadalajara Cathedral
cazuela (f) *ka-SWE-la* - casserole
cebolla (f) *se-BO-ya* - onion
ceja (f) *SE-ha* - eyebrow
cena (f) *SE-na* - supper
centro comercial (m) *SEN-tro ko-mer-SIAL* - mall
cepillo de dientes (m) *se-PI-yo de DIEN-tes* - toothbrush
cerámica talavera (f) *se-RA-mi-ka ta-la-BE-ra* - Talavera ceramics
cerca (adv) *SER-ka* - close, near
cerdo (m) *SER-do* - pig
cerebro (m) *se-RE-bro* - brain
cerveza (f) *ser-BE-sa* - beer
cerveza ligera (f) *ser-BE-sa li-HE-ra* - light beer
césped (m) *SES-ped* - grass
ceviche (m) *se-BI-che* - raw fish cooked by lime
champiñones de maíz (m) *cham-pi-NYO-nes de ma-IS* - corn mushrooms
chimenea (f) *chi-me-NEA* - fireplace
Ciber Lunes (m) *SI-ber LU-nes* - Cyber Monday
cierre (m) *SIE-rre* - zipper
cierto/a (adj) *SIER-to/a* - true
cima (f) *SI-ma* - peak
Cinco de Mayo (m) *SIN-ko de MA-yo* - May fifth
cintura (f) *sin-TU-ra* - waist
cita (f) *SI-ta* - appointment
Ciudad de México (f) *siu-DAD de ME-hi-ko* - Mexico City
Ciudad de Oaxaca (f) *siu-DAD de wa-HA-ka* - Oaxaca City
claro que sí (phrase) *KLA-ro KE SI* - of course
cobre (m) *KO-bre* - copper
cocina (f) *ko-SI-na* - kitchen

coche (m) *KO-che* - car
cochinita pibil (f) *ko-chi-NI-ta pi-BIL* - roast baby pig
coco (m) *KO-ko* - coconut
Códice de Dresden (m) *KO-di-se de DRES-den* - Dresden Codex
Códice de Madrid (m) *KO-di-se de ma-DRID* - Madrid Codex
Códice de Paris (m) *KO-di-se de pa-RIS* - Paris Codex
codo (m) *KO-do* - elbow
col (f) *KOL* - cabbage
cola (f) *KO-la* - line
colorado/a (adj) *ko-lo-RA-do/a* - red, colored
combustible fósil (m) *kom-bus-TI-ble FO-sil* - fossil fuel
comedor (m) *ko-me-DOR* - dining room
comercialmente (adv) *ko-mer-sial-MEN-te* - commercially
comida (f) *ko-MI-da* - food, dinner
como (adv) *KO-mo* - as, like
cómo (adv) *KO-mo* - How?
¿Cómo no? (phrase) *KO-mo NO* - Why not?
cómodamente (adv) *KO-mo-da-men-te* - comfortably
completamente (adv) *kom-ple-ta-MEN-te* - completely
compra (f) *KOM-pra* - purchase
con (prep) *KON* - with
con mucho gusto (phrase) *KON MU-cho GUS-to* - with pleasure
concha (f) *KON-cha* - shell
concha marina (f) *KON-cha ma-RI-na* - seashell
conejo (m) *ko-NE-ho* - rabbit
conmigo (pro) *kon-MI-go* - with me
conocido/a (adj) *ko-no-SI-do/a* - known
conquistador (m) *kon-kis-ta-DOR* - conqueror
construído/a (adj) *kon-STRUI-do/a* - built
contigo (pro) *kon-TI-go* - with you (informal)
copa (f) *KO-pa* - glass
corazón (m) *ko-ra-SON* - heart
corona (f) *ko-RO-na* - crown
corto/a (adj) *KOR-to/a* - short
cosa (f) *KO-sa* - thing
cosecha (f) *ko-SE-cha* - crop
costilla (f) *kos-TI-ya* - rib
crepas de huitlacoche (f) *KRE-pas de uit-la-KO-che* - corn mushroom crepes
Criada Contenta (f) *kri-A-da kon-TEN-ta* - Merry Maid
Cristo Redentor (m) *KRIS-to rre-den-TOR* - Christ the Redeemer

crucero (m) *kru-SE-ro* - cruise
cual (pro) *KWAL* - which
cuál (pro) *KWAL* - Which?
cualquier (pro) *kwal-KIER* - any
cuando (conj) *KWAN-do* - when
cuándo (adv) *KWAN-do* - When?
cuántas veces (phrase) *KWAN-tas BE-ses* – How many times?
cuánto/a (adj) *KWAN-to/a* - How much? How many?
cuánto cuesta (phrase) *KWAN-to KWES-ta* - How much does it cost?
cuánto tiempo (phrase) *KWAN-to TIEM-po* - How long?
cuarto/a (adj) *KWAR-to/a* - fourth
cuarto de baño (m) *KWAR-to de BA-nyo* - bathroom
cubierto/a (adj) *ku-BIER-to/a* - covered
cuello (m) *KWE-yo* - neck
cuenca (f) *KWEN-ka* - basin
cuenta (f) *KWEN-ta* - bill, check
cuerpo humano (m) *KWER-po u-MA-no* - human body
cultura (f) *kul-TU-ra* - culture
cumpleaños (m) *kum-ple-A-nyos* - birthday

D

de (prep) *DE* - of, from
de acuerdo (adv) *de a-KWER-do* - in agreement
de hecho (phrase) *de E-cho* - in fact
de la mañana (phrase) *de la ma-NYA-na* - a.m.
de la noche (phrase) *de la NO-che* - p.m.
de la tarde (phrase) *de la TAR-de* - p.m.
de nada (phrase) *de NA-da* - You are welcome.
de paso (phrase) *de PA-so* - by the way
debajo (adv) *de-BA-ho* - under
décimo/a (adj) *DE-si-mo/a* - tenth
Declaración de Independencia (f) *de-kla-ra-SION de in-de-pen-DEN-sia* – Declaration of Independence
dedo (m) *DE-do* - finger
dedo del pie (m) *DE-do del PIE* - toe
del (prep) *DEL* - of the, from the
dentro (adv) *DEN-tro* - inside
deporte (m) *de-POR-te* - sport
derecho (m) *de-RE-cho* - right
desayuno (m) *de-sa-YU-no* - breakfast
descubrimiento (m) *des-ku-bri-MIEN-to* - discovery

desde (prep) *DES-de* - since, from
desfile (m) *des-FI-le* - parade
despertador (m) *des-per-ta-DOR* - alarm clock
después (adv) *des-PWES* - after, then
día (m) *DI-a* - day
Día de Acción de Gracias (m) *DI-a de ak-SION de GRA-si-as* - Thanksgiving
Día de la Bandera (m) *DI-a de la ban-DE-ra* - Flag Day
Día de la Hispanidad (m) *DI-a de la is-pa-ni-DAD* - Hispanic Day
Día de la Independencia (m) *DI-a de la in-de-pen-DEN-sia* - Independence Day
Día de la Raza (m) *DI-a de la RRA-sa* - Day of the Race (hispanic)
Día de las Américas (m) *DI-a de las a-ME-ri-kas* - Day of the Americas
Día de las Bromas (m) *DI-a de las BRO-mas* - Pranks Day
Día de las Cajas (m) *DI-a de las KA-has* - Boxing Day
Día de los Reyes (m) *DI-a de los RREI-es* - Three Kings Day
Día de los Veteranos (m) *DI-a de los be-te-RA-nos* - Veterans Day
Día de San Patricio (m) *DI-a de SAN pa-TRI-sio* - Saint Patrick's Day
Día de Trabajo (m) *DI-a del tra-BA-ho* - Labor Day
Día del Descubrimiento (m) *DI-a del des-ku-bri-MIEN-to* - Discovery Day
Día del Respecto a la Diversidad Cultural (m) *DI-a del rres-PE-to a la di-ber-si-DAD kul-tu-RAL* - Day of Respect for Cultural Diversity
día festivo (m) *DI-a fes-TI-bo* - public holiday
Día Internacional del Trabajo (m) *DI-a in-ter-na-sio-NAL del tra-BA-ho* – International Workers Day
día siguiente (m) *DI-a si-GIEN-te* - next day
diario/a (adj) *di-A-rio/a* - daily
diente (m) *DIEN-te* - tooth
dinero (m) *di-NE-ro* - money
dios (m) *DIOS* - god
directamente (adv) *di-rek-ta-MEN-te* - directly
discoteca (f) *dis-ko-TE-ka* - disco
discurso (m) *dis-KUR-so* - speech
disuelto/a (adj) *di-SWEL-to/a* - dissolved
diversión (f) *di-ber-SION* - form of entertainment
doceavo/a (adj) *do-se-A-bo/a* - twelfth
docena (f) *do-SE-na* - dozen
dolor (m) *do-LOR* - pain
dolor de cabeza (m) *do-LOR de ka-BE-sa* - headache
dolor de estómago (m) *do-LOR de es-TO-ma-go* - stomach ache
dolor de garganta (m) *do-LOR de gar-GAN-ta* - sore throat
dolor de muelas (m) *do-LOR de MWE-las* - toothache

domingo (m) *do-MIN-go* - Sunday
dominio (m) *do-MI-nio* - domain
donde (adv) *DON-de* - where
dónde (adv) *DON-de* - Where?
dorado (m) *do-RA-do* - mahi-mahi
dormido/a (adj) *dor-MI-do/a* - asleep
dormitorio (m) *dor-mi-TO-rio* - bedroom
dormitorio principal (m) *dor-mi-TO-rio prin-si-PAL* - master bedroom
durante (prep) *du-RAN-te* - during

E

edad (f) *e-DAD* - age
efectivo (m) *e-fek-TI-bo* - cash
ejote (m) *e-HO-te* - string bean
él (pro) *EL* - he, the one
elegido/a (adj) *e-le-HI-do/a* - chosen
elote (m) *e-LO-te* - corn
emocionante (adj) *e-mo-sio-NAN-te* - exciting
en (prep) *EN* - in
en casa (phrase) *EN KA-sa* - at home
en otros tiempos (phrase) *en O-tros TIEM-pos* - at other times
en todo el mundo (phrase) *en TO-do el MUN-do* - all over the world
en venta (phrase) *en BEN-ta* - on sale
enchiladas de pollo (f) *en-chi-LA-das de PO-yo* - chicken enchiladas
encima (adv) *en-SI-ma* - on top
energía solar (f) *e-ner-HI-a so-LAR* - solar energy
enero (m) *e-NE-ro* - January
enfermedad (f) *en-fer-me-DAD* - disease
enfermera (f) *en-fer-ME-ra* - nurse
enjuage bucal (m) *en-HWA-ge bu-KAL*
ensalada mexicana de col (f) *en-sa-LA-da me-hi-KA-na de KOL* - Mexican coleslaw
entonces (adv) *en-TON-ses* - then, so
entre (prep) *EN-tre* - between
entre semana (phrase) *EN-tre se-MA-na* - during the week
entremeses (m) *en-tre-ME-ses* - appetizers
entrevista (f) *en-tre-BIS-ta* - interview
escalera de mano (f) *es-ka-LE-ra de MA-no* - stepladder
esclavo (m) *es-KLA-bo* - slave
escolar (adj) *es-ko-LAR* - school, academic
escuela (f) *es-KWE-la* - school

eso (adv) *E-so* - that
espacio libre (m) *es-PA-sio LI-bre* - free space
espalda (f) *es-PAL-da* - back
español (m) *es-pa-NYOL* - Spanish
español/a (adj) *es-pa-NYOL/NYO-la* - Spanish
español colonial (adj) *es-pa-NYOL ko-lo-NIAL* - Spanish colonial
especia (f) *es-PE-sia* - spice
espejo (m) *es-PE-ho* - mirror
esposa (f) *es-PO-sa* - wife
esposo (m) *es-PO-so* - husband
espumoso/a (adj) *es-pu-MO-so/a* - frothy
esquí (m) *es-SKI* - skiing
estación (f) *e-sta-SION* - season
estado (m) *es-TA-do* - state
este (m) *ES-te* - east
este/a (adj) *ES-te* - this
éste/ésta/esto (pro) *ES-te/ ES-ta/ ES-to* - him, her, this
estilo de arquitectura (m) *es-TI-lo de ar-ki-tek-TU-ra* - architectural style
entonces (adv) *en-TON-ses* – so, then
estrella (f) *es-TRE-ya* - star
estufa (f) *es-TU-fa* - stove
evolución por selección natural (f) *e-bo-lu-SION POR se-lek-SION na-tu-RAL* - evolution by natural selection
exactamente (adv) *ek-sak-ta-MEN-te* - exactly
excursión (f) *es-kur-SION* - tour
excursión con guía (f) *es-kur-SION KON GI-a* - guided tour
excursión virtual (f) *es-kur-SION bir-tu-AL* - virtual tour
excusado (m) *es-ku-SA-do* - toilet
extraído/a (adj) *es-TRAI-do/a* - extracted
extremo (m) *es-TRE-mo* - end

F

fácil (adj) *FA-sil* - easy
fácilmente (adv) *FA-sil-men-te* - easily
Faja de Plata (f) *FA-ha de PLA-ta* - Silver Belt
fermentado/a (adj) *fer-men-TA-do/a* - fermented
fiebre (f) *FIE-bre* - fever
fiesta (f) *FIES-ta* - party
fijo/a (adj) *FI-ho/a* - fixed
fin (m) *FIN* - end
fin de semana (phrase) *FIN de se-MA-na* - weekend

flan (m) *FLAN* - caramel custard
flauta (f) *FLAU-ta* - flute
florero (m) *flo-RE-ro* - vase
fondo (m) *FON-do* - background
fregadero (m) *fre-ga-DE-ro* - kitchen sink
frente (f) *FREN-te* - forehead
fresa (adj) *FRE-sa* - strawberry flavor
fresco/a (adj) *FRES-ko/a* - fresh
frijol (m) *fri-HOL* - bean
frijoles refritos (m) *fri-HO-les rre-FRI-tos* - refried beans
frío (m) *FRI-o* - cold
frío/a (adj) *FRI-o/a* - cold
frontera (f) *fron-TE-ra* - border
fruta kiwi (f) *FRU-ta KI-wi* - kiwifruit
fuente (f) *FWEN-te* - fountain
fuerte (adj) *FWER-te* - strong
fuerza (f) *FWER-sa* - force
función (f) *fun-SION* - performance
fundado/a (adj) *fun-DA-do/a* - founded

G

gana (f) *GA-na* - desire
ganado (m) *ga-NA-do* - cattle
ganga (f) *GAN-ga* - bargain
garganta (f) *gar-GAN-ta* - throat
gas natural (m) *GAS na-tu-RAL* - natural gas
gasolinera (f) *ga-so-li-NE-ra* - gas station
gato (m) *GA-to* - cat
gente (f) *HEN-te* - people
gigante (adj) *hi-GAN-te* - giant
gobernante (m) *go-ber-NAN-te* - ruler
gobierno (m) *go-BIER-no* - government
gracias (f) *GRA-si-as* - thanks, thank you
gracioso/a (adj) *GRA-sio-so/a* - attractive
grado (m) *GRA-do* - degree
gran (adj) *GRAN* - great
grande (adj) *GRAN-de* - large
gratis (adv) *GRA-tis* - free
gripa (f) *GRI-pa* - flu
gris (adj) *GRIS* - gray
grito (m) *GRI-to* - cry

Grito de Dolores (m) *GRI-to de do-LO-res* - Cry of Dolores
guerra (f) *GE-rra* - war
guía (m) *GI-a* - guide
guisante (m) *gi-SAN-te* - pea

H

hace calor (phrase) *A-se ka-LOR* - it is warm
hace frío (phrase) *A-se FRI-o* - it is cold
hace sol (phrase) *A-se SOL* - it is sunny
hacienda (f) *a-SIEN-da* - estate
hambre (f) *AM-bre* - hunger
hasta (prep) *A-sta* - until
hasta la fecha (phrase) *AS-ta la FE-cha* - to this day
hasta luego (phrase) *A-sta LWE-go* - See you later!
hasta mañana (phrase) *A-sta ma-NYA-na* - See you tomorrow!
hecho a mano (phrase) *E-cho a MA-no* - made by hand
hecho/a (adj) *E-cho/a* - made
helado (m) *e-LA-do* - ice cream
herbicida (f) *er-bi-SI-da* - weed killer
hermana (f) *er-MA-na* - sister
hermanastra (f) *er-ma-NAS-tra* - stepsister
hermanastro (m) *er-ma-NAS-tro* - stepbrother
hermano (m) *er-MA-no* - brother
hermoso/a (adj) *er-MO-so/a* - beautiful
hielo (m) *YE-lo* - ice
hierba mala (f) *YER-ba MA-la* - weed
hígado (m) *I-ga-do* - liver
higiene oral (f) *i-HIE-ne o-RAL* - oral hygiene
hija (f) *I-ha* - daughter
hijastra (f) *i-HAS-tra* - stepdaughter
hijastro (m) *i-HAS-tro* - stepson
hijo (m) *I-ho* - son
hilo dental (m) *I-lo den-TAL* - dental floss
hispanidad (f) *is-pa-ni-DAD* - Spanishness
hola (m) *O-la* - hi, hello
hombre (m) *OM-bre* - man
hombro (m) *OM-bro* - shoulder
hora (f) *O-ra* - hour
horchata (f) *or-CHA-ta* - sweet rice water
hotel de tiempo compartido (m) *o-TEL de TIEM-po kom-par-TI-do* – time-share hotel

hoy (adv) *OY* - today
hoy día (phrase) *OY DI-a* - nowadays
huehuetl (m) *u-WETL* - vertical drum (huehuetl)
hueso (m) *WE-so* - bone

I

idioma (m) *i-DIO-ma* - language
iglesia (f) *i-GLE-sia* - church
Imperio Azteca (m) *im-PE-rio as-TE-ka* - Aztec Empire
Imperio Español (m) - *im-PE-rio es-pa-NYOL* - Spanish Empire
incaico/a (adj) *in-KAI-ko/a* - Inca
independientemente (adv) *in-de-pen-dien-te-MEN-te* - independently
inodoro (m) *i-no-DO-ro* - toilet
instrumento de metal (m) *in-stru-MEN-to de me-TAL* - brass instrument
instrumento de viento (m) *in-stru-MEN-to de BIEN-to* - woodwind
internacionalmente (adv) *in-ter-na-sio-nal-MEN-te* - internationally
invierno (m) *im-BIER-no* - winter
Isla de la Luna (f) *IS-la de la LU-na* - Island of the Moon
Isla del Sol (f) *IS-la del SOL* - Island of the Sun
islas Galápagos (f) *IS-las ga-LA-pa-gos* - Galapagos Islands

J

jamaica (adj) *ha-MAI-ka* - hibiscus flavor
jardín (m) *har-DIN* - yard
jardinero (m) *har-di-NE-ro* - gardener
jarra (f) *HA-rra* - pitcher
jaula (f) *HAU-la* - cage
joven (m) *HO-ben* - young person
joven (adj) *HO-ben* - young
joyería (f) *ho-ye-RI-a* - jewelry
jubilado/a (adj) *hu-bi-LA-do/a* - retired
judío/a (adj) *hu-DI-o/a* - Jewish
juego de té (m) *HUE-go de TE* - tea set
jueves (m) *HWE-bes* - Thursday
jugo (m) *HU-go* - juice
junto/a (adj) *HUN-to/a* - by

K

kilo (m) *KI-lo* – kilogram

L

labio (m) *LA-bio* - lip
lagartija (f) *la-gar-TI-ha* - lizard
lago (m) *LA-go* - lake

lago de Chapala (m) *LA-go de cha-PA-la* - Lake Chapala
lago de Texcoco (m) *LA-go de tes-KO-ko* - Lake Texcoco
lago Titicaca (m) *LA-go ti-ti-KA-ka* - Lake Titicaca
lápiz (m) *LA-pis* - pencil
largo (m) *LAR-go* - length
largo/a (adj) *LAR-go/a* - long
lavabo (m) *la-BA-bo* - sink
leche (f) *LE-che* - milk
lejos (adv) *LE-hos* - far
lema (m) *LE-ma* - motto
lengua (f) *LEN-gwa* - tongue
lentes (m) *LEN-tes* - eyeglasses
libre (adj) *LI-bre* - free
libro (m) *LI-bro* - book
libro de contabilidad (m) *LI-bro de kon-ta-bi-li-DAD* - account book
licuado (m) *li-KWA-do* - milkshake
ligero/a (adj) *li-HE-ro/a* - light
limpiador de cristales (m) *lim-pi-a-DOR de kris-TA-les* - glass cleaner
limpieza (f) *lim-PIE-sa* - cleaning
limpio/a (adj) *LIM-pio/a* - clean
listo/a (adj) *LIS-to/a* - ready
llamado/a (adj) *ya-MA-do/a* - called
llanura (f) *ya-NU-ra* - plain
llegada (f) *ye-GA-da* - arrival
lleno/a (adj) *YE-no/a* - full
lluvia (f) *YU-bia* - rain
lo siento (phrase) *LO SIEN-to* - I'm sorry.
loro (m) *LO-ro* - parrot
lugar (m) *lu-GAR* - place
luna (f) *LU-na* - moon
lunes (m) *LU-nes* - Monday
luz (f) *LUS* - light

M

madera (f) *ma-DE-ra* - timber
madrastra (f) *ma-DRAS-tra* - stepmother
madre (f) *MA-dre* - mother
Madre Cultura (f) *MA-dre kul-TU-ra* - "Mother Culture"
maíz (m) *ma-IS* - corn
maíz blanco (m) *ma-IS BLAN-ko* - hominy
malva (adj) *MAL-ba* - mauve

mano (f) *MA-no* - hand
mantequilla (f) *man-te-KI-ya* - butter
manzana (f) *man-SA-na* - apple
mañana (m) *ma-NYA-na* - tomorrow
mañana (f) *ma-NYA-na* - morning
maravilla natural (f) *ma-ra-BI-ya na-tu-RAL* - natural wonder
mariposa (f) *ma-ri-PO-sa* - butterfly
marisco (m) *ma-RIS-ko* - seafood
martes (m) *MAR-tes* - Tuesday
Marti Gras (m) *MAR-ti GRA* - Mardi Gras
más (adj) *MAS* - more
más o menos (phrase) *MAS o ME-nos* - more or less
mayor (adj) *ma-YOR* - bigger
mayor parte del tiempo (phrase) *ma-YOR PAR-te del TIEM-po* - most of the time
mayoría (f) *ma-yo-RI-a* - majority
me da igual (phrase) *ME DA i-GWAL* - It's all the same to me.
Me llamo ___. (phrase) *ME YA-mo* - My name is ___.
me siento bien (phrase) *ME SIEN-to BIEN* - I feel good.
me siento mal (phrase) *ME SIEN-to MAL* - I feel bad.
mediano/a (adj) *me-DIA-no/a* - medium
medio litro (m) *ME-dio LI-tro* - half a liter
medio oriente (adj) *ME-dio o-RIEN-te* - Middle Eastern
mejilla (f) *me-HI-ya* - cheek
melón (adj) *me-LON* - cantaloupe flavor
menos (adj) *ME-nos* - less
menudo (m) *me-NU-do* - classic beef stomach soup
mes (m) *MES* - month
mesa (f) *ME-sa* - table
mesera (f) *me-SE-ra* - waitress
mesero (m) *me-SE-ro* - waiter
mesilla de noche (f) *me-SI-ya de NO-che* - night stand
metal noble (m) *me-TAL NO-ble* - precios metal
metro (m) *ME-tro* - meter
mezclilla (f) *mes-KLI-ya* - denim
mi (adj) *MI* - my
mí (pro) *MI* - me
mi vida (phrase) *MI BI-da* - my life
mientras (adv) *MIEN-tras* - while
miércoles (m) *MIER-ko-les* - Wednesday

milla (f) *MI-ya* - mile
moda (f) *MO-da* - fashion
mole poblano (m) *MO-le pob-LA-no* - chile and chocolate sauce
momentito (m) *mo-men-TI-to* - just a moment
mono (m) *MO-no* - monkey
montañas Andes (f) *mon-TA-nyas AN-des* - Andes Mountains
monte (m) *MON-te* - mountain
morado/a (adj) *mo-RA-do/a* - purple
moreno/a (adj) *mo-RE-no/a* - dark-skinned
mucho/a (adj) *MU-cho/a* - much
mucho gusto (phrase) *MU-cho GUS-to* - It is a pleasure!
muela (f) *MWE-la* - molar
muerto/a (adj) *MWE-to/a* - dead
mujer (f) *mu-HER* - woman
multitud (f) *mul-ti-TUD* - crowd
mundial (adj) *mun-DIAL* - world
mundo (m) *MUN-do* - world
muñeca (f) *mu-NYE-ka* - doll, elbow
murciélago (m) *mur-SIE-la-go* - bat
músico (m) *MU-si-ko* - musician
muy (adj) *MWI* - very

N

nacimiento (m) *na-si-MIEN-to* - birth
nada (adv) *NA-da* - nothing
naranja (f) *na-RAN-ha* - orange
nariz (f) *na-RIS* - nose
Navidad (f) *na-bi-DAD* - Christmas
negocio (m) *ne-GO-sio* - business
negro/a (adj) *NE-gro/a* - black
nieta (f) *NIE-ta* - granddaughter
nieto (m) *NIE-ta* - grandson
ningún/o/a (adj) *nin-GUN/GU-no/GU-na* - none, not any
niña (f) *NI-nya* - girl
niño (m) *NI-nyo* - boy
Niño Jesus (m) *ni-NYO he-SUS* - Baby Jesus
noche (f) *NO-che* - night
Noche Buena (f) *NO-che BWE-na* - Christmas Eve
nómada (adj) *NO-ma-da* - nomadic
nombrado/a (adj) *nom-BRA-do/a* - named
nombre (m) *NOM-bre* - name

nopal cactus (m) *no-PAL KAK-tus* - prickly pear cactus
nopalitos (m) *no-pa-LI-tos* - prickly pear paddles salad
noreste (m) *nor-ES-te* - northeast
normalmente (adv) *nor-mal-MEN-te* - normally
noroeste (m) *no-ro-ES-te* - northwest
norte (m) *NOR-te* - north
nos (pro) *NOS* - us (object)
nos vemos (phrase) - *NOS BE-mos* - See you.
nosotros (pro) *no-SO-tros* - we (subject)
noveno/a (adj) *no-BE-no/a* - ninth
novia (f) *NO-bia* - sweetheart, bride
novio (m) *NO-bio* - sweetheart, groom
nuestro/a (adj) *NWES-tro/a* - our
nuez (f) *NWES* - nut
nuevo/a (adj) *NWE-bo/a* - new
Nueva Granada (f) *NWE-ba gra-NA-da* - New Granada
nunca (adv) *NUN-ka* - never

O

océano Atlántico (m) *o-SEA-no at-LAN-ti-ko* - Atlantic Ocean
océano Pacífico (m) *o-SEA-no pa-SI-fi-ko* - Pacific Ocean
octavo/a (adj) *ok-TA-bo/a* - eighth
oeste (m) *o-ES-te* - west
oído (m) *o-I-do* - ear
ojo (m) *O-ho* - eye
ola (f) *O-la* - wave
olla (f) *O-ya* - pot
olor (m) *o-LOR* - odor
onceavo/a (adj) *on-se-A-bo/a* - eleventh
ónice (f) *O-ni-se* - onyx
originario/a (adj) *o-ri-hi-NA-rio/a* - native
oro (m) *O-ro* - gold
oscuro/a (adj) *os-KU-ro/a* - dark
oso (m) *O-so* - bear
oso de anteojos (m) *O-so de an-te-O-hos* - bespectacled bear
oso hormiguero (m) *O-so or-mi-GE-ro* - anteater
otoño (m) *o-TO-nyo* - fall, autumn
otra vez (phrase) *O-tra BES* - again
otro/a (adj) *O-tro/a* - other
oveja (f) *o-BE-ha* - sheep

P

padrastro (m) *pa-DRAS-tro* - stepfather
padre (m) *PA-dre* - father
Padre Miguel Hidalgo (m) *PA-dre mi-GEL i-DAL-go* - Father Miguel Hidalgo
país (m) *pa-IS* - country
paisaje (m) *pai-SA-he* - landscape
pájaro (m) *PA-ha-ro* - bird
palabra (f) *pa-LA-bra* - word
Palacio de Bellas Artes (m) *pa-LA-sio de BE-yas AR-tes* - Fine Arts Palace
Palacio Nacional (m) *pa-LA-sio na-sio-NAL* - National Palace
paleta (f) *pa-LE-ta* - popsicle
paleta de agua (f) *pa-LE-ta de A-gwa* - water-based popsicle
paleta de leche (f) *pa-LE-ta de LE-che* - milk-based ice cream bar
paletería (f) *pa-le-te-RI-a* - ice cream parlor
palo (m) *PA-lo* - pole
Pan de Azúcar (m) *PAN de a-SU-kar* - Sugarloaf Mountain
pan dulce (m) *PAN DUL-se* - Mexican sweet bread
panadería (f) *pa-na-de-RI-a* - bakery
pandereta (f) *pan-de-RE-ta* - tambourine
pantalón (m) *pan-ta-LON* - pants
papa (f) *PA-pa* - potato
papa Francisco (m) *PA-pa fran-SIS-ko* - Pope Francis
Papá Noel (m) *pa-PA no-EL* - Santa Claus
papamóvil (m) *pa-pa-MO-bil* - Popemobile
papel (m) *pa-PEL* - paper
papel higiénico (m) *pa-PEL i-HIE-ni-ko* - toilet paper
par (m) *PAR* - pair
para (prep) *PA-ra* - for
para llevar a casa (phrase) *PA-ra ye-BAR a KA-sa* - to go
para nada (phrase) *PA-ra NA-da* - not at all
pardo/a (adj) *PAR-do/a* - grayish-brown
pared (f) *pa-RED* - wall
Parque Nacional de Manu (m) *PAR-ke na-sio-NAL de ma-NU* –
   Manu National Park
pasado mañana (phrase) *pa-SA-do ma-NYA-na* - day after tomorrow
paseo (m) *pa-SEO* - walk
paso (m) *PA-so* - step
pasta de dientes (phrase) *PAS-ta de DIEN-tes* - toothpaste
pastel (m) *pas-TEL* - cake
pastel de tres leches (m) *pas-TEL de TRES LE-ches* - Three Milks Cake

pastilla para la tos (f) *pas-TI-ya PA-ra la TOS* - cough drop
pavo (m) *PA-bo* - turkey
pay (m) *PAI* - pie
pay de calabaza (phrase) *PAI de ka-la-BA-sa* - pumpkin pie
paz (f) *PAS* - peace
pecho (m) *PE-cho* - chest
pedazo (m) *pe-DA-so* - piece
pelo (m) *PE-lo* - hair
PEMEX (m) *PE-mes* - Mexican Petroleum (Petróleos Mexicanos)
península de Yucatán (f) *pe-NIN-su-la de yu-ka-TAN* - Yucatan peninsula
pepino con chile (adj) *pe-PI-no KON CHI-le* - cucumber with chili flavor
pequeño/a (adj) *pe-KE-nyo/a* - little, small
pero (conj) *PE-ro* - but
peso (m) *PE-so* - Mexican money
pescador (m) *pes-ka-DOR* - fisherman
pez (m) *PES* - fish
pez espada (m) *PES es-PA-da* - swordfish
pez vela (m) *PES BE-la* - sailfish
picadillo (m) *pi-ka-DI-yo* - seasoned beef
picado/a (adj) *pi-KA-do/a* - diced
picante (adj) *pi-KAN-te* - spicy
pico (m) *PI-ko* - beak
pie (m) *PIE* - foot
piel (f) *PIEL* - skin
pierna (f) *PIER-na* - leg
pies cuadrados (m) *PIES kwa-DRA-dos* - square feet
pintado/a (adj) *pin-TA-do/a* - painted
pintor (m) *pin-TOR* - painter
pintoresco/a (adj) *pin-to-RES-ko/a* - picturesque
pintura (f) *pin-TU-ra* - paint
piña (adj) *PI-nya* - pineapple flavor
Pirámide de la Luna (f) *pi-RA-mi-de de la LU-na* - Pyramid of the Moon
Pirámide del Sol (f) *pi-RA-mi-de del SOL* - Pyramid of the Sun
plano/a (adj) *PLA-no/a* - flat
plata (f) *PLA-ta* - silver
plátano (m) *PLA-ta-no* - banana
plato principal (m) *PLA-to prin-si-PAL* - main dish
platillo (m) *pla-TI-yo* - dish
platón (m) *pla-TON* - serving dish (platter)
playa (f) *PLA-ya* - beach

Plaza Garibaldi (f) *PLA-sa ga-ri-BAL-di* - Garibaldi Square
plomo (m) *PLO-mo* - lead
pluma (f) *PLU-ma* - quill, feather
poco/a (adj) *PO-ko/a* - a little
pollo (m) *PO-yo* - chicken
por (prep) *POR* - for
por dentro (phrase) *POR DEN-tro* - on the inside
por eso (phrase) *POR E-so* - that is why
por favor (phrase) *POR fa-BOR* - please
por fuera (phrase) *POR FWE-ra* - on the outside
por primera vez (phrase) *POR pri-ME-ra BES* – for the first time
por qué (adv) *por KE* - Why?
por supuesto (phrase) *POR su-PWES-to* - of course
por teléfono (phrase) *POR te-LE-fo-no* - over the phone
por término medio (phrase) *POR TER-mi-no ME-dio* - on average
por todas partes (phrase) *POR TO-das PAR-tes* - everywhere
porque (prep) *por-KE* - because
postre (m) *POS-tre* - dessert
pozole (m) *po-SO-le* - pork and hominy stew
precio (m) *PRE-sio* - price
precioso/a (adj) *pre-SIO-so/a* - beautiful
preciso/a (adj) *pre-SI-so/a* - accurate
pregunta (f) *pre-GUN-ta* - question
prima hermana (f) *PRI-ma er-MA-na* - female first cousin
prima segunda (f) *PRI-ma se-GUN-da* - female second cousin
primavera (f) *pri-ma-BE-ra* - spring
Primera Guerra Mundial (f) *pri-ME-ra GE-rra mun-DIAL* - World War I
primero/a (adj) *pri-ME-ro/a* - first
primo hermano (m) *PRI-mo er-MA-no* - male first cousin
primo segundo (m) *PRI-mo se-GUN-do* - male second cousin
principalmente (adv) *prin-si-pal-MEN-te* - principally
probablemente (adv) *pro-ba-ble-MEN-te* - probably
producto químico (m) *pro-DUK-to KI-mi-ko* - chemical product
propina (f) *pro-PI-na* - tip
propio/a (adj) *PRO-pio/a* - own
provisiones médicas (f) *pro-bi-SIO-nes ME-di-kas* - medical supplies
próximo/a (adj) *PROK-si-mo/a* - next
pueblo (m) *PWE-blo* - village, town
Pueblo Mágico (m) *PWE-blo MA-hi-ko* - "Magical Town"
puerco (m) *PWER-ko* - pork

puerto (m) *PWER-to* - port
pues (adv) *PWES* - well, so
puesta del sol (phrase) *PWES-ta del SOL* - sunset
pulgar (m) *pul-GAR* - thumb
pulmón (m) *pul-MON* - lung
punto de vista (phrase) *PUN-to de BIS-ta* - point of view
puño de hierro (m) *PU-nyo de YE-rro* - iron fist

Q
que (pro) *KE* - that
qué (pro) *KE* - What?
¿Qué hora es? (phrase) *KE 0-ra ES* - What time is it?
¿Qué pasa? (phrase) *KE PA-sa* - What's going on?
¿Qué pasa, calabaza? (silly phrase) *KE PA-sa/ ka-la-BA-sa* - What's going on, squash?
¿Qué pasó? (phrase) *KE pa-SO* - What's up?
¡Qué pena! (phrase) *KE PE-na* - How embarrassing!
¿Qué tal? (phrase) *KE TAL* - How are you?
querido (m) *ke-RI-do* - dear
queso (m) *KE-so* - cheese
quien (pro) *KIEN* - who
quién (pro) *KIEN* - Who?
quinto/a (adj) *KIN-to/a* - fifth

R
rábano (m) *RRA-ba-no* - radish
raya (f) *RRA-ya* - stripe
rayado/a (adj) *rra-YA-do/a* - grated
raza (f) *RRA-sa* - race
razón (f) *rra-SON* - right, reason
rebanada (f) *rre-ba-NA-da* - slice
receta (f) *rre-SE-ta* - prescription
recurso natural (m) *rre-KUR-so na-tu-RAL* - natural resource
refresco (m) *rre-FRES-ko* - soda pop
regalo (m) *rre-GA-lo* - present, gift
reina (f) *RREI-na* - queen
Reserva de la Biosfera Mariposa Monarca (f) *rre-SER-ba de la BIOS-fe-ra ma-ri-PO-sa mo-NAR-ka* - Monarch Butterfly Biosphere Reserve
rey (m) *RREI* - king
rico/a (adj) *RRI-ko/a* - yummy
riñón (m) *rri-NYON* - kidney
riqueza (f) *rri-KE-sa* - wealth

rodilla (f) *rro-DI-ya* - knee
roedor (m) *rroe-DOR* - rodent
rojo/a (adj) *RRO-ho/a* - red
rollo (m) *RRO-yo* - roll
ron (m) *RRON* - rum
ropa (f) *RRO-pa* - clothing
rosado/a (adj) *rro-SA-do/a* - pink
Rosca de los Reyes (f) *RROS-ka de los RREI-es* - King's Wreath

S

sábado (m) *SA-ba-do* - Saturday
sabor (m) *sa-BOR* - flavor
sacerdote (m) *sa-ser-DO-te* - priest
sagrado/a (adj) *sa-GRA-do/a* - sacred
sala (f) *SA-la* - living room
sala abierta (f) *SA-la a-BIER-ta* - great room
sala de conferencias (f) *SA-la de kon-fe-REN-sias* - conference room
salsa chimichurri (f) *SAL-sa chi-mi-CHU-rri* - Argentine sauce
Salto Ángel (m) *SAL-to AN-hel* - Angel Falls
san (adj) *SAN* - saint
San Patricio (m) *SAN pa-TRI-sio* - Saint Patrick
sandía (adj) *san-DI-a* - watermelon flavor
Santa Trinidad (f) *SAN-ta tri-ni-DAD* - Holy Trinity
se (pro) *SE* - you (object formal)
Se dice ___. (phrase) *SE DI-se* - You say___.
secadora de pelo (f) *se-ka-DO-ra de PE-lo* - hair dryer
según (prep) *se-GUN* - according to
segundo/a (adj) *se-GUN-do/a* - second
selva (f) *SEL-ba* - rainforest, jungle
semana (f) *se-MA-na* - week
semilla (f) *se-MI-ya* - seed
señor (m) *se-NYOR* - sir
señora (f) *se-NYO-ra* - madam
señorita (f) *se-nyo-RI-ta* - miss
séptimo/a (adj) *SEP-ti-mo/a* - seventh
serio/a (adj) *SE-rio/a* - serious
serpiente (f) *ser-PIEN-te* - snake
sexto/a (adj) *SES-to/a* - sixth
si (conj) *SI* - if
sí (adv) *SI* - yes
siempre (adv) *SIEM-pre* - always

siglo (m) *SIG-lo* - century
siguiente (adj) *si-GIEN-te* - next, following
silla (f) *SI-ya* - chair
sin (prep) *SIN* - without
sin problema (phrase) *SIN pro-BLE-ma* - without any problem
soberano/a (adj) *so-be-RA-no/a* - sovereign
sobre (prep) *SO-bre* - over, about
sol (m) *SOL* - sun
solamente (adv) *so-la-MEN-te* - only
solo/a (adj) *SO-lo/a* - alone
sólo (adv) *SO-lo* - only
sopa (f) *SO-pa* - soup
su (adj) *SU* - his, her, its, their, your (formal)
suave (adj) *SWA-be* - mild, soft
sucio/a (adj) *SU-sio/a* - dirty
sudadera (f) *su-da-DE-ra* - sweatshirt
sueño hecho realidad (phrase) *SWE-nyo E-cho rrea-li-DAD* - dream come true
sur (m) *SUR* - south
sureste (m) *sur-ES-te* - southeast
suroeste (m) *su-ro-ES-te* - southwest

T

talla (f) *TA-ya* - size
tallo (m) *ta-YO* - stem
también (adv) *tam-BIEN* - also, too
tambor (m) *tam-BOR* - drum
tan (adv) *TAN* - so
tanto como (adv) *TAN-to KO-mo* - as well as
tarde (adv) *TAR-de* - late
tarjeta (f) *tar-HE-ta* - card
tarjeta de crédito (f) *tar-HE-ta de KRE-di-to* - credit card
taza (f) *TA-sa* - cup
te (pro) *TE* - you (object informal)
¡Te conozco, mosco! (silly phrase) *TE ko-NOS-ko/ MOS-ko* - I know you, you pest!
techo (m) *TE-cho* - ceiling
televisor (m) *te-le-bi-SOR* - televisión set
temprano (adv) *tem-PRA-no* - early
¡Ten cuidado! (phrase) *TEN kwi-DA-do* - Be careful!
teoría (f) *teo-RI-a* - theory
Teotihuacan (m) *teo-ti-hua-KAN* - Teotihuacan

teotihuacan (adj) *teo-ti-hua-KAN* - Teotihuacan
teponaztli (m) *te-po-NAS-tli* - horizontal drum (teponaztli)
tercer/a (adj) *ter-SER/SE-ra* - third
tetera (f) *te-TE-ra* - tea pot
ti (pro) *TI* - you (informal)
tía (f) *TI-a* - aunt
tía abuela (f) *TI-a a-BWE-la* - great aunt
tianguis (m) *ti-AN-gis* - bazaar
tiempo (m) *TIEM-po* - time, era
tienda (f) *TIEN-da* - store, shop
tierra (f) *TIE-rra* - soil, land, earth
tina (f) *TI-na* - bathtub
tinta (f) *TIN-ta* - ink
tío (m) *TI-o* - uncle
tío abuelo (m) *TI-o a-BWE-lo* - great uncle
tipo (m) *TI-po* - kind
toallita de papel (f) *to-a-YI-ta de pa-PEL* - paper towel
tobillo (m) *to-BI-yo* - ankle
tocador (m) *to-ka-DOR* - dresser
toda la noche (phrase) *TO-da la NO-che* - all night
todavía (adv) *to-da-BI-a* - still
todavía no (phrase) *to-da-BI-a NO* - not yet
todo el día (phrase) *TO-do el DI-a* - all day
todo el mundo (phrase) *TO-do el MUN-do* - everyone
todo/a (adj) *TO-do/a* - all
todos los días (phrase) *TO-dos los DI-as* - every day
tortuga (f) *tor-TU-ga* - turtle
totopos (m) *to-TO-pos* - corn chips
trabajador (m) *tra-ba-ha-DOR* - worker
trabajo (m) *tra-BA-ho* - labor, work
tradicionalmente (adv) *tra-di-sio-nal-MEN-te* - traditionally
tratado (m) *tra-TA-do* - treaty
tu (adj) *TU* - your (informal)
tú (pro) *TU* - you (subject informal)

U

último/a (adj) *UL-ti-mo/a* - last
único/a (adj) *U-ni-ko/a* - only
uña (f) *U-nya* - fingernail
uña del pie (f) *U-nya del PIE* - toenail
usted (pro) *us-TED* - you (subject formal)

uva pasa (f) *U-ba PA-sa* - raisin

V

Valle de México (f) *BA-ye de ME-hi-ko* - Valley of Mexico
vaquero (m) *ba-KE-ro* - jeans
venado (m) *be-NA-do* - deer
venenoso/a (adj) *be-ne-NO-so/a* - poisonous
ventana (f) *ben-TA-na* - window
verano (m) *be-RA-no* - summer
verdad (f) *ber-DAD* - truth
verde (adj) *BER-de* - green
vestido (m) *bes-TI-do* - dress
vez (f) *BES* - time
viaje (m) *BIA-he* - trip
vida (f) *BI-da* - life
vida nocturna (f) *BI-da nok-TUR-na* - night life
vieja cima del monte (f) *BIE-ha SI-ma del MON-te* - old mountain peak
viejo/a (adj) *BIE-ho/a* - old
viernes (m) *BIER-nes* - Friday
Viernes Negro (m) *BIER-nes NE-gro* - Black Friday
vino (m) *BI-no* - wine
viruela (f) *bi-RWE-la* - smallpox
Viva México (phrase) *BI-ba ME-hi-ko* - Long live Mexico!
vuelo (m) *BWE-lo* - flight

W

X

Y

y (conj) *I* - and
ya (adv) *YA* - already
ya no (adv) *YA NO* - not any more
yo (pro) *YO* - I (subject)
yucateca (adj) *yu-ka-TE-ka* - Yucatan

Z

zapote negro (m) *sa-PO-te NE-gro* - type of persimmon native to Mexico
zapote negro (adj) *sa-PO-te NE-gro* - black persimmon flavor
zona arqueológica (f) *SO-na ar-keo-LO-hi-ka* - archeological area
zona metropolitana (f) *SO-na met-ro-po-li-TA-na* - metropolitan area

CONTINENTS GLOSSARY

(All continents and regions named in the text are listed in this glossary.)

América Central (f) *a-ME-ri-ka sen-TRAL* - Central America
América del Norte (f) *a-ME-ri-ka del NOR-te* - North America
América del Sur (f) *a-ME-ri-ka del SUR* - South America
Antártida (f) *ant-AR-ti-da* - Antarctica
Australia (f) *aus-TRA-lia* - Australia
Caribe (m) *ka-RI-be* - Caribbean
Europa (f) *eu-RO-pa* - Europe

COUNTRIES AND NATIONALITIES GLOSSARY

(All countries and nationalities named in the text are listed in this glossary.)

Alemania (f) *a-le-MA-nia* - Germany
    alemán/ana (m,f) *a-le-MAN/MA-na* - German

Argentina (f) *ar-hen-TI-na* - Argentina
    argentino/a (m,f) *ar-hen-TI-no/a* - Argentine

Bélgica (f) *BEL-hi-ka* - Belgium
    belga (m,f) *BEL-ga* - Belgian

Belice (m) *BE-li-se* - Belize
    beliceño/a (m,f) *be-li-SE-nyo/a* - Belizean

Bolivia (f) *bo-LI-bia* - Bolivia
    boliviano/a (m,f) *bo-li-BIA-no/a* - Bolivian

Brasil (m) *bra-SIL* - Brazil
    brasileño/a (m,f) *bra-si-LE-nyo/a* - Brazilian

Canadá (m) *ka-na-DA* - Canada
    canadiense (m,f) *ka-na-DIEN-se* - Canadian

Chile (m) *CHI-le* - Chile
    chileno/a (m,f) *chi-LE-no/a* - Chilean

Colombia (f) *ko-LOM-bia* - Colombia
    colombiano/a (m,f) *ko-lom-BIA-no/a* - Colombian

Costa Rica (f) *kos-ta RRI-ka* - Costa Rica
    costarricense (m,f) *kos-ta-rri-SEN-se* - Costa Rican

Croacia (f) *kro-A-sia* - Croatia
    croata (m,f) *kro-A-ta* - Croatian

Cuba (f) *KU-ba* - Cuba
    cubano/a (m,f) *ku-BA-no/a* – Cuban

Ecuador (m) *e-KWA-dor* - Ecuador
    ecuatoriano/a (m,f) *e-kwa-to-RIA-no/a* - Ecuadorian

El Salvador (m) *el sal-ba-DOR* - El Salvador
    salvadoreño/a (m,f) *sal-ba-do-RE-nyo/a* - Salvadoran

Escocia (f) *es-KO-sia* - Scotland
    escosés/a (m,f) *es-ko-SES/SE-sa* - Scottish

Eslovaquia (f) *es-lo-BA-kia* - Slovakia/Slovak Republic
    eslovaco/a (m,f) *es-lo-BA-ko/a* - Slovak

España (f) *es-PA-nya* - Spain
    español/a (m,f) *es-pa-NYOL/NYO-la* - Spaniard

Estados Unidos (m) *e-STA-dos u-NI-dos* - the United States
    estadounidense (m,f) *es-ta-do-u-ni-DEN-se* - American

Finlandia (f) *fin-LAN-dia* - Finland
    finlandés/esa (m,f) *fin-lan-DES/DE-sa* - Finn/Finnish

Francia (f) *FRAN-sia* - France
    francés/esa (m,f) *fran-SES/SE-sa* - French

Gran Bretaña (f) *gram bre-TA-nya* - Great Britain
    británico/a (m,f) *bri-TA-ni-ko* - British

Guatemala (f) *gwa-te-MA-la* - Guatemala
    guatemalteco/a (m,f) *gwa-te-mal-TE-ko/a* - Guatemalan

Guyana (f) *gi-A-na* - Guyana
    guyanés/a (m,f) *gi-a-NES/NE-sa* - Guyanese

Haití (m) *ai-TI* - Haiti
    haitiano/a (m,f) *ai-TIA-no/a* – Haitian

Honduras (f) *on-DU-ras* - Honduras
    hondureño/a (m,f) *on-du-RE-nyo/a* – Honduran

Inglaterra (f) *in-gla-TE-rra* - England
    inglés/a (m,f) *in-GLES/GLE-sa* - English

Irán (m) *i-RAN* - Iran
    iraní (m,f) *i-ra-NI* - Iranian

Irlanda (f) *ir-LAN-da* - Ireland
    irlandés/esa (m,f) *ir-lan-DES/DE-sa* - Irish

Bahamas (f) *ba-A-mas* - Bahamas
    bahameño/a (m,f) *ba-a-ME-nyo/a* - Bahamian

Italia (f) *i-TA-lia* - Italy
    italiano/a (m,f) *i-ta-LIA-no/a* - Italian

Jamaica (f) *ha-MAI-ka* - Jamaica
    jamaicano/a (m,f) *ha-mai-KA-no/a* - Jamaican

Japón (m) *ha-PON* - Japan
    japonés/esa (m,f) *ha-po-NES/NE-sa* - Japanese

Liechtenstein (m) *LICH-ten-sten* - Liechtenstein
    liechtensteiniano/a (m,f) *lich-ten-ste-NIA-no/a* - Liechtensteiner

Malasia (f) *ma-LA-sia* - Malaysia
    malayo/a (m,f) *ma-LA-yo/a* - Malasian

México (m) *ME-hi-ko* - Mexico
    mexicano/a (m,f) *me-hi-KA-no/a* - Mexican

Nicaragua (f) *ni-ka-RA-gwa* - Nicaragua
    nicaragüense (m,f) *ni-ka-ra-GWEN-se* - Nicaraguan

Nueva Zelanda (f) *nwe-ba se-LAN-da* - New Zealand
    neozelandés/esa (m,f) *neo-se-lan-DES/DE-sa*

Panamá (m) *pa-na-MA* - Panama
    panameño/a (m,f) *pa-na-ME-nyo/a* - Panamanian

Paraguay (m) *pa-ra-GWAI* - Paraguay
  paraguayo/a (m,f) *pa-ra-GWAI-o/a* - Paraguayan

Perú (m) *pe-RU* - Peru
  peruano/a (m,f) *pe-RUA-no/a* - Peruvian

Polonia (f) *po-LO-nia* - Poland
  polaco/a (m,f) *po-LA-ko/a* - Polish

Portugal (m) *por-tu-GAL* - Portugal
  portugués/esa (m,f) *por-tu-GES/GE-sa*

Puerto Rico (m) *pwer-to RRI-ko* - Puerto Rico
  puertorriqueño/a (m,f) *pwer-to-rri-KE-nyo/a* - Puerto Rican

República Dominicana (f) *rre-PU-bli-ka do-mi-ni-KA-na* - the Dominican Republic
  dominicano/a (m,f) *do-mi-ni-KA-no/a* - Dominican

Suecia (f) *SWE-sia* - Sweden
  sueco/a (m,f) *SWE-ko/a* - Swede

Suiza (f) *SWI-sa* - Switzerland
  suiso/a (m,f) *SWI-so/a* - Swiss

Surinam (m) *su-ri-NAM* - Surinam
  surinamés/a (m,f) *su-ri-na-MES/ME-sa* - Surinamese

Uruguay (m) *u-ru-GWAI* - Uruguay
  uruguayo/a (m,f) *u-ru-GWAI-o/a* - Uruguayan

Venezuela (f) *be-ne-SWE-la* - Venezuela
  venezolano/a (m,f) *be-ne-so-LA-no/a* - Venezuelan

Notes:

Notes

Notes

CPSIA information can be obtained
at www.ICGtesting.com
Printed in the USA
LVHW050416140423
744361LV00006B/124